Hans-Werner Meuer (Hrsg.)

Heterogene Netze und Supercomputer

Mit 71 Abbildungen und 4 Tabellen

Springer-Verlag

Berlin Heidelberg New York
London Paris Tokyo
Hong Kong Barcelona
Budapest

Prof. Dr. rer. nat. Hans-Werner Meuer
Rechenzentrum der Universität Mannheim
L 15, 16, W-6800 Mannheim 1

ISBN-13:978-3-540-55073-0   e-ISBN-13:978-3-642-77253-5
DOI: 10.1007/978-3-642-77253-5

33/3140 - 5 4 3 2 1 0 – Gedruckt auf säurefreiem Papier

Vorwort

Supercomputer wurden im Jahre 1976 mit der CRAY1, dem ersten am Markt erfolgreichen Vektorrechner, eingeführt. Die Dominanz der Mainframes zu dieser Zeit erzwang von Anfang an bei den Höchstleistungsrechnern eine Vernetzbarkeit im Rahmen einer entsprechenden Herstellerumgebung. Cray-Computer waren typischerweise in eine Front End-Umgebung (IBM, CDC, UNIVAC, ...) eingebettet.

Die 80er Jahre brachten eine Reihe von Veränderungen. Es blieb die Dominanz der Mainframes, die Supercomputer hatten sich jedoch, nicht zuletzt durch die erfolgreich autovektorisierenden FORTRAN-Compiler, breit im wissenschaftlich-technischen Marktsegment etablieren können. Durch die Einführung der sogenannten Mini-Supercomputer wurde der Einsatz von Höchstleistungsrechnern auch in Instituten ermöglicht, die Erweiterung von Mainframes durch Vektorfunktionen schließlich vervollständigte das umfangreiche Leistungsspektrum von Number Crunchern.

Die auslaufenden 80er Jahre leiteten die explosionsartige Verbreitung der äußerst leistungsfähigen RISC-basierten Workstations ein, die nunmehr eine ganz neue Qualität in die technisch-wissenschaftliche Datenverarbeitung einbringen. Mit Sicherheit wird diese Entwicklung mittelfristig dazu führen, daß die bisher (noch) in diesem Aufgabenbereich dominierenden Mainframes vollständig verschwinden werden.

In den 90er Jahren werden demgemäß bei wissenschaftlich-technischen Anwendungen die Vernetzung und kooperative Datenverarbeitung zwischen Workstations und Supercomputern im Vordergrund stehen. Dabei wird den Aufgaben Number Crunching auf Supercomputern, Visualisierung auf Workstations und Filemanagement auf Fileservern eine Schlüsselrolle zukommen.

Bisherige Aufgaben der Mainframes werden im Sinne des Client/Server-Konzepts verteilt im Netzwerk wirtschaftlicher gelöst werden können. Die Vernetzung im wissenschaftlich-technischen Bereich, insbesondere auch bei Hochschulen, schreitet zügig voran. So entstehen LANs, WANs, aber auch dedizierte Hochgeschwindigkeitsnetze für Supercomputer. Äußerst wichtig im typisch inhomogenen Netzumfeld sind Standards, wie z.B. IEEE-Datenformate, TCP/IP, ISO/OSI, XWindows, Motif usw.

Etwa 75% aller Workstations insgesamt, aber praktisch alle RISC-basierten Workstations werden unter UNIX betrieben. Glücklicherweise hatte die Firma Cray Research mit der Einführung von UNIX für die CRAY2 im Jahre 1985 den 'richtigen Riecher'. Heute ist UNIX **das** Betriebssystem für Supercomputer der obersten Leistungsklasse, aber auch für Mini-Supercomputer, Graphik-Supercomputer und die immer stärker in den Markt drängenden Parallelrechner ist es der Standard.

Der Verein zur Förderung der wissenschaftlichen Weiterbildung an der Universität Mannheim veranstaltete im Sommer 1991 im Rahmen der *Mannheimer Supercomputer '91*-Tage ein Tutorium zum Thema "Supercomputer im Netz" unter meiner Leitung. Das Thema wurde aus Anwender- und Herstellersicht angegangen. An zwei Tagen berichteten elf ausgewählte Referenten umfassend über dieses für die 90er Jahre so wichtige Gebiet.

Zunächst wurden in drei Referaten die **Grundlagen** mit den Themen *UNIX-Systeme im Netzverbund*, *neue Universitätsnetzinfrastrukturen* sowie *Supercomputernetzwerke* gelegt. In der Session **Herstellerkonzepte und -lösungen** wurden in drei Präsentationen die Konzepte von Cray Research, Convex Computer und Alliant Computer Systems vorgestellt. Am zweiten Tag des Tutoriums kamen die **Anwender** mit **Konzepten** und **Lösungen** zu Wort. Dabei wurden einige typische Ansätze präsentiert, die man derzeit in Deutschland noch mit der Lupe suchen muß. Die Referenten kamen aus dem Bereich der Großforschung, Industrie und Universität.

Das Tutorium endete mit einer zweistündigen Generaldiskussion aller Referenten untereinander unter Einbeziehung des Auditoriums. Diese Diskussion wurde aufgezeichnet.

Wie bereits im letzten Jahr erklärten sich auch dieses mal die Referenten nach Beendigung der Veranstaltung spontan dazu bereit, ihre 'Rohvorträge' (Folien, Skripte, etc.) aufzuarbeiten und auf den neuesten Stand zu bringen. Damit auch die interessante Podiumsdiskussion dem interessierten Leser übermittelt werden kann, habe ich versucht, einen recht ausführlichen Extrakt der sechs diskutierten Themenkomplexe aufzubereiten. Mit diesem Band wird das Ergebnis unserer Bemühungen vorgelegt und somit das Thema **"Heterogene Netze und Supercomputer"** einem breiteren Leserkreis zugänglich gemacht.

An dieser Stelle darf ich mich sehr herzlich bei allen Referenten bedanken, daß sie sich der Mühe der Manuskripterstellung unterzogen haben. Mein Mitarbeiter, Peter Vogel, hat alle Manuskripte zu diesem Band überarbeitet, wofür ich ihm besonders danke.

Mannheim, im März 1992   Hans-Werner Meuer

Inhaltsverzeichnis

UNIX-Systeme im Netzverbund
Technik und Anwendungen

Stephan Paulisch

Fakultät für Informatik
Universität Karlsruhe
Am Fasanengarten 5
D-7500 Karlsruhe 1
email: paulisch@ira.uka.de

Zusammenfassung

Der verstärkte Einsatz von Rechnernetzen und die damit einhergehende Dezentralisierung durch
den Einsatz von Arbeitsplatzrechnern und Server-Architekturen stellen dem Benutzer eine nahezu unbegrenzte, im Netz verfügbare Rechenkapazität bereit. Hochleistungsfähige, vernetzte
Workstations dringen hinsichtlich der Rechenleistung daher zunehmend in die Domänen ein, die
bisher den herkömmlichen Mainframe Systemen vorbehalten waren.

Dreiviertel aller Workstations werden unter dem Betriebssystem UNIX eingesetzt, das wie
kein anderes Betriebssystem Kommunikationsprotokolle und Netzwerkdienste unterstützt. Ziel
dieser Arbeit ist es, dem Leser einen fundierten Überblick über die vielfältigen Möglichkeiten der
UNIX-Vernetzung zu geben, die transparente Nutzung von Diensten in einem UNIX-Verbund zu
verdeutlichen und die Integration von Großrechnern und Supercomputern in die Arbeitsplatz-
rechnernetze zu beschreiben.

Nach einem kurzen Überblick, der die Historie von UNIX und die ursprünglichen Dienste
(uu-Familie, mail)* umfaßt, werden UNIX-typische Kommunikationsprotokolle für verteilte Systeme *(TCP/IP, FTP, Telnet, ISO-Protokolle)* besprochen. Ein weiterer Schwerpunkt liegt auf
den höheren, auf dem Client/Server-Konzept basierenden Diensten für verteilte Dateisysteme
und Fenstertechniken *(RPC, NFS, RFS, X-Windows)* sowie den Möglichkeiten des *Network-
Computing*. Ein Ausblick auf die weitere Entwicklung von UNIX-Systemen im Netzverbund und
die Einbindung in Mainframe und Supercomputerumgebungen schließt den Beitrag ab.

1. Einleitung

Das bisher ausschließlich im technisch-wissenschaftlichen Bereich anzutreffende Betriebssystem
UNIX gewinnt zunehmend auch in Behörden und Firmen an Bedeutung. Insbesondere dem Einsatz von Arbeitsplatzrechnern auf Basis von UNIX-Workstations verdankt dieses Betriebssystem
seine weite Verbreitung und große Akzeptanz. Dabei wurde die ursprüngliche Version des UNIX
Betriebssystems bereits 1969 von Ken Thompson und Dennis Ritchie in den AT&T Bell La-
boratories entworfen und von AT&T im selben Jahr eingeführt. Obwohl auch Betriebssysteme
veralten, wurde UNIX dagegen ständig um neue Funktionen erweitert und gilt als erprobtes
System.

Im Jahre 1973 haben Thompson und Ritchie auch die Programmiersprache C entwickelt und
dann damit eine neue Version des Betriebssystems herausgebracht, die zum größten Teil in C
statt in Assemblersprache geschrieben war. Die Hauptmerkmale dieser frühen UNIX-Version sind
in dem Artikel [1] beschrieben, der die konzeptionellen und Entwurfsaspekte klar herausarbeitet.

Eine entscheidende Neuentwicklung brachte die Version 7 von UNIX, die 1979 von AT&T
freigegeben wurde. Sie unterstützte erstmals die direkte Kommunikation zwischen Rechnern

UNIX-WELT

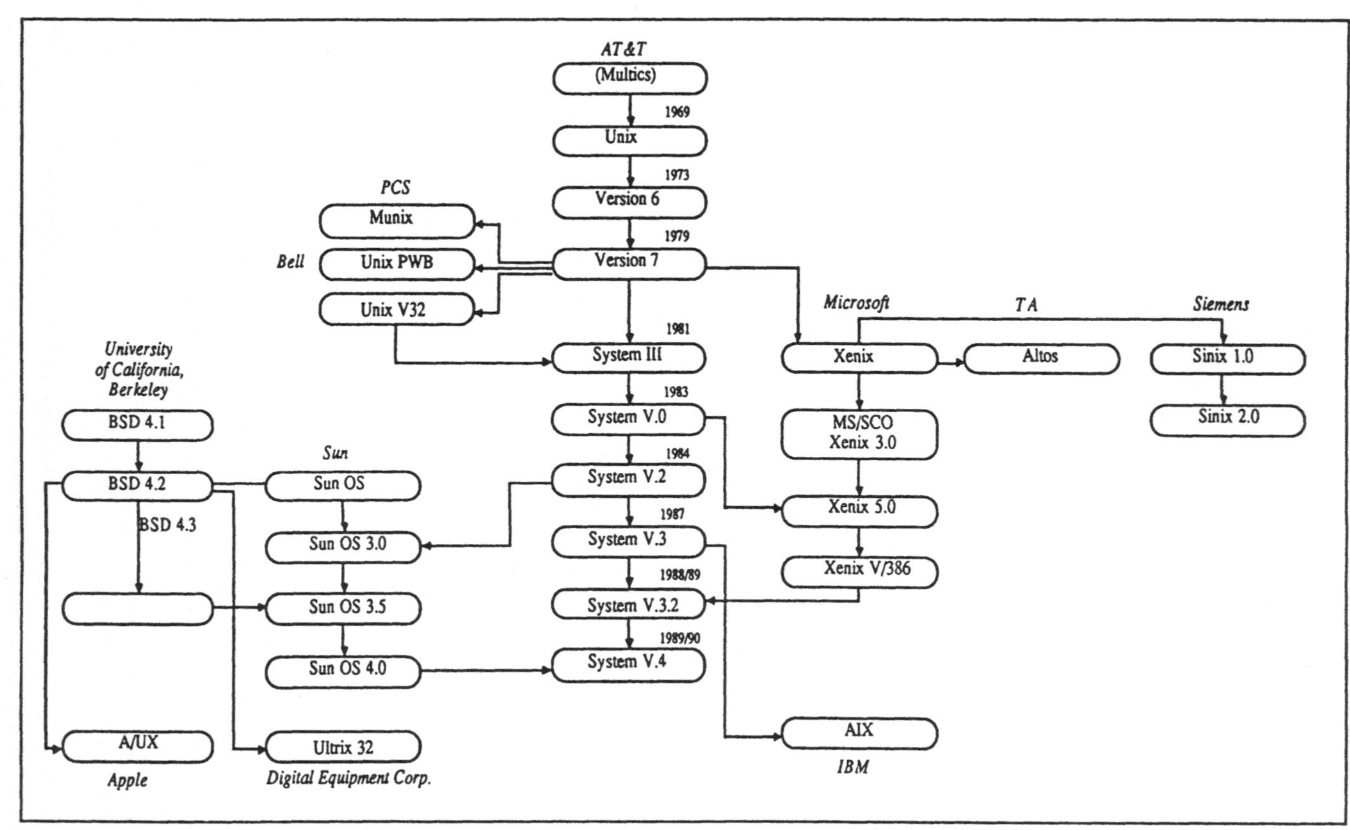

Abbildung 1: Die UNIX-Betriebssysteme: Historie und Dialekte

über beliebige Leitungen durch die UUCP-Kommunikationsmechanismen. Von dort an setzte eine rasante Entwicklung für UNIX ein, die, wie Abb. 1 zeigt, viele verschiedene UNIX-Dialekte hervorbrachte.

Ein weiterer wichtiger Meilenstein in der UNIX-Entwicklung war die vollständige Integration von Kommunikationsprotokollen, den bis dahin im Arpanet eingesetzten Internet-Protokollen, in das Betriebssystem durch die Definition erweiterbarer Kommunikationsmechanismen. Die sogenannte BSD 4.1 Version, die in Zusammenarbeit mit der Universität von California in Berkeley entstanden ist, wurde 1980 veröffentlicht und erreichte durch eine großzügige Lizenzpolitik, insbesondere für den universitären Bereich, starke Verbreitung. Diese Version stellt die Basis fast aller Betriebssysteme für Workstations dar und wird zu Recht als der Einstieg in offene Systeme angesehen.

2. Kommunikation mittels UUCP

Der Bedarf, Dateien zwischen Unix-Rechnern zu übertragen, führte Ende der 70er Jahre zu dem Anwendungsprogramm *uucp (unix-to-unix copy)*. Es wurde mit der Version 7 erstmals ausgeliefert und ermöglicht, Dateien von oder zu anderen Unix-Systemen zu kopieren. Als Netzwerk wurden und werden auch heute noch in der Regel Wählleitungen (bis maximal 9600 Bit pro Sekunde) verwendet. Viele Unix-Systeme wurden auf diese Art zu dem bekannten Usenet (in Europe Eunet) zusammengeschlossen, deren wichtigste Dienste „Electronic Mail" und „News" sind.

Hinter dem Begriff UUCP-Kommunikation verbirgt sich eine ganze Familie von Anwendungsprogrammen, auch die *uu*-Familie* genannt, die die Kommunikation aus der Benutzerschnittstelle heraus durch Kommandos unterstützen. Die Funktionsweise beruht auf einer Emulation eines Dialogs und dem Prinzip der Master/Slave-Architektur. Für die Kommunikation geht die Initiative stets vom Master durch Anwählen des gewünschten Partners aus. Nach dem Verbindungsaufbau emulieren die uu*-Programme den Anmeldevorgang beim Partner und starten anschließend den UUCP-Slave-Prozeß, der das uucp-Protokoll unterstützt und die Anforderungen des Master-Prozesses beantwortet. Ab dann kommunizieren die Partner über das definierte, sehr einfache uucp-Protokoll, das jeweils nach Beendigung einer Datenaustauschphase auch den Wechsel der Master- und Slave-Funktion zuläßt.

Die Automatisierung des Dialogs beim Verbindungsaufbau ermöglichte auch die Programm-zu-Programm-Kommunikation, die viele Anwendungen voraussetzen. Vorreiter für auf uucp-basierende Programme waren die Mail-Anwendungen, die den Austausch von Nachrichten zwischen Benutzern auf verschiedenen Rechnern realisieren. Damit waren erstmals weltweite Electronic-Mail-Netze realisierbar.

3. Kommunikation mittels DDN-Protokollen

Während der späten 60-er und der frühen 70-er Jahre hat das amerikanische Department of Defense (DoD), und insbesondere seine Abteilung Advanced Research Projects Agency (ARPA), die Entwicklung eines Netzes, des Defense Data Network (DDN), das alle seine Forschungsstellen verbinden sollte, gefördert. Die in diesem Netz eingesetzten Protokolle wurden 1973 in sogenannten „Request for Comments (RFCs)", den Standards für das sogenannte Internet, festgelegt. Damit war es möglich, bereits 1975 ein USA-weites Backbone-Netz aufzubauen, das auf dieser standardisierten Protokollhierarchie, auch TCP/IP-Protokollfamilie genannt, basiert. Die Knotenpunkte in diesem Netzwerk bildeten „Interface Message Processors (IMPs)", die selbständige Vermittlungsrechner darstellten, mit denen die angeschlossenen Systeme zum Verbindungsaufbau kommunizierten und die die gewünschte Route durch das Netz zum Partner schalteten. Seit 1980 sind diese Protokolle durch die Entwicklung der Berkeley Universität in das UNIX Betriebssystem integriert. Dadurch wurden die IMPs als selbständige Knoten, an die die Systeme angeschlossen waren, überflüssig, und die Aufgabe der Wegewahl durch das Netz konnte direkt von den UNIX-Rechnern übernommen werden.

3.1 Die TCP/IP-Protokolle

Bisher mußte der Kommunikationspartner durch die Angabe der Route durch das gesamte Netz spezifiziert werden, was einerseits für einen normalen Benutzer bzw. die Systemadministratoren praktisch unzumutbar war, da er genaueste Kenntnis über die Netzwerkkonfiguration besitzen mußte, was aber andererseits auch keine Dynamik bei der Konfiguration zuließ. Mit den DDN-Protokollen wurde ein vollständig anderes Konzept eingeführt. Nunmehr haben die Knoten in diesem Netz eine weltweit eindeutige Adresse, die von dem zentralen „Network Information Center (NIC)" verteilt werden. Die Adresse hat eine Länge von 32 Bit und setzt sich aus einer Netz- und einer Rechneradresse zusammen. In Abhängigkeit von der Größe des Netzes unterscheidet man drei Klassen (A, B, C) (s. Abb. 2).

Höhere Protokolle setzen den Namen in eine Internet-Adresse durch Anfrage an einen im Netz vorhandenen Nameserver um. Andere Protokolle wählen aus der Netzwerkadresse den optimalen Weg durch die Netze und finden das nächstgelegene Gateway. Basis für alle Internet-Protokolle ist jedoch die eindeutige Internet-Adresse. Diese Methode ist wesentlich flexibler als die Angabe von Routen, wie es bisher gehandhabt wurde.

Um den Namensraum im Internet hierarchisch aufzubauen, wurde ein Domänenkonzept (domain name service) entworfen. Dabei bedeutet eine Domäne jeweils einen administrativ zusammenhängenden Bereich, der über einen übergeordneten Namen erreichbar ist. Beispiele hierfür sind die Domänen EDU, COM, GOV oder auch DE für Deutschland. Das Internet benutzt ein solches hierarchisches Namensschema, das zwei konzeptionelle Aspekte beinhaltet. Zum einen wird eine abstrakte Namenssyntax und Regeln bzgl. der Autorisierung über die Namen festgelegt. Zum anderen werden konkret Protokolle und Dienste vorgeschrieben, die die effiziente Abbildung von Namen auf reale Adressen realisieren.

3.2 Die höheren Protokolle

Aufbauend auf den Protokollen der Transport- und Netzwerkebene sind in der Internet-Protokollfamilie eine Vielzahl von Anwendungsprotokollen definiert, die auch in den meisten Unix-Systemen über Systemaufrufe oder sogar Programme verfügbar sind. Mit Hilfe dieser Protokolle werden in einem Netz Dienste bereitgestellt, die sich grob in die Kategorien Dialog, Dateitransfer, Mail, Administration und Information einteilen lassen.

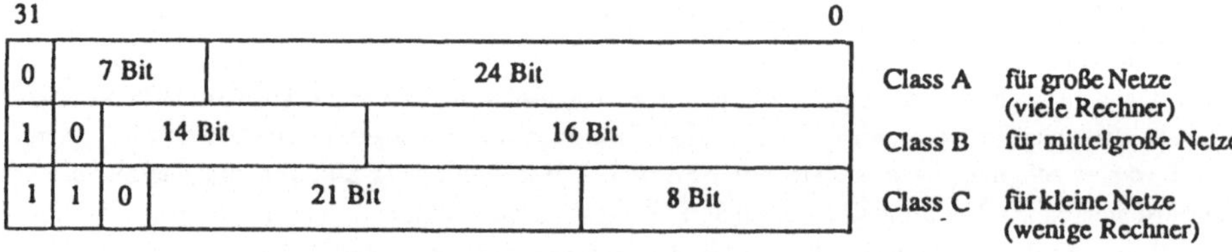

Abbildung 2: Das Schema der Internet-Adressen

Für einen geübten Unix-Benutzer sind jedoch nur wenige von Bedeutung, ein Großteil der Dienste, z.B. Name Service, die Abbildung von Namen auf physikalische Adressen, werden in Unix implizit bereitgestellt. Die Protokolle für die vom Benutzer am häufigsten in Anspruch genommenen Dienste sind:

TELNET : Mit diesem Protokoll wird der Terminalzugriff auf andere im Internet angeschlossene Rechner definiert. Auch wird ein einfaches virtuelles Terminal definiert, das alle elementaren Terminalcharakteristiken enthält.

FTP *File Transfer Protocol:* Dieses Protokoll legt einen Standard für die Übertragung von Dateien zwischen Rechnern im Internet fest. FTP überprüft die Zugriffsberechtigung, nimmt die Authentifikation vor und handelt die Dateiparameter aus.

Für Anwendungen, die keine Zugriffsberechtigungen abprüfen müssen, beispielsweise das Laden von Arbeitsplatzrechnern über das Netz, gibt es die einfacheren Protokolle *TFTP* und *SFTP* (*Trivial* und *Simple File Transfer Protocol*).

SMTP *Simple Mail Transfer Protocol:* Dieses Protokoll regelt den Austausch elektronischer Post zwischen Rechnern. Ähnliche Funktionalität weist das NNTP (*Network News Transfer Protocol*) auf, das festlegt, wie News-Artikel im Internet verschickt, verteilt und zugegriffen werden.

Mit Protokollen für Administrationsdienste werden z.B. Informationen über Benutzernamen, aktive Benutzer, Zeit usw. oder Mechanismen zum Testen von Verbindungen sowie Statistiken angeboten. In die Kategorie Information sind alle Protokolle einzuordnen, die bestimmte Datenbasen auf definierten Servern abfragen. Beispiele sind Name Server, Domainname Server, Time Server.

Ein Großteil der Dienste ist standardmäßig in Unix als Systemaufruf oder Anwendungsprogramm vorhanden. Auch können eigene Anwendungen problemlos hinzugefügt werden, da diese über den Socket-Mechanismus und die Standard I/O-Funktionen auf Netze und Protokolle zugreifen können.

3.3 Einordnung der Protokolle

Die Tabelle 1 gibt nochmals eine Übersicht über die Protokolle, die in Unix zum Standard gehören, und stellt sie in Beziehung zu anderen Protokollfamilien. Die im Bild aufgeführten ISO/OSI-Protokolle sind bis heute jedoch vollständig nur in wenigen Unix-Implementierungen vorzufinden, gewinnen aber zunehmend an Verbreitung.

Ausgehend von uucp, das ein Kopieren zwischen Unix-Rechnern über Wählleitungen realisiert und den Kommunikationsbedarf offenlegte, wurde mit den Internet-Protokollen eine durchgängige Protokollarchitektur in Unix integriert, die eine Vielzahl von Diensten für vernetzte Systeme bereitstellt.

Während in Unix diese Dienste durchgängig verfügbar sind, wird für andere Betriebssysteme nur ein Teil der Dienste implementiert. Jedoch haben sich durch die starke Verbreitung von Unix-Systemen zumindest die Protokolle der Transportebene (TCP/UDP) und Netzwerkebene (IP) als vorläufiger Quasistandard herauskristallisiert. Zumindest die letztgenannten Protokolle sind in der Zwischenzeit für die meisten Betriebssysteme verfügbar. Damit lassen sich, wenn auch mit eingeschränktem Funktionsumfang, Nicht-Unix-Systeme in das Internet integrieren.

In Zukunft werden die Protokolle schrittweise durch die ISO/OSI-Standardprotokolle ergänzt bzw. ersetzt. Damit wird ein Internet basierend auf internationalen Standards entstehen. Da in Unix vom Entwurf her ein allgemeiner Mechanismus (Sockets, Stream) vorgesehen ist, der die

OSI TRM	ISO Standards	Quasi-Standard Protokolle			hersteller proprietär (Mainframe)		hersteller proprietär (PC-Welt)	
#	Standard	DoD	UNIX	Xerox	IBM	DEC	Novell	Apple
7	8571 (FTAM)	FTP	NFS, AFS	FP	FMD	DAP	Netware	AFP
6	8823 (COPP)		XDR, ASN	CStream	FMD		Netware	AFP
5	8327 (COSP)		RPC	BDTP	BSS	SCP	Netbios	ASP
4	8073 (TP4)	TCP, UDP		SPP, PEP	TC	NSP	SPX	ATP
3	8473 (CLNP)	IP		IDP	PCP	RP	IPX	DDP
2	8802.x, 9314	IEEE 802.x und ANSI X3T9						
1	8802.x, 9314	(z.B. Ethernet, TokenRing, FDDI)						

Agenda:

AFP	AppleTalk Filing Protocol	DAP	Data Access Protocol	RP	Routing Protocol
AFS	Andrew File System	DDP	Datagram Delivery Protocol	RPC	Remote Procedure Call
ASP	AppleTalk Session Protocol	FP	Filing Protocol	SCP	Session Control Protocol
ASN	Abstract Syntax Notation	FMD	Function Management Data Protocol	SPP	Sequenced Packet Protocol
ATP	AppleTalk Transaction Protocol	FTAM	File Transfer Access & Management	SPX	Sequenced Packet Exchange
BDTP	Bulk Data Transfer Protocol	IDP	Internet Datagram Protocol	TC	Transmission Control (IBM)
BSS	Basic Synchronized Subset	IP	Internet Protocol	TP4	Transport Protocol Class 4
CLNP	Connection-less Network Protocol	IPX	Internetwork Packet Exchange	TCP	Transmission Control Protocol
COPP	Connection-oriented Presentation	NFS	Network File System	XDR	External Data Representation
COSP	Connection-oriented Session	NSP	Network Servicxes Protocol		
CStream	Courier Stream Protocol	PCP	PATH Control Protocol		

Tabelle 1: Protokollarchitekturen

verschiedensten Protokolle anpaßt, gestaltet sich die Integration der OSI-Implementierungen in die Unix-Protokollarchitektur relativ einfach.

Weiterhin ist auch die Migration durch gleichzeitigen Einsatz beider Protokollstapel jederzeit möglich. Die Applikationen selber entscheiden in der Initialisierungsphase, über welche Protokollwelt sie mit dem Partner kommunizieren wollen, die Schnittstellen bleiben dabei die gleichen, ob es sich um die Xerox-Protokolle, die herkömmlichen TCP/IP-Protokolle oder die Standard ISO-TP4/CLNP-Protokolle handelt. Dies ist ein Grund dafür, daß bereits heute OSI-Implementierungen für Unix existieren.

4. Kommunikation aus Betriebssystemsicht

Das von der Universität von California in Berkeley entwickelte UNIX zeichnet sich dadurch aus, daß alle Kommunikationsmechanismen in das Betriebssytem integriert wurden, ohne die prinzipielle Konzeption von UNIX aufzugeben.

Ausgangspunkt ist das für UNIX charakteristische *Open-Close-Read-Write (OCRW)* Paradigma, das jegliche I/O identisch ausführt, sei es ein Schreiben auf eine Datei oder ein Lesen von einer Terminalschnittstelle. Dieses Paradigma kann aber für die Netzwerk-Kommunikation nicht mehr direkt übernommen werden, da über eine Netzwerk-Schnittstelle nicht mehr genau ein Partner, sondern beliebig viele erreichbar sind. Damit ist die Angabe von Adressen notwendig, um verschiedene Partner über eine einzige Schnittstelle spezifizieren zu können (statt einer 1:1-Beziehung gilt jetzt 1:N-Beziehung).

Die Lösung einer Integration der Netzschnittstellen ohne Änderung des OCRW-Paradigmas ist nicht möglich, es kann aber ein allgemeiner Mechanismus für Netzprotokolle definiert werden, der das OCRW-Prinzip erweitert. Dazu erfolgt eine Definition eines Kommunikationsendpunkts, *Socket* genannt, der eine generische Schnittstelle darstellt. Statt des Öffnens einer Datei erfolgt für die Kommunikation über das Netz ein Öffnen auf einen Socket. Danach kann mit den normalen Mechanismen (read-write) fortgefahren werden. Eine Socket bedeutet somit nur eine

Verallgemeinerung des bisherigen Mechanismus' und fügt sich harmonisch in die bisher gewohnten UNIX-Prinzipien ein.

Die *Socket*-Schnittstelle wurde mit der Version 4.2 BSD in UNIX-Systemen eingeführt und damit zum ersten Mal eine ausschließlich für die Kommunikation zwischen Prozessen konzipierte Gruppe von Programmier-Schnittstellen bereitgestellt. Sockets stellen für die Kommunikation ein vollständig neues Konzept dar, da sie als generische Kommunikationsschnittstelle ausgelegt sind. So kann man z.B. neben TCP- und UDP-Protokollen über sie auch lokale Interprozeß-kommunikation innerhalb der eigenen *UNIX-Domain* durchführen. Außerdem erlauben sie den Zugriff auf die IP-Ebene.

Zunächst wurden von ihnen nur zwei unterschiedliche Kommunikationsbereiche, Internet und UNIX, unterstützt. In UNIX 4.3 BSD kamen aber die Protokolle des *Xerox Network System* (XNS) dazu. Viele Entwickler haben Anwendungen für die Socket-Schnittstelle entwickelt, so daß sie heute in allen TCP/IP-Implementierungen zu finden ist. Wichtige Technologien, wie z.B. das X Window System von MIT, NFS von Sun Microsystems oder NCS von HP/Apollo setzen auf Sockets und TCP/IP auf.

Der Entwurf der Socket-Schnittstellen bedeutet die nahtlose Integration in die bestehenden UNIX-System-Schnittstellen, ohne dadurch die Flexibilität bei der Bedienung der unterschiedlichsten Netzwerkarchitekturen aufgegeben zu haben. Dabei existiert eine Symmetrie der in Server- und Client-Programmen verwendeten Schnittstellen, die bis auf einen notwendigerweise unterschiedlichen Teil beim Verbindungsaufbau durch den Client und der Verbindungsannahme durch den Server die gleiche Abfolge von Systemaufrufen durchläuft. Die Tabelle 2 zeigt die Systemaufrufe, getrennt nach Client als Initiator für die Kommunikation und Server als dem antwortenden Prozeß.

Phase	Initiator (Client)	Antworter (Server)
Socket eröffnen	socket	
Socket benennen	bind	
Verbindung aufbauen	connect	listen
		accept
Daten senden	write, send	
	sendto, sendmsg	
Daten empfangen	read, recv	
	recvfrom, recvmsg	
Verbindung schließen	shutdown	
Socket abbauen	close	
Sonstiges	getpeername, getsockname	
	getsockopt, setsockopt	

Tabelle 2: Socket-Schnittstellen in Unix

Die Funktionsweise des Protokolls TCP erfolgt analog zur Verarbeitung von UNIX-Dateien, die beide nicht satz-, sondern dateistrom-orientiert arbeiten. Daher war eine Integration von TCP/IP in UNIX naheliegend und bietet entscheidende Vorteile. Da die Standard-Systemaufrufe *read* und *write* in fast allen Fällen zur Ein- und Ausgabe unter TCP ausreichend sind, lassen sich bestehende Programme ohne Probleme auch in vernetzter Umgebung weiter betreiben.

Etwas anders verhält es sich mit dem datagramm-orientierten und verbindungslosen Transportprotokoll UDP. Obwohl sich für UDP definierte Kommunikationsendpunkte ebenfalls mit Standard-Systemaufrufen betreiben liessen, wird dort in der Regel zusätzlicher Aufwand für die Sicherstellung der korrekten Übertragung erforderlich. Man verwendet deshalb UDP in der Regel nur in Spezialgebieten wie z.B. der transaktions-orientierten Verarbeitung, bei denen oberhalb der Socket-Schnittstelle meist eine eigene anwendungsspezifische Schnittstelle existiert.

5. Client/Server-Konzept

Die Realisierung verteilter Systeme und die daraus resultierende verteilte Verarbeitung setzt die Fähigkeit für den Austausch von Informationen und die gemeinsame Benutzung bestimmter Betriebsmittel voraus. Ein für verteilte Anwendungen strukturierendes Konzept ist das Client/Server-Modell, das die Grundlage für viele verschiedene verteilte Systeme darstellt. Insbesondere mit dem Einsatz leistungsfähiger Arbeitsplatzrechner in lokalen Netzen erlangte das Client/Server-Modell als Architekturkonzept weitreichende Bedeutung, da mit ihm die Kommunikation und die effiziente Benutzung gemeinsamer Ressourcen wie Information, spezieller aufwendiger Dienste und teurer Hardware ermöglicht und strukturiert werden kann.

Allgemein ist das Client/Server-Modell ein logisches Modell, das Clients und Server als aktive Komponenten definiert, die durch Austausch von Nachrichten miteinander kommunizieren. Die Kommunikation beruht dabei auf Anforderung/Antwort Paaren (*request/reply*), die immer von dem Client und niemals von dem Server initiiert werden. Grundlegende Merkmale des Client/Server-Modells sind das Fehlen zentraler Instanzen und die Bereitstellung und Verwaltung gemeinsamer Betriebsmittel durch Server anstelle des Betriebssystems eines zentralisierten Systems. Für die Definitionen von Client und Server ist der Dienstbegriff elementar:

- Service, Dienst
  Ein Service ist eine Software-Instanz, die auf einem oder mehreren Knoten im verteilten System ausgeführt wird.

- Server, Diensterbringer
  Ein Server ist eine Instanz eines speziellen Dienstes, der auf einem ausgezeichneten Knoten im Netz erbracht wird.

- Client, Dienstnehmer
  Clients sind Programme, Prozesse und Benutzer, die die von einem oder mehreren Servern bereitgestellten Dienste benutzen.

Daneben existiert eine mehr hardware-bezogene Definition, die einen Rechner, der Dienste oder bestimmte Betriebsmittel zur Verfügung stellt, als Server bezeichnet. Analog ist dann der Client ein Rechner, der diese Dienste und Ressourcen in Anspruch nimmt. Je nach Organisation der Dienste wird das Client/Server-Modell weiter verfeinert. Das *Workstation-Modell* definiert autonome Arbeitsplatzrechner als Clients, die über ein oder mehrere Netze gemeinsame Ressourcen und Dienste auf dedizierten Servern benutzen. Die *integrierte verteilte Verarbeitung (integrated distributed computing)* unterscheidet dagegen zwischen Server und Client nicht mehr explizit, sondern jeder Knoten kann auf Informationen und Dienste eines jeden anderen Knoten zugreifen, Server- und Client-Funktionen sind integriert. Das *Mainframe-Modell* schließlich sieht einen Großrechner als zentralen Server, der zwar weiterhin herkömmliche transaktionsorientierte Dienste, z.B. Zugriff auf Datenbanken, bereitstellt, die meisten Anwendungen aber den Clients nur zum Laden auf die dezentralen Knoten anbietet.

Allen Konzepten gemeinsam ist, daß ein Dienst durch einen oder mehrere Server netzweit bereitgestellt wird, und dieser Dienst von den Clients über das Netz transparent benutzt werden kann. Für die Kommunikation zwischen Client und Server muß auf beiden Seiten eine Schnittstelle existieren, die es erlaubt, Informationen auszutauschen. In Abbildung 3 übernimmt die Komponente *Lokalisation* das Zusammenspiel zwischen Client und Server. Die Schnittstelle ist in der Regel oberhalb der elementaren Transportprotokolle und damit der Netzwerk-Software angesiedelt und stellt die Transparenz bzgl. lokalen und entfernten Zugriffen sicher. Sie übernimmt die Entscheidung, ob ein Dienst lokal vorhanden ist oder ein Zugriff über das Netz auf einen Server erfolgen muß, behandelt die Fragen der Verfügbarkeit, der Zugriffsberechtigung und der Anpassung an den geforderten Dienst.

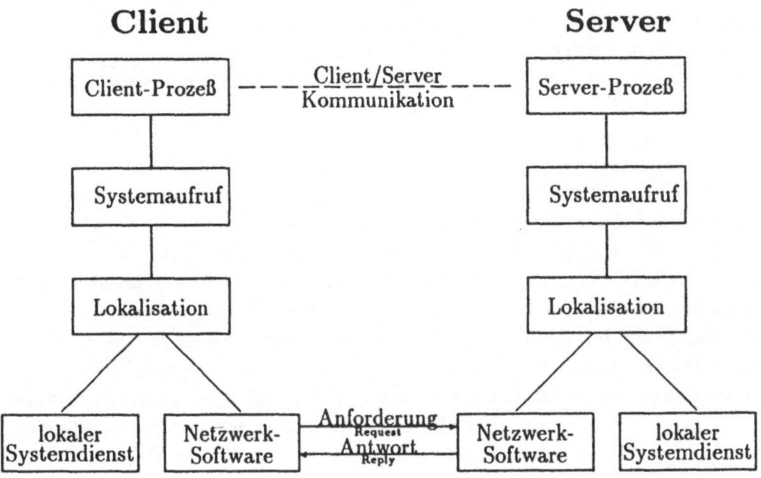

Abbildung 3: Kooperation zwischen Server und Client

Die netzweite Bereitstellung von Diensten und die damit einhergehende Zentralisierung ist nur dann sinnvoll, wenn sie für die Anwendung oder den Benutzer transparent erfolgt. Um die interne Realisierung der Dienste zu verbergen, muß die Transparenz in den folgenden Bereichen garantiert werden:

- Ortstransparenz: Gleichartige Zugriffsmechanismen auf lokale und vom Server verwaltete Daten

- Vervielfältigungstransparenz: Konsistenzerhaltung bei im Netzwerk mehrfach vorhandenen Daten

- Wettbewerbstransparenz: Prioritätenregelung bei gleichzeitigem Zugriff auf Ressourcen durch Clients

- Ausfalltransparenz: Übernahme des Dienstes durch gleichartige Server bei Ausfall eines einzelnen Servers

- Leistungstransparenz: Gleiche Größenordnung der Antwortzeiten für lokalen und entfernten Zugriff

Das Client/Server-Modell ist ein allgemeingültiges Architekturkonzept und vollständig protokollunabhängig, so daß der Entwurf offener, verteilter Systeme möglich ist. Anwendungen, die auf dem Client/Server-Modell basieren, setzen meist auf prozedurorientierten Schnittstellen wie dem bereits eingeführten RPC-Mechanismus auf und definieren die anwendungsspezifischen Protokolle auf den Schichten 6 und 7 im OSI-Referenzmodell. Sie sind damit protokollunabhängig von dem eingesetzten Transportsystem. Um allerdings eine möglichst weitgehende Leistungstransparenz zu erreichen, werden verbindungslose Transportprotokolle und lokale Netze mit hohen Übertragungsraten angenommen.

Realisierungen von Client/Server-Systemen unterscheiden sich jedoch in der Behandlung von Fehlern, die nicht durch das Kommunikationsmedium bedingt sind. Verteilte Systeme bestehen aus mehreren selbständigen Knoten und unterliegen keiner zentralen Kontrolle, so daß besondere Maßnahmen beim Ausfall einzelner Komponenten vorgesehen sein müssen. Um ein mögliches unendliches Warten eines Clienten auf die Antwort eines Servers zu verhindern, muß mit Zeitschranken gearbeitet werden. Wird eine Zeitschranke überschritten, kann jedoch nicht direkt auf den Fehler geschlossen werden.

Sieht man von den Fehlern ab, die durch das Transportsystem bedingt sind und von den Transportprotokollen entdeckt und behoben werden müssen, können bei der Kommunikation zwischen Client und Server weitere Fehler auftreten. Während der Bearbeitung einer Anforderung können sowohl der Server als auch der Client ausfallen, so daß der momentane Stand bei der Abarbeitung der Anforderung bzw. der Antwort nicht eindeutig festgestellt werden kann. Der Server kann abstürzen, bevor die Anforderung gestartet wird, während der Abarbeitung oder nach Beendigung der Anforderung, aber bevor die Antwort gesendet werden kann. Auch der Client kann fehlerhaft arbeiten, indem er die Antwort wegen zu kurzer Zeitschranken nicht abwartet oder selber zusammenbricht, bevor der Server die Antwort übermitteln kann.

Die Fehlerbehebung bei Ausfall einer Komponente kann entweder in der Stornierung oder in der Wiederholung der Anforderung bestehen, wodurch jedoch Doppelanforderungen und Doppelantworten erkannt und behandelt werden müssen. Client/Server-Protokolle können daher in zwei Ausprägungen, nämlich zustandsbehaftet oder zustandslos (*stateful vs. stateless*), entworfen werden. Erfolgt die Kommunikation zustandslos, enthält jede Anforderung alle benötigten Parameter, so daß der Server über vorangegangene Operationen nicht Buch führen muß. Demgegenüber werden bei der zustandsbehafteten Client/Server-Kommunikation alle Anforderungen protokolliert, so daß der Server einen Client-Zusammenbruch erkennen und die Ergebnisse vorangegangener oder laufender Operationen löschen kann.

Je nach Anwendung bietet sich ein zustandsloser oder zustandsbehafteter Client/Server-Dienst an. So kann z.B. ein lesender Zugriff auf Dateien eines File Servers zustandslos erfolgen, während beim schreibenden Zugriff der Server Zustandsinformationen über den schreibenden Prozeß führen muß. Die Tabelle 3 zeigt eine Zusammenstellung von verschiedenen Servertypen und auf dem Client/Server-Modell basierenden Anwendungen, von denen die meisten zustandslos realisiert werden können.

Benutzung gemeinsame Ressourcen	Management Dienste	Benutzerorientierte Dienste
disk server	directory server	'yellow Pages' server
print server	authentication server	domain name server
computing server	resource allocation server	news server
file server	management information server	mail server
database server	time server	
window server	boot server	

Tabelle 3: Client/Server-Anwendungen

Die Dienste können, wie in der Tabelle vorgenommen, hinsichtlich ihrer Funktionalität grob unterschieden werden nach der Benutzung gemeinsamer Ressourcen, der für den Betrieb und die Benutzung eines Rechnernetzes erforderlichen Management- und Informationsdienste und der rein benutzerorientierten zentralisierten Anwendungen. In der Tabelle sind nicht die sehr hardware-bezogenen Server wie z.B. Kommunikations- und Gatewayserver aufgeführt.

Da das Client/Server-Modell ein allgemeines Konzept zum Entwurf verteilter Anwendungen ist, kann die Zusammenstellung nur eine Auswahl wichtiger Dienste darstellen. Es wird aber deutlich, daß das Client/Server-Konzept eine Möglichkeit bietet, Dienste zu zentralisieren und zu koordinieren, die dann netzweit von dezentralen Knoten angesprochen werden können.

Die Definition der Dienste und Client/Server-Anwendungen ist a priori unabhängig von der Realisierung auf einer konkreten Hardware. Client und Server können sogar auf demselben physikalischen Prozessor laufen, in der Regel wird aber die Kommunikation über ein Netz abgewickelt.

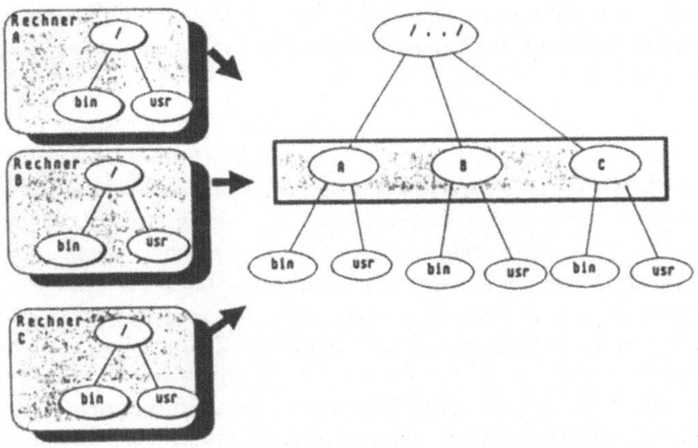

Abbildung 4: Das Superrootkonzept zum Zugriff auf entfernte Dateibäume

Auch sind Konfigurationen, bei denen mehrere Dienste auf einer Server-Maschine bereitstehen, durchaus üblich.

Eine generelle physikalische Trennung von Clients und Servern hat aber mehrere Vorteile. So ist ein inkrementelles Wachstum möglich, und die Verfügbarkeit einzelner, ausgezeichneter Maschinen ist eher zu garantieren als die des gesamten verteilten Systems. Auch bietet sich an, die Server dediziert zu betreiben und sie mit spezialisierter Hardware und Software auszustatten, so daß die Dienste möglichst effizient bereitgestellt werden können.

Auf Basis des Client/Server-Konzepts sind verschiedene Konfigurationen möglich, die selten einen einzigen Server als Zentrale beinhalten. Aus Redundanzgründen werden meist die Dienste auch von mehreren Server-Maschinen angeboten. Hierarchische Konfigurationen lassen einen Server Client der nächsthöheren Serverhierarchie werden oder andere Dienste in Anspruch nehmen. Gemeinsam ist den Konfigurationen jedoch, daß aus Gründen der Leistungsfähigkeit Caching-Mechanismen zur Reduktion des Kommunikationsaufkommens eingesetzt werden.

6. Netzwerk-Dateisysteme

Die Integration verschiedener Systeme unterschiedlicher Leistungsklassen in ein DV-Konzept setzt nicht nur die reine Kommunikationsfähigkeit voraus, sondern erfordert transparenten Zugriff auf Daten. In diesem Punkt hat UNIX mit der Funktionalität verteilter Dateisysteme eine Vorreiterrolle übernommen. Damit ist es möglich, z.B. von einem Arbeitsplatzrechner auf Daten eines Supercomputers transparent zuzugreifen, als ob die Daten lokal vorhanden wären.

Von entscheidender Bedeutung ist daher die gegenseitige Integration der Netzwerkdateisysteme. Zum Zugriff auf Netzwerk-Daten müssen diese in das lokale Dateisystem eingebunden werden, um die geforderte Transparenz zu erreichen. Zur Einbindung in hierarchisch gestaltete Betriebssysteme, wie etwa UNIX, gibt es zwei Ansätze:

- Superroot – Konzept: Die *Superroot* ist ein virtuelles Dateiverzeichnis, das sich über dem Wurzelverzeichnis (Root-Directory) eines jeden Knotens befindet. Sie kann mit dem Pfad /../ erreicht werden. Unterverzeichnisse der Superroot sind die lokalen Verzeichnisse der einzelnen angeschlossenen Rechner. Ein verteiltes Dateisystem mit 3 Rechnern, die jeweils ein Directory exportieren, besitzt also in jedem Knotenrechner eine Superroot mit 3 Unterdirectories mit Namen der einzelnen Knoten. Auf diese Weise wird eine einheitliche

Sicht des verteilten Dateisystems in jedem Rechner erhalten. Beispielsweise ist die Datei /etc/passwd des Rechners mit Namen A systemweit unter dem Namen /../A/etc/passwd erreichbar.

- Mount – Konzept: Das *Mount-Konzept* fügt sich nahtlos in eine herkömmliche UNIX- Dateiverwaltung ein, wird natürlich auch für andere hierarchisch gestaltete Betriebssysteme verwendet. UNIX-Dateisysteme sind aus mehreren in sich wieder hierarchisch strukturierten Dateibäumen zusammengesetzt. Jeder Dateibaum repräsentiert in der Regel eine eigene Plattenpartition. Ein solcher Dateibaum wird mit dem mount – Kommando in den bestehenden, mit dem Rootverzeichnis (/) beginnenden Dateibaum „eingehängt". Nach diesem Prinzip können auch nicht lokale Dateibäume eingefügt werden, die von entfernten Rechnern oder Fileservern zur Verfügung gestellt werden. Auf diesem Weg entsteht das verteilte Dateisystem. Der Vorteil des mount-Konzeptes liegt darin, daß auf verschiedenen Rechnern auch verschiedene Konstellationen von Dateisystemen aufgebaut werden können, je nach Anforderung. Auch gewinnt die Struktur eines Dateisystems ohne Superroot an Komfort und Transparenz: Der Benutzer muß nicht den Maschinennamen kennen, um seine Daten oder seine Applikation zu finden. Nachteilig ist, daß erst nach dem mount-Kommando, bei dem natürlich der Server-Name bekannt sein muß, auf die Daten zugegriffen werden kann.

Mit dem Mount-Prinzip kann ein Client jedes entfernte Unterverzeichnis in sein lokales Dateisystem oder in ein entferntes, bereits gemountetes Filesystem einfügen. Ein Client kann einen entfernten Dateibaum sogar mehrmals in seinen lokalen mounten. Das bedeutet, daß Clients ein und dasselbe entfernte Verzeichnis unter anderem Pfad, also unter anderem „Namen" ansprechen können.

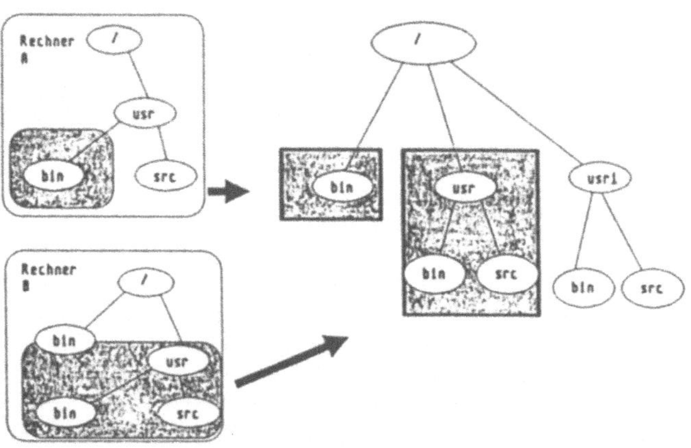

Abbildung 5: Das Mountkonzept zum Import entfernter Dateibäume

7. Beispiele für verteilte Anwendungen

Anhand von Beispielen soll in diesem Kapitel die auf den beschriebenen Techniken und Funktionen basierende Funktionalität in UNIX nachgewiesen werden. Sämtliche Kommunikationsmechanismen sowie die im folgenden beschriebenen Anwendungen gehören bereits heute zum standardmäßigen Umfang von UNIX. Daher ist es durchaus einsichtig, daß die Kommunikationsfähigkeit von UNIX die besten Voraussetzungen bietet, hierarchische DV-Konzepte zu entwickeln, in die Rechner aller Leistungsklassen, vom Superrechner bis zum PC-Arbeitsplatzrechner, eingebettet werden können. Nur mit UNIX ergeben sich diese Konfigurationsfreiheiten und diese Skalierbarkeit.

7.1 Das Network File System (NFS)

Die am meisten verbreitete Implementierung eines Client/Server-Modells ist sicherlich das Network File System (NFS), das die Firma Sun Microsystems auf ihren Unix-Systemen seit 1982 einsetzt. NFS wurde für die UNIX-Version BSD 4.2 entwickelt, ist aber vom Konzept her betriebs- und systemunabhängig. Es realisiert ein zustandsloses *(stateless)* Client/Server-Modell, das ausschließlich die Protokolle der ISO-Ebenen 5 bis 7 unter Verwendung des RPC-Mechanismus definiert, so daß es von den unterliegenden Transportprotokollen vollständig unabhängig ist.

NFS erlaubt somit die gemeinsame Nutzung von Dateien in einer heterogenen Umgebung, die unterschiedliche Rechner, Betriebssysteme und Netzwerke umfaßt. Es ist betriebssystemunabhängig und erlaubt über das Netzwerk Zugriff auf beliebige Dateiverzeichnisse. Darin enthaltene Dateien können dann wie lokale Dateien angesprochen werden. Wesentliche Zielsetzung beim Entwurf war, daß alle im Netz verfügbaren Dateien und Dienstleistungen unter Beibehaltung der Zugriffsberechtigung einfach und schnell zugänglich sein sollten.

NFS benutzt auf der Darstellungsebene (Ebene 6) das XDR-Protokoll (External Data Representation), um Daten in einer hardware-, sprach- und systemunabhängiger Weise zu beschreiben. XDR definiert beispielsweise Größe, Byte- und Bitorder der grundlegenden Datentypen wie Integer, String, Boolean, Array und Record. Komplexere Typen werden aus diesen grundlegenden XDR-Strukturen zusammengesetzt.

NFS verwendet Protokolle wie UDP/IP und TCP/IP und ist im allgemeinen Ethernet-basiert, das Einbinden anderer Protokolle ist jedoch ohne weiteres möglich. Alle von NFS zur Verfügung gestellten Funktionen sind *stateless* implementiert, d.h. Funktionen, die ein „Gedächtnis" zwischen den Operationen benötigen, werden über gesonderte Prozesse, sogenannte Netzwerk-Dämonen, realisiert. Die Schnittstellen, teilweise auch die Quelltexte, sind veröffentlicht (portable Versionen von RPC und XDR sind frei verfügbar).

Beim Entwurf von NFS wurde auf Transparenz auf möglichst vielen Ebenen Wert gelegt. Folgende Punkte sollten für den Benutzer unerheblich sein:

- Lage des Dateisystems: über Vnodes (Virtual Inode) werden lokale Dateisysteme und im Netz verfügbare Dateisysteme gleich behandelt.

- Dateisystemart: identischer Zugriff für alle Benutzer und Anwendungen auf Dateien unter unterschiedlichen Dateisystemen.

- Betriebssystem des Servers: Ein Unix-Client soll z.B. mit Pfadnamen in Unix-Syntax auf VMS-Dateien zugreifen können.

- Maschinentyp des Servers.

- Netzwerk und Protokolle: RPC/XDR setzt auf verschiedenen Transportprotokollen und Netzarchitekturen auf.

Weitere Entwurfsziele waren unter anderem das Weiterverwenden vorhandener Programme ohne Anpassung, Neuübersetzung etc. (bis auf wenige Ausnahmen verwirklicht), ein zuverlässiges Wiederaufsetzen nach Ausfall (Anwendung kann auch dann weiterlaufen, wenn der Server abstürzt und wieder anläuft), Erhaltung der Unix-Semantik für Unix-Clienten (bis auf wenige Ausnahmen verwirklicht) und eine für Benutzer akzeptable Leistung (etwa so schnell wie eine langsame lokale Platte).

Um die genannten Entwurfsziele zu realisieren, modifiziert NFS die Schnittstelle zum Dateisystem. Unter NFS besteht das Dateisystem aus drei Komponenten, der Schnittstelle zum Betriebssystem (System Calls), dem VFS-Interface (Virtual File System), und dem NFS-Interface.

Das VFS ist eine Schicht, die über ein herkömmliches UNIX-Filesystem gelegt wurde. Ein Dateisystem besteht aus Dateiverzeichnissen und Dateien mit jeweils zugehörigen Index-Knoten (*inodes*), die Verwaltungsinformationen enthalten. Innerhalb eines Filesystems ist jedem Inode eine eindeutige Zahl zugeordnet. Um diese Eindeutigkeit auch bei der Kopplung mehrerer Dateisysteme zu erhalten, wurden im Rahmen des VFS virtuelle Knoten (*vnodes*) eingeführt. Vnodes besitzen eine innerhalb des gesamten Netzwerkes eindeutige Identifizierung. Oberhalb der VFS-Ebene werden Vnodes benutzt, unabhängig davon, ob im darunter liegenden Betriebssystem Inodes Verwendung finden.

Damit nun das VFS entscheiden kann, ob der Zugriff auf das lokale Dateisystem oder auf ein nicht lokales Netzwerk-Dateisystem erfolgt, sieht die Vnode-Datenstruktur Verweise auf importierte, nicht lokale Dateisysteme vor. Dazu definiert das NFS-Interface sogenannte File Handles, die ein Dateiverzeichnis oder eine Datei identifizieren und vergleichbar mit Dateideskriptoren sind.

Dem Client wird vom Server für die Wurzel des importierten Dateiverzeichnisses ein File Handle mitgeteilt. Das Importieren von Dateisystemen erfolgt durch den RPC-basierten Mount-Befehl und liefert nur den File Handle für die Wurzel des Dateiverzeichnisses mit. Der Zugriff auf Dateien innerhalb des importierten Dateisystems liefert dann weitere File Handles für die

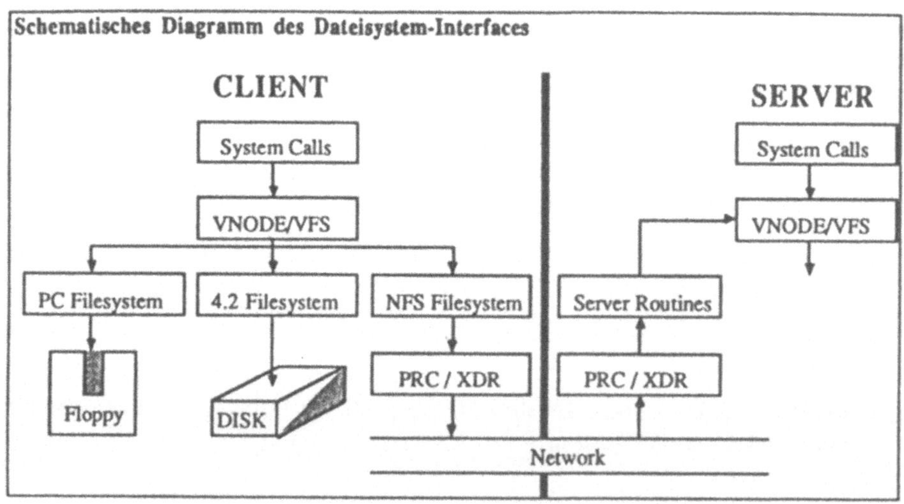

Abbildung 6: Schematisches Diagramm des Dateisystem-Interfaces

einzelnen Dateien, so daß in den NFS-Aufrufen nur mit File Handles und nicht mit Pfadnamen gearbeitet wird, was jedoch für den Benutzer unsichtbar ist.

Das NFS-Interface bietet die üblichen Dateioperationen wie z.B. Suchen, Anlegen, Löschen, Schreiben und Lesen von Dateien und Dateiverzeichnissen sowie das Ändern von Attributen und Abfragen von Informationen über Dateisysteme.

NFS ist, wie bereits erwähnt, stateless ausgelegt. Vorteil ist die erhöhte Zuverlässigkeit, falls Client oder Server abstürzen. Bei einem Client-Ausfall gibt es keine Auswirkungen auf den Rest des Netzes. Der anfordernde Prozeß existiert in diesem Fall nicht mehr und die zuletzt erfolgte Anforderung wird vom Server nicht abgeschlossen, wenn das Ergebnis nicht abgenommen wird. Bei einem Server- oder Netzausfall wiederholt der Client die Anforderung so lange, bis diese ausgeführt werden kann oder abgebrochen wird. Der anfordernde Prozeß ist in diesem Fall sinnvollerweise blockiert.

Ebenso sieht NFS ein *locking* vor, das das gleichzeitige Ändern bzw. Ändern/Lesen eines Files oder Records durch verschiedene Prozesse verhindert. Es ist zwangsläufig stateful, da Informationen über zugriffsberechtigte Prozesse gehalten werden müssen.

Locking und andere Dienste, die stateful sind, werden nicht direkt von NFS, sondern von RPC-basierten Prozessen (daemons) übernommen. Hierzu zählt unter anderem der Netzwerk-Status-Monitor. Er entdeckt Abstürze und Neustarts von angeschlossenen Hosts und Workstations und leitet dann anwendungsspezifische Wiederaufsetzmaßnahmen ein. Der Status-Monitor liefert z.B. dem Network Lock Manager die erforderlichen Informationen zum Wiederaufsetzen.

Um den Zugriffsschutz, den Unix für lokale Dateisysteme bietet, auch für Netzwerk-Dateisysteme transparent bereitzustellen, überträgt NFS die Benutzer- und Gruppenkennung zusammen mit den Anforderungen. Nur wenn diese Kennungen bei Client und Server identisch sind, kann auf die entsprechenden Dateien zugegriffen werden.

NFS ist mittlerweile der Standard für verteilte Dateisysteme, so daß es fester Bestandteil aller zukünftigen Unix-Versionen ist. Die Portierung von NFS auch auf andere Betriebssysteme wird stark vorangetrieben, jedoch ergeben sich z.B. bei der Abbildung von Zugriffsrechten eventuell Einschränkungen, da die Unix-Authentifikation vorausgesetzt wird.

7.2 Das Remote File System RFS

Das Remote File System (RFS) wurde 1984 von AT&T erstmals vorgestellt und bietet von der Zielsetzung her eine ähnliche Funktionalität wie NFS. RFS realisiert ebenfalls ein Client/Server-Modell für den transparenten Zugriff auf Dateisysteme eines Servers. Es bestehen jedoch einige grundlegende Unterschiede in der Entwurfsphilosophie. Während NFS ein allgemeingültiger, aber nachträglich auf Unix aufgesetzter Netzwerk-Service ist, implementiert RFS ein verteiltes Unix-Filesystem.

Da NFS und RFS auf dem Client/Server-Modell aufsetzen und einen verteilten Dateiservice mit ähnlicher Funktionalität realisieren, sollen an dieser Stelle nur die wesentlichen Unterscheidungsmerkmale genannt werden.

- Netzzugriffe: NFS ist ein offenes System, das die Standardtransportprotokolle wie TCP/IP und UDP/IP benutzt, andere Protokolle sind leicht integrierbar, eine saubere Schichtentrennung ist erkennbar. RFS verwendet ein spezielles Transportprotokoll, von dem die Spezifikationen nicht veröffentlicht sind. Erschwerend kommt hinzu, daß Besonderheiten des Transportprotokolls ausgenutzt werden, um einen Crash zu erkennen, daher sind z.B. die Internet-Protokolle nicht einsetzbar.

- Verbreitung/Portierbarkeit: NFS läuft unter vielen Betriebssystemen wie BSD 4.x, Unix System V, Sun OS, Ultrix, VMS, Siemens BS2000 oder MS-DOS und ist anpaßbar an unterschiedliche Systemarchitekturen. RFS ist ebenfalls anpaßbar an unterschiedliche Architekturen, setzt aber Unix System V als Betriebssystem voraus. Während NFS den RPC Mechanismus verwendet, realisiert RFS das verteilte Dateisystem durch eine Erweiterung der Unix-Systemaufrufe. Dadurch wird eine Portierung auf andere Betriebssysteme nahezu ausgeschlossen.

- Recovery: NFS ist stateless ausgelegt, Funktionen, die ein Gedächtnis voraussetzen, sind über gesonderte Prozesse (daemonen) realisiert. RFS ist stateful, es unterstützt keine Recovery nach einem Server Crash. Alle laufenden Operationen werden dann abgebrochen und müssen explizit wieder aufgesetzt werden.

- Unix Kompatibilität: RFS ist eine vollständige Unix-Implementierung, während NFS nicht alle Semantiken für Unix-Dateisysteme realisiert. So ist beispielsweise das Löschen offener Dateien in NFS eingeschränkt.

Zusammenfassend kann gesagt werden, daß NFS durch seine hohe Flexibilität für große und mit unterschiedlichen Betriebssystemen und Architekturen arbeitende Netzwerke besser geeignet ist. RFS ist dagegen geeignet für kleine homogene Netze, in denen alle Maschinen mit System V arbeiten. Allerdings schließen NFS und RFS sich gegenseitig nicht aus, da sie parallel auf der gleichen Maschine eingesetzt werden können.

7.3 Fenster-Systeme

Sie haben ihren Ursprung in Xerox Parc und sind seit Mitte der 70er Jahre auf deren Rechnern der Star-Serie populär geworden. Ein Teil der Entwickler ging dann zu Apple und machte Fenstersysteme (*window systems*) mit Lisa und dann mit der Macintosh-Serie zum Standard-Benutzer-Interface.

Voraussetzung für Fenstersysteme sind eine hohe CPU-Leistung, viel Speicher und eine hohe Display-Bandbreite. All das ist insbesondere mit den modernen Unix-basierten Workstations gegeben. Man unterscheidet im wesentlichen zwei Ausprägungen:

- Rechnerbasierte Fenstersysteme: Sunwindows 1.x, DOS-Windows, Apple Windows, Viewpoint (XEROX Star-System)

- Serverbasierte Fenstersysteme: X-Windows, Sunwindows 2.x, NeWS (SUN), Andrew (CMU)

Rechnerbasierte, auch zentrale (*kernel based*) Fenstersysteme sind so gestaltet, daß das Anwendungsprogramm und das Fenstersystem mit den Ein/Ausgabeschnittstellen auf dem gleichen Rechner laufen müssen. Sie benutzen keinerlei Netzwerk- und Kommunikationsfunktionen und sollen daher nicht weiter betrachtet werden.

Bei Server-basierten, auch dezentralen (*server based*) Fenstersystemen können die Anwendungen (Clienten, Prozesse, Programme) und das Fenstersystem auf verschiedenen Rechnern laufen. In diesem Fall kommunizieren die Applikationen über das Netz mit dem Server, an dem die Peripherie angeschlossen ist (Raster-Display, Maus, Tastatur). Somit können rechenintensive Programme auf leistungsstarken dedizierten Maschinen laufen, die Ausgabe erfolgt aber an leistungsschwächeren Workstations oder Terminals mit einer dedizierten CPU und integriertem Fenstersystem (X-Terminal).

Abgebildet auf das Client/Server-Modell stellt das Fenstersystem mit seiner Darstellungskomponente den Server dar, weil es die E/A-Ressourcen bereitstellt. Die Anwendungen sind dagegen die Clienten, die die benötigten E/A-Ressourcen vom Server anfordern. Die Kommunikation zwischen Server und Client erfolgt über normale Standardtransportprotokolle und für das Fenstersystem definierte Anwendungsprotokolle. Für diese Protokolle existieren verschiedene Vorschläge (Display-Postscript, X, ...), von denen aber das am MIT (Massachusetts Institute of

Technology) im Rahmen des Projekts Athena entwickelte X-Protokoll die größten Chancen auf eine Standardisierung hat.

Während mit dem X-Protokoll bereits heute ein Quasi-Standard existiert, wird zur Zeit noch um die Gestaltung der Benutzeroberfläche (*look and feel*) gestritten. Hier gibt es im wesentlichen zwei Ansätze:

- Open Look (AT&T, Sun)

- OSF/Motif (OSF-Gruppe mit IBM, Digital und HP)

Diese Problematik soll hier jedoch nicht weiter ausgeführt werden, da sie für den Entwurf verteilter Systeme nicht relevant ist.

Auch für die verteilte Anwendung Fenstersysteme gilt, daß Implementierungen zuerst in Unix verfügbar waren, was wiederum auf die einfache Handhabung der Netzwerk-I/O unter Unix zurückzuführen ist.

8. Zusammenfassung

Mit UNIX ist ein Betriebssystem gegeben, das die Idee offener Systeme realisiert. Unix verfügt über alle Kommunikationsmechanismen, die ein effizientes und transparentes Arbeiten in Netzen ermöglichen. Tatsache ist, daß der Entwurf und die Planung unternehmensweiter Netze durch die Bindung an einen oder mehrere Hersteller, die keine offenen Lösungen anbieten können, erschwert wird. Durch die Standardisierung und ein klares Bekenntnis zu Heterogenität und „Offenen Systemen", wie in UNIX vorhanden, können die Probleme der Konnektivität und der Protokolle weitgehend umgangen werden.

Damit ist der Netzwerk- und DV-Planer nicht mehr durch Inkompatibilitäten zwischen Herstellern gefangen, sondern kann ein auf sein Unternehmen zugeschnittenes Netzwerk-Konzept entwickeln und umsetzen. Mit NFS wurde bereits ein Beispiel gegeben, wie verteilte Anwendungen hierarchisch auf unterschiedlichen Leistungsklassen von Rechnern konfiguriert und betrieben werden können. Durch die Herstellerunabhängigkeit und eine konsequente Einführung von Standards sind aber auch beliebig skalierbare Konfigurationen möglich.

Supercomputer bilden mit ihrer hohen Rechenleistung und den effizienten Datenzugriffsmechanismen eine ideale oberste Hierarchiestufe. Workstations in den Abteilungen und Arbeitsgruppen (*Workgroup Computing*) können mit den in UNIX vorhandenen Kommunikationsmechanismen transparent auf die zentralen Daten zugreifen, Aufträge berechnen lassen und die Ergebnisse darstellen. Somit sind Supercomputer nicht nur als Compute-Server (*Number-Cruncher*), sondern z.B. auch als File Server einsetzbar.

Literatur

[1] D. M. Ritchie and K. Thompson *The UNIX Time-Sharing System. Communications of the ACM*, Vol. 17(7):pp 365-375, Juli 1974.

[2] S. G. Kochan and P. H. Wood. *Unix Networking.* Hayden Books, 1989. Indianapolis.

[3] Michael Santifaller. *TCP/IP und NFS in Theorie und Praxis.* Addison-Wesley, 1990.

[4] W. Richard Stevens. *UNIX Network Programming.* Prentice Hall, 1990.

[5] Andrew S. Tanenbaum. *Betriebssysteme - Entwurf und Realisierung.* Hanser Verlag, 1990.

Das Datennetz der Universität Mannheim

Ralf–Peter Winkens

Rechenzentrum der Universität Mannheim
L15,16
6800 Mannheim 1

Zusammenfassung

Ein wesentliches Merkmal des Mannheimer Universitätsnetzes ist eine Zweiteilung bezüglich der verwendeten Techniken.
Während in neueren Gebäuden eine Ethernet–Installation auf der Basis von Koaxialkabeln oder Lichtwellenleitern recht zügig realisiert wird, muß in den historischen Gebäuden zunächst die vorhandene Telefonverkabelung für den Datenverkehr mitbenutzt werden. Dies wird mit Hilfe einer ISDN–fähigen Nebenstellenanlage realisiert, die über einen ISDN–Ethernet Router mit dem Universitätsnetz verbunden ist. Als Universitätsbackbone wird ein Glasfaserring mit FDDI–Technik verwendet. Über das Landesnetz BelWü sind somit die Supercomputer in Karlsruhe und Stuttgart von jedem Arbeitsplatz erreichbar.

1 Historische Entwicklung

Die Universität Mannheim zählt mit ihren 12 000 Studenten zu den mittelgroßen Universitäten im Bereich der Bundesrepublik Deutschland. Den Schwerpunkt in der Lehre bilden die Fakultäten Betriebswirtschaftslehre und Volkswirtschaftslehre. Weitere kleinere Fakultäten sind Sozialwissenschaften, Rechtswissenschaft sowie Mathematik und Informatik. Aufgrund ihrer Lage im Stadtzentrum von Mannheim muß die Universität das Schicksal mit anderen alten Universitäten teilen, über keinen eigenen Campus zu verfügen. Besonders problematisch für den Bereich Datenkommunikation erwies sich auch der hohe Anteil an historischer Bausubstanz und hier im speziellen das Mannheimer Schloß, in dem ca. 50% der Mannheimer Universitätseinrichtungen untergebracht sind.

Die historische Entwicklung in der Datenkommunikation war stark an die Entwicklung im Großrechnerbereich gebunden. Einfache Terminals, zunächst sogar nur zeilenorientiert, waren über ein sternförmiges Netz an den Siemens Großrechner angebunden. Auf der hier verwendeten Kupfer–Infrastruktur kamen die herstellerspezifischen MSV– und BAM–Prozeduren zum Einsatz.

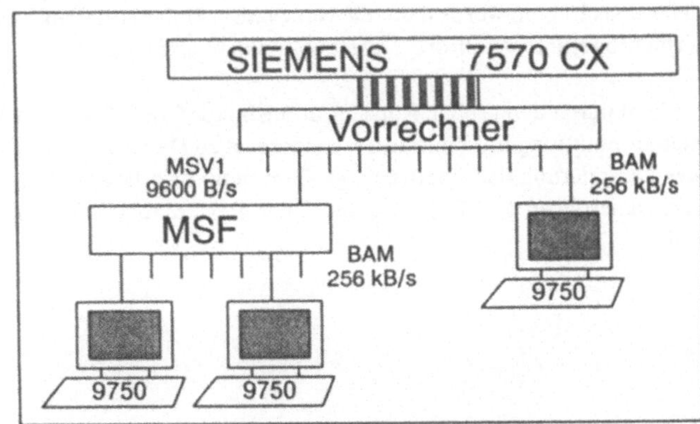

Abbildung 1: TRANSDATA–Netz

Diese heile Kommunikationswelt, homogen mit Siemens-Produkten aufgebaut, wurde erstmalig durch das Auftauchen der PC's gestört. Während eine passende Terminalemulation hier weniger Probleme bereitete, kamen über den Filetransfer nun Nettodatenraten auf ein Netzwerk, für die es eigentlich ursprünglich nicht vorgesehen war.

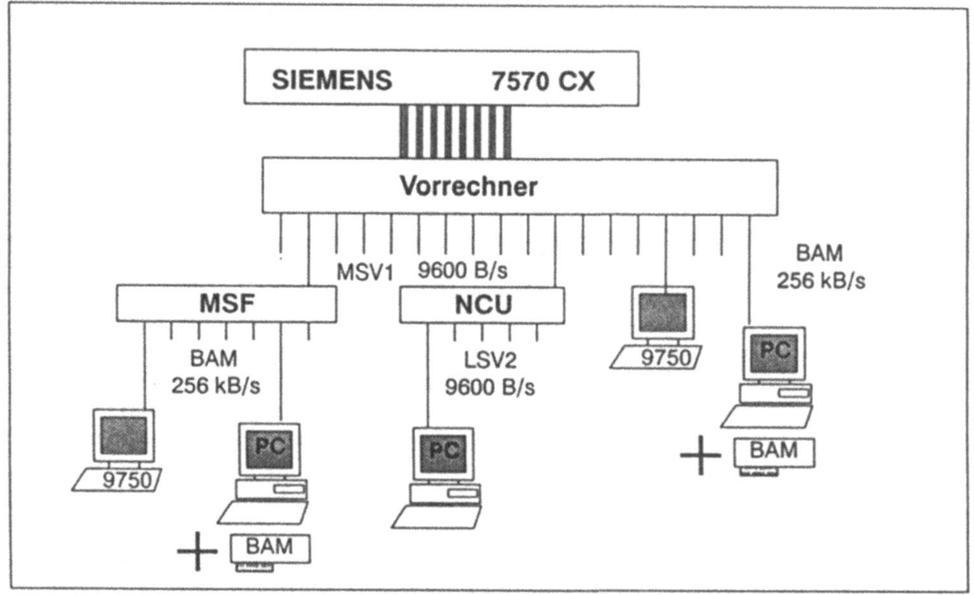

Abbildung 2: Einbindung von PCs

Zur Integration der PCs in das TRANSDATA-Netz kamen zwei verschiedene Techniken zum Einsatz; zum einen wurden PCs mit BAM-Karten versehen, um so, ausgestattet mit der entsprechenden Emulation, relativ homogen in das Netz integrierbar zu sein. Die preiswertere Lösung war, die im PC vorhandene assynchrone serielle Schnittstelle zu verwenden sowie zur Sicherung die LSV2-Prozedur. Als Knoten wurde dann die **Net Control Unit** der holländischen Firma INCAA verwendet, um asynchrone und synchrone Seite aufeinander abzubilden.

Bedingt durch den großen Konzentrationsfaktor (16*9600B/s : 9600B/s) kam es hier allerdings bei starker Belastung mit Filetransfer manchmal zu Datenstau-Problemen in der NCU, die eine mühselige Optimierung der Übertragungs-Parameter erforderten. Diese Probleme tauchten in den Mehrfachsteuerungen (MSF) aufgrund einer gleichmäßigen Verteilung von PCs und Terminals nicht auf.

2   Das neue Datennetz

Die Nachfrage nach verschiedenen Serverleistungen, wie z.B. Mail- oder Name-Server, und ein
Kommunikationsbedarf der Benutzer, der nicht mehr ausschließlich auf den Großrechner ausgerichtet war, verlangte nach einer Ablösung der alten sternförmigen Netzstruktur. Die Lösung bot
hier ein Busnetz, basierend auf dem ETHERNET-Standard. Wegen der großen Verbreitung dieser
Technologie und des daraus resultierenden starken Preisverfalls für ETHERNET-Produkte war diese Technik am besten geeignet, um eine Universität flächendeckend zu vernetzen.

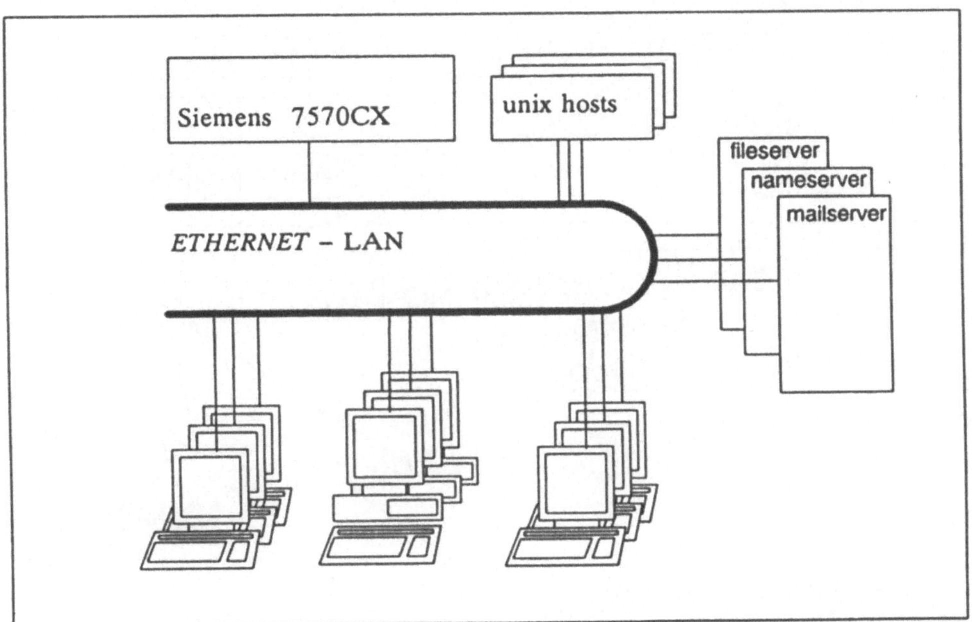

Abbildung 3: ETHERNET-Bus

Zur Verbindung der Universitätsgebäude untereinander kam die Lösung mit ETHERNET und
Koaxialkabel wegen der geringen Reichweite von maximal 500m nicht in Frage. Auch eine ETHER-
NET-Installation auf Glasfaserbasis würde bei durchschnittlichen Leitungslängen von ca. 1000 m
zwischen den   Gebäuden nur noch im Grenzbereich zu betreiben sein. Daher wurde als Universitätsbackbone ein FDDI-Ring auf Glasfaserbasis gewählt. Der Ring hat in der ersten Ausbaustufe,
bei einer geographischen Ausdehnung von 1,2 km, eine Faserlänge von 5,3 km. Angeschlossen
sind acht FDDI-Bridges und ein IP-Router, zu denen im Laufe dieses Jahres noch ein Konzentrator
mit verschiedenen FDDI-Endgeräten und zwei weitere Bridges hinzukommen. Bei größeren Gebäuden werden, zur Lasttrennung, oft mehrere FDDI-Bridges an einem LWL-Verteiler installiert. Verlegt wurde ein 50um LWL-Kabel mit 16 Gradienten-Fasern, darüberhinaus wurde es, um für zu-

künftige Entwicklungen auf dem Gebiet der optischen Datenübertragung gerüstet zu sein, um acht Monomode-Fasern ergänzt. Aus Kostengründen wurde auf eine geographische Ringstruktur verzichtet, und alle vier Fasern des 'Ringes' befinden sich in einem Kabel. Der Sekundärring wird allerdings trotzdem benötigt, um neue Komponenten störungsfrei einfügen zu können.

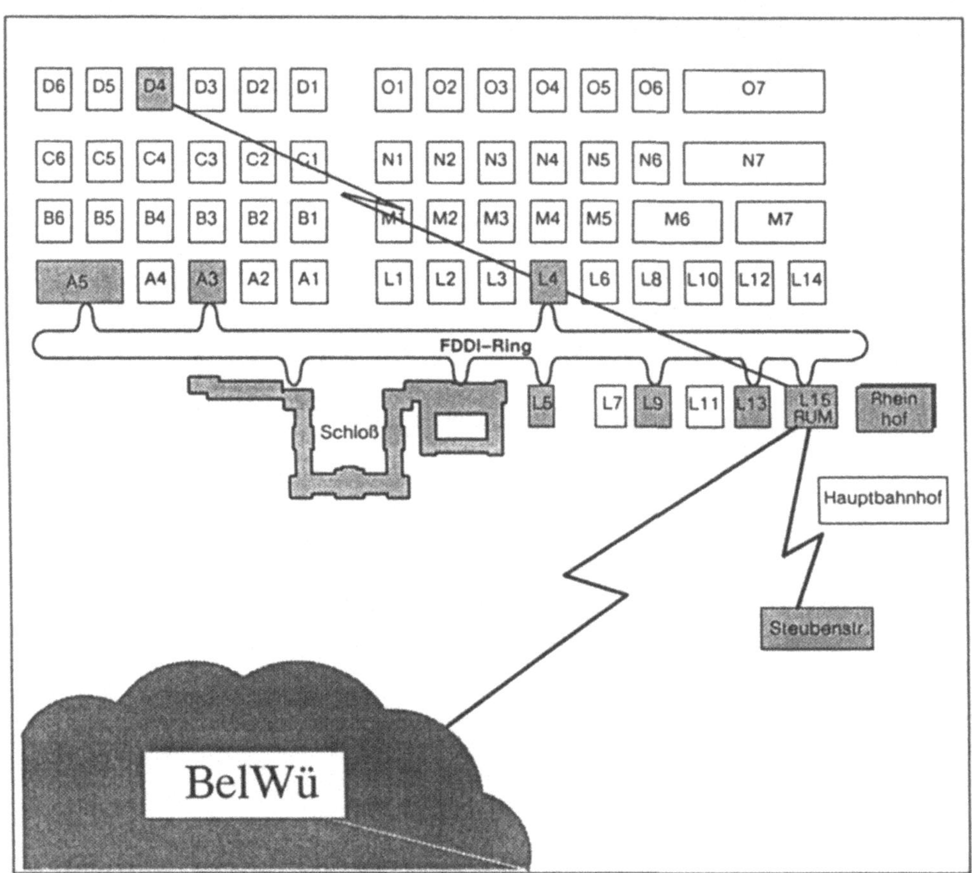

Abbildung 4: Glasfaser-Backbone

Einrichtungen der Universität, die nicht im Einzugsbereich des FDDI-Ringes liegen, werden über HFD-Leitungen mit 64 KB/s und IP-Router angebunden. Hier ist allerdings, aufgrund der für diesen Einsatz günstigeren Gebühren, ein Wechsel auf ISDN-Festverbindungen angebracht. Die verwendeten Router der Fa. CISCO würden sogar ein lastabhängiges Zuschalten von weiteren ISDN-Verbindungen erlauben. Auch im Fehlerfall wäre eine solche Wahlverbindung günstig, um so die nachteilige Situation der 'in die Peripherie verbannten' DV-Nutzer zu verbessern.

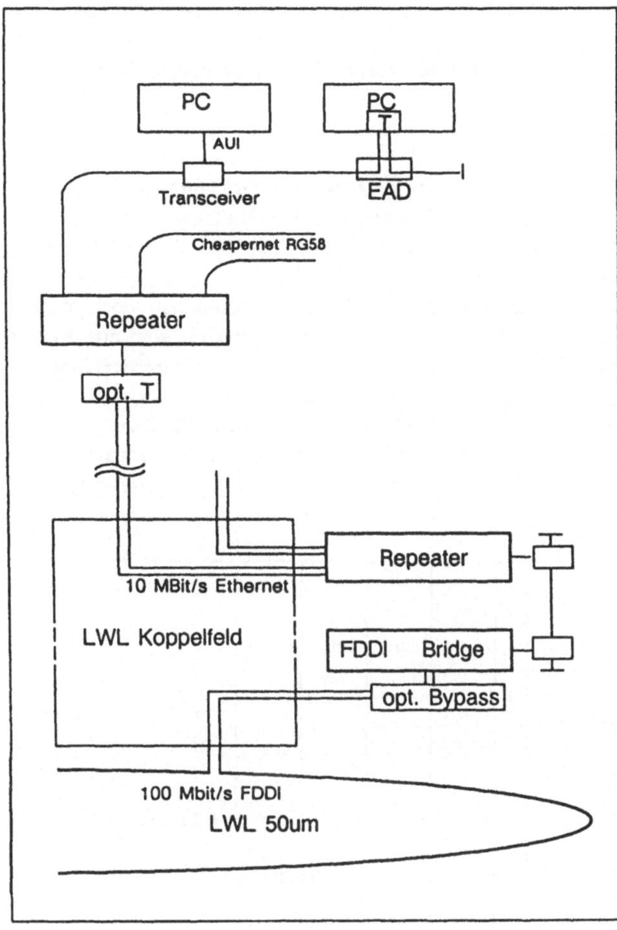

Abbildung 5: Gebäude – Verkabelung

Im Inneren der Gebäude befindet sich jeweils im Keller die Anbindung an den Glasfaserbackbone über ein Lichtwellenleiterpatchfeld und jeweils eine FDDI–Bridge gepaart mit einem aktiven Sternkoppler. Von dort sind in der Senkrechten Glasfaserleitungen in die einzelnen Stockwerke verlegt. In den Stockwerksverteilern stehen Multiportrepeater, von denen aus dann die einzelnen Koaxial-Cheapernetsegmente in die Räume geführt sind. Als Endgeräteanschluß kommt entweder ein Einbautransceiver oder die *ETHERNET-Anschluß-Dose* zum Einsatz. Diese Anschlußtechnik gewährleistet ein sicheres Ein- und Auskoppeln der Endgeräte in das Koaxialkabel. Bei Stromausfall garantiert ein optischer Bypass die Funktionalität des restlichen FDDI–Rings. Weiterhin ist als Back–up für den 100 MBit–Ring eine Ethernet–Verbindung über LWL zwischen den Gebäuden vorgesehen, die im Fehlerfall innerhalb weniger Sekunden durch den *Spanning–tree*-Algorythmus der Bridges aktiviert wird.

In Gebäuden, bei denen aufgrund der historischen   Bausubstanz eine ETHERNET-Vernetzung nicht in einem entsprechenden Zeitraum durchzuführen ist, werden die Rechner über die vorhandene Telefonverkabelung und eine ISDN-Untervermittlung an   das Universitätsdatennetz angebunden.

3   Probleme bei der Realisation

Da bei der Realisation des neuen Universitätsnetzes viele Produkte vor ihrer offiziellen Markteinführung zum Einsatz kamen, mußten gewisse "Kinderkrankheiten" akzeptiert werden. Besonders im   Bereich des FDDI-Backbones gab es einige Probleme:

→ Der Station–Managementteil des ANSI–Standards X3T9.5 war zum Zeitpunkt der ersten Installationen noch nicht abgeschlossen.

→ Da die Universität Mannheim nicht über einen geschlossenen Campus verfügt, müssen für alle Datenleitungen zwischen nicht benachbarten Gebäuden Gebühren an die Post gezahlt werden, deren zukünftige Entwicklung aufgrund der derzeitigen Umstrukturierungen bei diesem 'Unternehmen' nicht abzuschätzen ist.

→ Die Entscheidung, ob Router oder Bridges zum Einsatz gelangen, fiel in Mannheim für transparente Bridges der Firma BICC für den inneren Universitätsbereich, sowie Router der Firma CISCO , um die entfernteren Einrichtungen anzubinden. Ob damit der direkte Anschluß aller FDDI–Endgeräte möglich sein wird, ist noch nicht sichergestellt.

→ Ein einheitliches Netzwerkmanagement für alle aktiven Netzkomponenten ist noch nicht in Sicht. Entsprechende Standards sind zwar weitgehend verabschiedet, aber es sind nur wenige Produkte auf dem Markt zu kaufen. Im Datennetz der Universität Mannheim kommen zwei Managementsysteme zum Einsatz, die allerdings beide dem ISO–Standard nicht entsprechen. FDDI–Bridges und Repeater werden über ein firmeneigenes Management der Firma BICC verwaltet, bei dem die proprietäre Managementinformation über ein Protokoll mit dem ISO–Standard 802.1B transportiert wird. Die Router der Firma CISCO werden über ein SNMP–fähiges Managementsystem dieser Firma verwaltet.

4   TCP/IP über ISDN

Im Bereich der ISDN–Untervermittlung, die die vorhandene Telefonanlage nicht ersetzen soll, ist man wegen der Kopplungsprobleme in der Auswahl stark eingeschränkt. Bei der Universität Mannheim kam eine HICOM–Anlage zum Einsatz, die allerdings erst ab Mai diesen Jahres die So–Schnittstelle auf Teilnehmerseite zur Verfügung stellt. Die auf den PC's an der HICOM–Anlage eingesetzte TCP/IP–Kommunikationssoftware unterscheidet sich von ihrem Pendant auf ETHERNET–PC's lediglich durch andere Hintergrundtreiber. Alle TCP/IP–Anwendungen lassen sich transparent auf den verschiedenen Techniken benutzen.

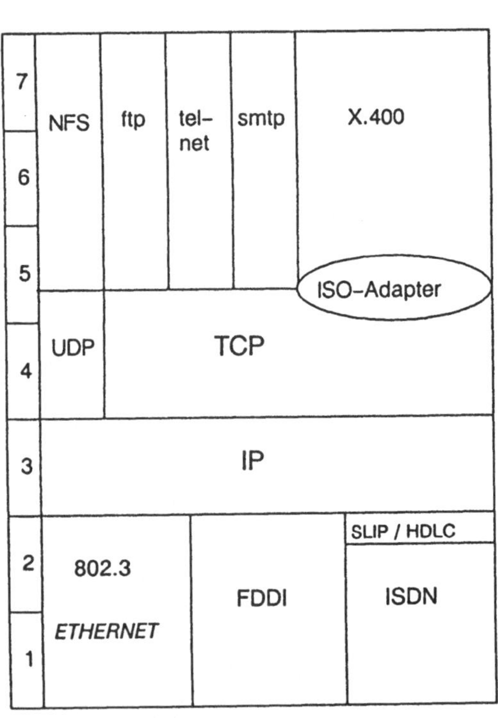

Abbildung 6: Protokolle

Aufgrund der auf der Teilnehmerseite noch nicht vorhandenen So–Schnittstelle an der HICOM kommt bei der ersten Installation eine reine V.24–Lösung zum Einsatz. Den Abschluß der Telefonanlage bilden 'Data Communication Interfaces' der Fa. Siemens. Zur Vermittlungszentrale hin ist die Siemens–spezifische U₂₀₀-Schnittstelle geschaltet.

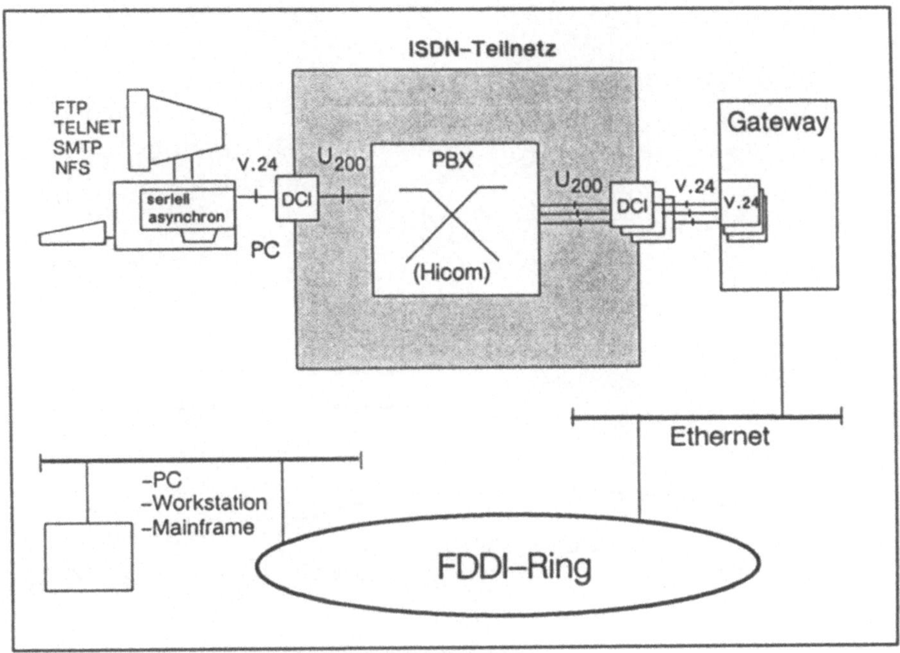

Abbildung 7: ISDN – Stufe 1

Die V.24–Schnittstelle des PC's wird über die ISDN-Anlage zu einem zentralen V.24–Terminalserver durchgeschaltet. Das TCP/IP–Protokoll wird mit Hilfe des SLIP–Verfahrens (Serial Line Internet Protocol) über diese transparente serielle Verbindung mit dem Terminalserver abgewickelt. Mit dieser Lösung sind alle Kommunikationsanwendungen, allerdings nur mit sehr geringer Geschwindigkeit, möglich. Besondere Schwierigkeiten bereitete hier die Tatsache, daß, bedingt durch ein Konzentrationsverhältnis von ca. 2:1 , der Terminalserver dynamisch Routingeinträge generieren muß, da dieselbe IP–Netzadresse auf verschiedenen Ports erscheinen kann. Hier muß jedes Datenpaket mitgelesen, und bei eventuell verschiedener Adresse ein neuer Routing-Eintrag generiert werden.

In der zweiten Stufe kommt auf der PC-Seite eine S0–Karte zum Einsatz, um so auch die volle Geschwindigkeit des ISDN ausnutzen zu können. Auf der ETHERNET-Seite kommt ein ISDN-ETHERNET-Router zum Einsatz, der für die Umsetzung von ISDN-Telefonnummern in IP-Netzwerkadressen zuständig ist. Dieser Router dient auch als Auskunftssystem für die ARP-Tabellen der PC's. Hier stehen dann statt der ETHERNET-Adressen mit ihren zugehörigen IP-Adressen die ISDN-Telefonnummern mit ihren entsprechenden IP-Adressen.

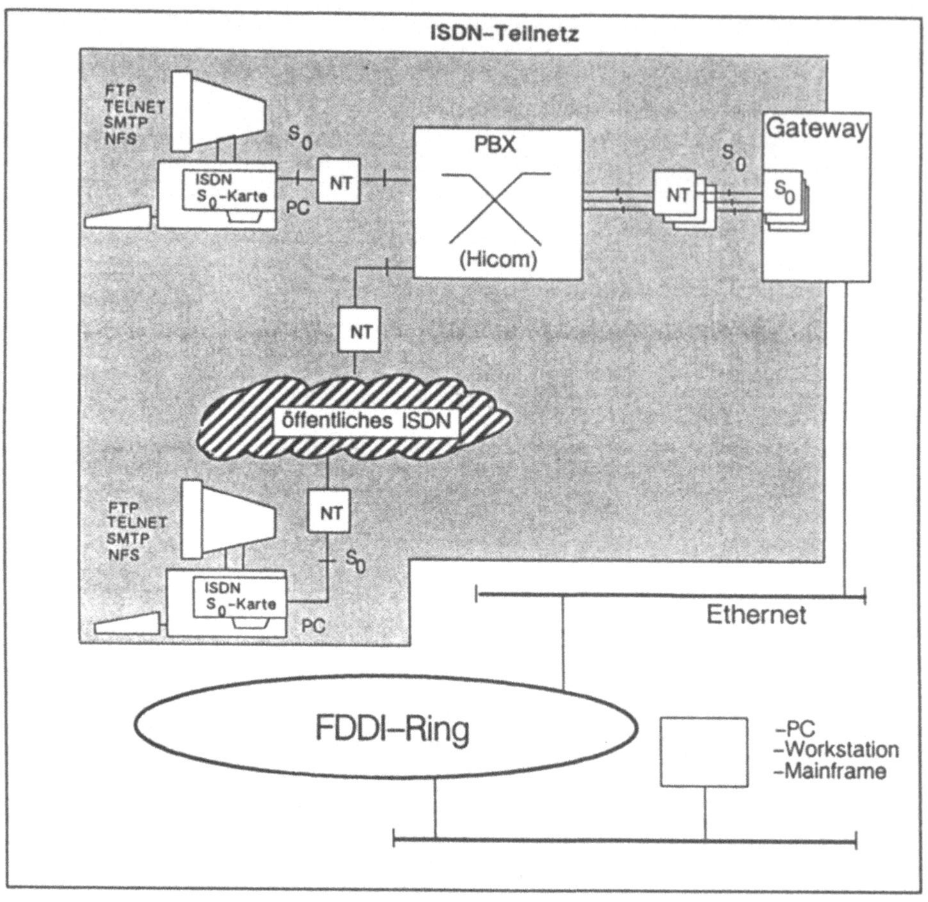

Abbildung 8: ISDN – Stufe 2

In der dritten und letzten Ausbaustufe des Systems wird auf der Gateway–Seite die S2M–Schnittstelle implementiert, was zu einer größeren Anzahl parallel möglicher Verbindungen führt und den
Verkabelungsaufwand stark verringert.

Eine weitere Entlastung bringt hier auch das Abwerfen der Verbindungen nach einem Time–out
von ca.15 Sekunden, wobei diese bei Auftauchen des nächsten Paketes automatisch wieder etabliert werden. Eine Verzögerung von ca. 2 Sekunden, durch den Verbindungsaufbau bedingt, erscheint hier durchaus akzeptabel.

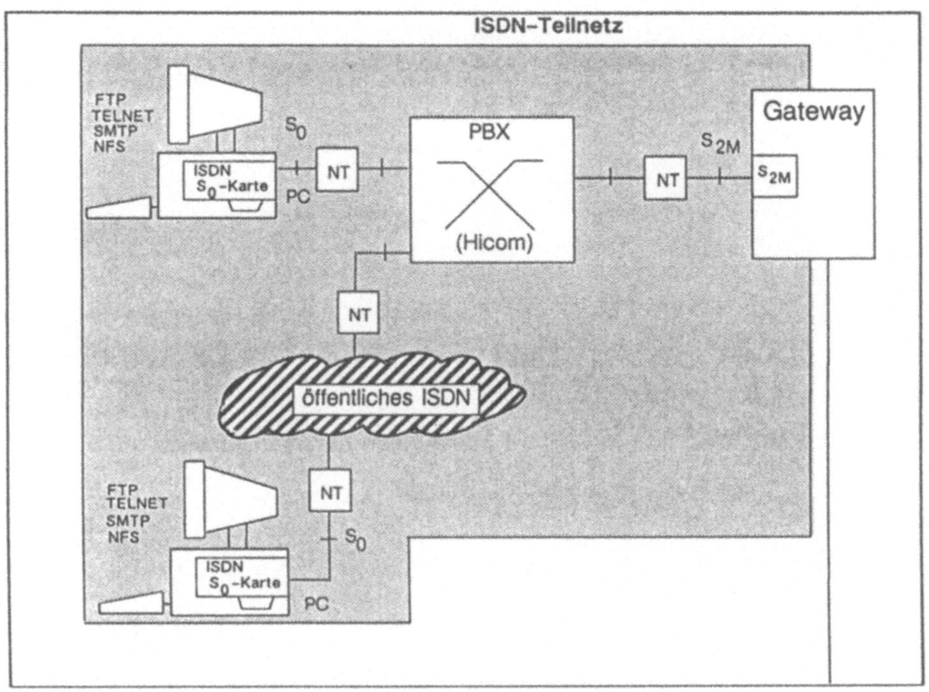

Abbildung 9: ISDN – Stufe 3

Mit der Realisation dieser dritten und letzten Stufe ist im November dieses Jahres zu rechnen.

Literatur

(1)   H. Martens, A. Labonte, MULTI MEDIA-LAN, FDDI und ISDN-Connection, DATACOM Nr. 12, S. 38– 41, 1990

(2)   H.W. Meuer, RUM – Jahresbericht 1990, Universität Mannheim, 1991

(3)   R.-P. Winkens, Das Datennetz der Universität Mannheim, Informatik Fachberichte 279, S. 262 – 274, Springer-Verlag, 1991

(4)   T. Rose, THE SIMPLE BOOK, An Introduction to Management of TCP/IP-based internets, Prentice Hall, 1991

UltraNet: Supercomputernetzwerk und Internet Backbone

Kai Schmidt

Ultra Network Technologies GmbH
Max-Volmer-Str. 1
4010 Hilden

Zusammenfassung

Der Beitrag behandelt die beiden wesentlichen Einsatzbereiche von UltraNet. Diese sind zum einen das auf Hochgeschwindigkeit getrimmte Spezialnetz für Supercomputer, andererseits die Einbindung in historisch gewachsene lokale Netze. Sind im ersten Fall wenige Supercomputer und Visualisierungseinrichtungen mit wenigen Hochgeschwindigkeitsapplikationen unter der Maßgabe hohen Durchsatzes zu vernetzen, so sind im Backbonefall sehr heterogene Verhältnisse zu berücksichtigen.

Parameter wie Übertragungsgeschwindigkeiten, Netzwerkprotokolle, Betriebssysteme, Netzwerkmanagement, Kanäle oder Bussysteme differieren stark, und Übergänge zwischen den einzelnen Teilnetzen (z.B. von UltraNet nach FDDI) erfordern neuartige Ansätze der Durchsatzoptimierung von Verbindungen. Standards, vom Kabel über den rechnereigenen Kanal/Bus bis hin zur Applikation, sind hier von größerer Bedeutung. Insbesondere die Betrachtung von Flaschenhälsen vieler vernetzter Programme, wie die Blockgröße oder Protokollgebundenheit bei NFS, sowie die Kodewandlung bei Remote Procedure Calls zwischen verschiedenen Zahlenformaten, zeigen, daß die Realisierung von Gigabit-Netzwerken nicht nur durch Austausch einzelner OSI-Schichten und höherer Bandbreiten, sondern im Gesamtansatz angegangen werden muß.

Die *"routende"* Netzwerkfabrik ohne Verbesserung der Host-Netz-Schnittstelle oder intelligenter Paketierung ist sicher nur ein Teil des Ganzen. Der vorliegende Beitrag behandelt die Erfahrungen mit dem Gigabit-Netzwerk UltraNet sowie die notwendigen Maßnahmen, um Supercomputer transparent und performant in ein bestehendes IP-Netzwerk zu integrieren.

Einleitung und Übersicht

Randbedingung für die Akzeptanz von schnellen Computernetzen ist zunehmend ihre nahtlose Integration in Bestehendes. Vom Stecker bis zur liebgewordenen Applikation soll möglichst viel Historie verwendet werden, ohne auf Geschwindigkeitszuwächse verzichten zu müssen. Andererseits ist auch der Hersteller auf lange Sicht nicht in der Lage, für jeden unterstützten Maschinentyp maßgeschneiderte Hard- und Software zu entwickeln oder zu pflegen. Glücklicherweise existieren im Bereich von Computernetzen in praxi erprobte und akzeptierte Protokolle, die sich auch im Gigabit/s-Bereich verwenden lassen. Die Gratwanderung zwischen technisch nötiger Proprietät und Standardisierung soll hier mit Schwerpunkt UltraNet beschrieben werden.

Folgende Kapitel führen durch diesen Beitrag:

1. Philosophie und Einsatzbereiche
2. Supercomputernetze
3. Beschreibung UltraNet Hard- und Software
4. Einbindung in existierende LANs
5. Meßmethoden und Leistungsdaten
6. Erfahrungen und Ausblick

1.   Philosophie und Einsatzbereiche

Welche Philosophie steckt nun hinter UltraNet?

UltraNet ist ein Hochgeschwindigkeitsnetz mit Bandbreiten im Multi-GigaBit/s-Bereich. Es zielt auf die Vernetzung von Supercomputern durch Applikationen, welche effektiv großen Datendurchsatz verlangen. Wie folgend dargestellt, verfügt UltraNet über skalierbare Zuordnung der Bandbreiten, je nach Leistungsstärke des vernetzten Rechners.

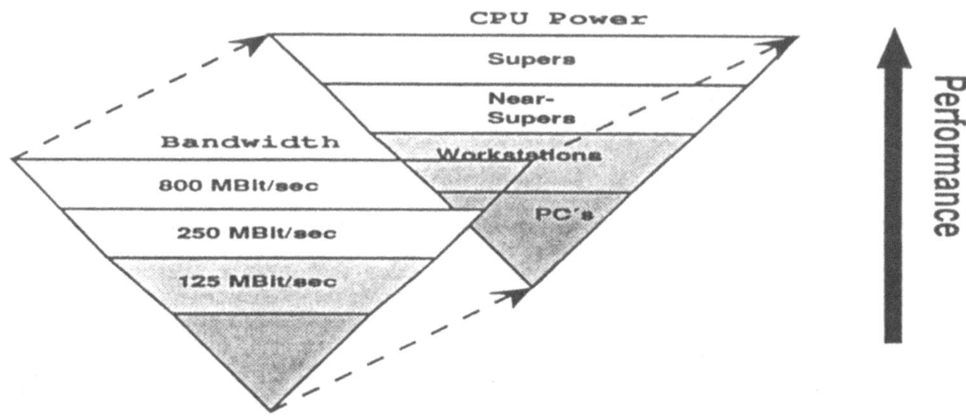

Abbildung 1:
Abstimmung Bandbreite CPU.

Grundlage von UltraNet sind Standards wie ISO TP4 und TCP/IP als Transportprotokoll, die in Hardware implementiert sind. Standard-Nutzerschnittstellen, wie Berkeley Sockets, werden emuliert und Netzapplikationen, etwa aus dem UNIX-Lieferumfang, finden Verwendung.
Typische LAN-Ausdehnung ist mit Koax einige hundert Meter, LWL 2-7 km und Laser 30km. Die effektive Übertragungsleistung liegt bei 40-90% der möglichen Kanalrate und bietet damit den höchsten Durchsatz bei Rechneranbindung. Als Netzwerkkoprozessor entlastet UltraNet die Host-CPU. Benutzerkommandos oder Netzwerkmanagement sind verträglich mit bestehenden LANs, wie Ethernet, an einem UNIX-Host. Ultra koexistiert und kooperiert mit langsameren LANs.

UltraNet wird für Hochgeschwindigkeits-Anforderungen (einer oder vieler Sessions) verwendet. Beispiele hierzu sind Aufbau von Entwicklungs- und Demo-Plattformen, Backbone/Backend-Netze, Visualisierung, Hochleistungs-Fileserver oder spezifische Netze, bei denen eine spezielle Anwendung im Vordergrund steht.

Momentan unterstützte Rechner sind Supercomputer, Mainframes und Workstations, welche über HIPPI-, HSX-, LSC-, BMC-Kanäle oder über Bussysteme wie VME oder Microchannel verfügen.

Die für Netzwerke verwendete Hard- und Software läßt sich in vier Grundbereiche aufteilen und ist in nachfolgender Skizze schematisiert:

a)   **Host Software:** Sie enthält die Adapter- oder Bus-Treiber, die die Programmierschnittstelle und Netzapplikationen ansprechen, und regelt den Handshake mit dem Netzadapter und dessen Einbindung ins Betriebssystem.
b)   **Paketzustellung:** Der traditionell als *eigentliches Netz* angesehene Teil. Hier werden (IP-) Pakete vermittelt. Hierzu gehört das Transportmedium (Koax oder LWL), Brücken, Tranceiver und die Protokollprozessoren, welche in Hardware TCP oder Ultras modifiziertes OSI TP4 abhandeln.

c) **Weichen** zu anderen Teilnetzen: Dies können dedizierte Router sein (z.B. cisco) oder eine IP vermittelnde UNIX-Workstation mit aktiviertem *routed-* oder *gated-* Deamon. Teilnetze können . untergeordnete Subnetze wie FDDI oder Ethernet, aber auch WANs wie X.25, VBN oder DQDB sein.

d) **Netzwerkmanagement**: Als netzübergreifendes Protokoll ist SNMP auf UDP im Begriff, ein vorläufiger, herstellerunabhängiger Standard zu werden. Relevante Daten werden in normierten Management Information Bases (MIBs) auf allen Adaptern gespeichert und sind von Managementstationen abrufbar.

Folgende Abbildung verdeutlicht die Gliederung eines Computernetzes.

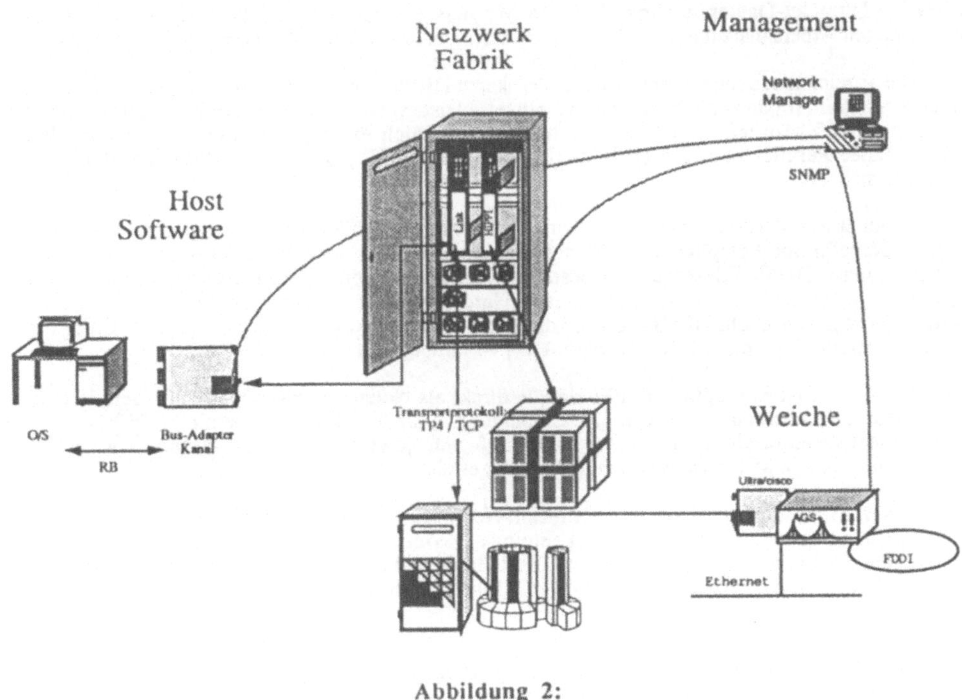

Abbildung 2:
Gliederung des Netzes

2. Supercomputernetze

Supercomputernetze veredeln die Verwendung von High-End-Computern entweder durch die Bereitstellung von zusätzlichen Eigenschaften oder durch eine Delokalisierung von Vorhandenem. Typischerweise verwenden und erzeugen Supercomputerapplikationen enorme Datenmengen. Neue Qualitäten finden sich zum Beispiel durch Client-Server-Auslagerung einzelner Programmteile. Im Bereich der Datenvisualisierung wird das Auswerten und Darstellen der Supercomputerergebnisse auf grafischen Workstations interaktiv oder nach Speicherung der Ergebnisse vollzogen. Von zunehmender Bedeutung ist aber auch die Kopplung von Systemen mit unterschiedlichem Schwerpunkt. So kann die effektive Vernetzung eines Compute- und eines File-Servers verschiedener Hersteller kostengünstiger sein als das Hochrüsten der Einzelkomponenten.

Moderne Rechenzentren verfügen heute nicht selten über Datenspeicher-Kapazitäten im Terabyte-Bereich und verwenden Einzeldateien von einem Gigabyte, etwa im Bereich der Visualisierung.

Diese extremen Mengen sind nur mit Gigabit/s-Netzen zu bewegen. Immer mehr setzen sich - wenn auch zögernd - Kanäle oder I/O-Bussysteme durch, die mit den wachsenden Parametern eines Supercomputers (etwa Hauptspeicher, CPU-Leistung, Kommunikationsgeschwindigkeit interner Komponenten) standhalten, wie HIPPI-Kanäle mit 800 oder zukünftig gar 1600 MBit/s. Eine starke Triebfeder für Gigabit-Netze ist die Interaktion.

Wenn eine schnelle Dateiübertragung in einem nächtlichen Batch Job diesen um ein paar Minuten verkürzt, wird dies deutlich weniger honoriert, als wenn dieselben Minuten den interaktiven Benutzer unproduktiv machen. Darüberhinaus wird die interaktive, meist optische Analyse großer Datenvolumina dem Wissenschaftler ermöglichen, sich seine Daten, unter den verschiedensten Blickwinkeln und Filteralgorithmen, mehrfach anzusehen, um Relevantes herauszufiltern. Nur so sind unvorhersehbare oder dynamische Eigenschaften zu entdecken. Mittels Workstations, welche effektive UltraNet-Datenraten von bis zu 14 MByte/s erzielen, sind solche Untersuchungen auch dezentral am Arbeitsplatz durchführbar und rechtfertigen das Konzept des Landesvektorrechners.

Der sich abzeichnende Supercomputer-Standardkanal HIPPI (ANSI X3T9.3) ist mittlerweile von fast allen Herstellern implementiert und ersetzt teilweise leistungsstarke proprietäre Kanäle wie den Cray HSX mit 104,5 MByte/s. Die Namensfindung ist nun auch im eingeschwungenen Zustand: High Performance Parallel Interface (HSC->HPPI->HiPPI->HIPPI). Folgende HIPPI-Einsatzbereiche zeichnen sich ab:

Als schneller Standard-Computer-I/O-Kanal ist HIPPI ein großer Schritt in Richtung heterogener Netze. Gemeinsame **Peripherie** wie Platten, Framebuffer oder Spezialrechner tragen dazu bei, daß beispielsweise HIPPI-Fileserver ein bestehendes Supercomputernetz erweitern können. Durch genormte Data-Link Software und externe Hardware ist es - ganz im Sinne einer **Kanalverlängerung** - möglich, HIPPI-Rechner direkt zu verbinden. So zeichnen sich kleine Cluster mit fester Konfiguration von HIPPI-Rechnern, HIPPI-Framebuffern und HIPPI-Platten ab.

Wie aufgelistet, ist es möglich, HIPPI-Kanäle direkt als Netzwerk zusammen mit einem leitungsvermittelnden Switch zu verwenden. Die Einbindung in die übliche paketorientierte (IP-) Welt wird durch Softwaremodule realisiert, welche auf den jeweiligen Hosts laufen. Das HIPPI-Schichtenmodell ist in der nächsten Abbildung dargestellt.

HIPPI-Netze sind somit traditionelle Daten-Link-Netzwerke ähnlich FDDI mit sehr hoher Bandbreite. Wie oben zu sehen, werden Fehlererkennungs-, Routing- und Transportprotokolle von den beteiligten Rechnern abgehandelt, da die HIPPI Hard- und Software nicht viel mehr leistet als ein physikalisches Durchschalten von Leitungen. Hohe Datenraten führen also zu einem erheblichen CPU-Verbrauch.

Bei einem *Roh*-HIPPI-Netzwerk bleiben allerdings viele offene Punkte:

Neben Performance-Einbußen bei besetzten Verbindungen, bei Bestätigungspaketen oder durch das Framing Protocol, gestaltet sich die Einbeziehung von Nicht-HIPPI-Komponenten schwierig. Die Konfiguration ist durch das Fehlen von Broadcast-Methoden (à la RIP) manuell, und Netzwerkmanagement fehlt. Leider kochen auch die meisten HIPPI-Hersteller ihr eigenes Standard-Süppchen. Header-Informationen zur Wegbestimmung (I-Field) oder spezielle Paketgrößen sind nicht normiert und verwässern die Idee eines einfachen Umschalters, der diese Inkompatibilitäten abfangen muß.

Die aktuelle Diskussion Paket versus Leitungsvermittlung erinnert an die schöneren Rosen in Nachbars Garten. Die Telefongesellschaften sind beispielsweise in großem Stil dabei, dedizierte Leitungen abzuschaffen und mit Paketen im Multiplex-Verfahren zu nutzen (ISDN). Trotzdem wird die ungeheure Daten-Link-Bandbreite, die solche HIPPI-Switch-Netze bieten können, bei kleineren Konfigurationen, wie der Kopplung zweier HIPPI-Supercomputer, oder kleinen Clustern mit Framebuffern oder Peripherie einen Teilbereich des Gesamtnetzservice abdecken. Speziell dann, wenn die Verdrahtung des Netzes statisch ist und große Datenmengen möglichst unidirektional und ohne Flußkontrolle transferiert werden.

Ein häufig sehr kostengünstiger Ansatz des Supercomputings ist der eines Workstation Clusters. Leistungsstarke skalare Hochleistungsworkstations, welche mit Netzen sehr guter Performance und Latenz verbunden sind, sind bei Anwendungen mit großem Speed-Up aus der Parallelisierung eine echte Konkurrenz für monolithische Vektorrechner.

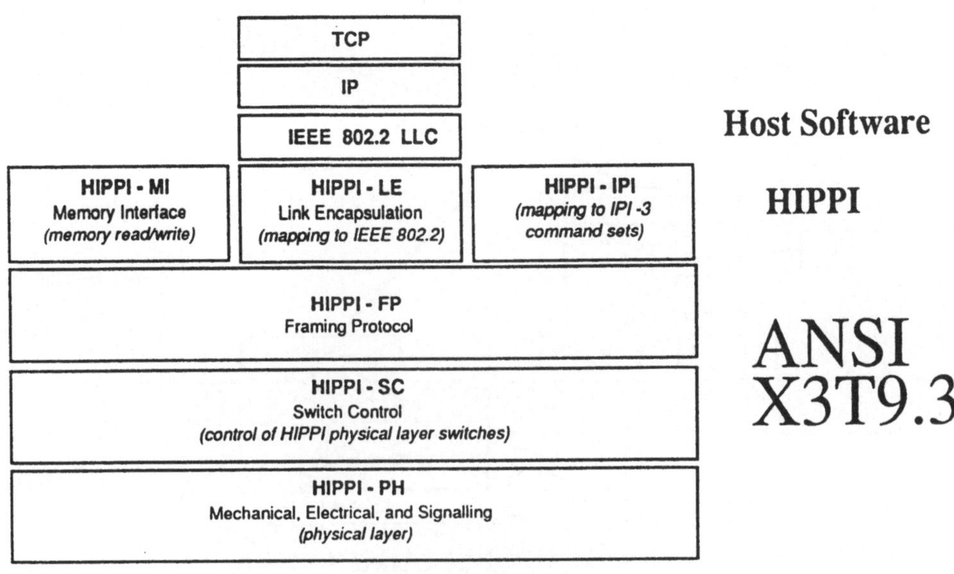

Abbildung 3:
HIPPI-Schichtenmodell

3. Beschreibung der UltraNet Hard- und Software

3.1 UltraNet Hardware

UltraNet ist ein paketvermittelndes Multistern-LAN. Im (kabeltechnischen) Mittelpunkt stehen die UltraNet Hubs, welche über schnelle computerähnliche Busse (UltraBus 1 GBit/s, 64Bit parallel) die verschiedenen Kanaladapter (HIPPI, BMC, FB, ...) beherbergen und auf Paketbasis zuteilen. Diese Hub-residenten Adapter müssen sich also in Reichweite der Kanalkabel des jeweiligen Herstellers befinden (z.B. BMC 120m). Hubs können mittels Linkadapter mit bis zu 4x250 MBit/s (Striping) vernetzt werden. Die Medien können variiert werden (Koax einige hundert Meter, Multimode LWL einige Kilometer, oder Monomode LWL bis 30 km). Auf der Leitung wird in der physikalischen OSI-Schicht 1 eine 4B/5B Kodierung (≈312 MHz) auf NRZI verwendet. FDDI verwendet dieselbe Kodierung, allerdings mit nur 100 MBit/s und nur auf Lichtwellenleitern.

Linkadapter stellen wiederum mediumunabhängig die Verbindung mit den seriellen Host-Adaptern her (z.B. ein VME-Adapter für eine Sun Workstation). Sie arbeiten als dedizierte Leitung (Point to Point) und sind kollisionsfrei.

3.2 UltraNet Software

Die UltraNet Software gliedert sich in drei funktional verschiedene Teilbereiche:

- Host Software:
  Treiber, Start-Skripte, Bibliotheken für Socket-Emulation und Framebuffer, und Online-Dokumentation.
- Adapter Software: Diagnostik, Operations-SW, Patches
- Netzwerk-Manager-Software
  Booten, Diagnose, Statistiken, SNMP mit offiziellen MIBs

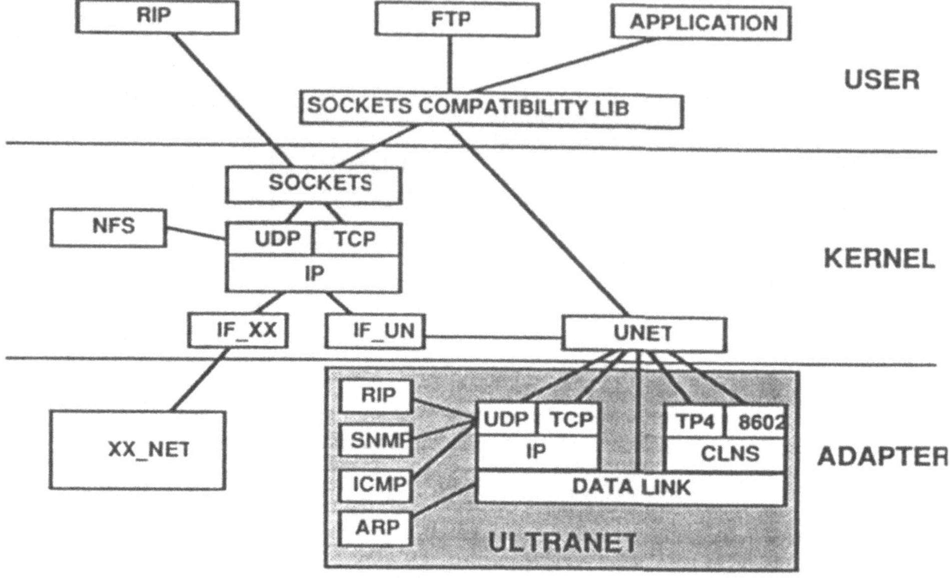

Abbildung 4:
UltraNet Software

Ultra bietet <u>zwei</u> Schnittstellen für das Betriebssystem, als Datenlink und als Transport Service. Sie werden auf Benutzerebene durch verschiedene IP-Adressen bzw. deren Trivialnamen unterschieden. Applikationen, die eine definierte Schnittstelle im Host haben (Sockets), sind mit der multiplexenden Socket Emulation neu zu binden, um über den Ultra-native-Pfad zu kommunizieren. Hiermit werden hohe effektive Geschwindigkeiten erreicht, da der Rechner selbst die Kommunikation initiiert und nicht am Bearbeiten der Protokolle teilnimmt. (Rechter Pfad im Schaubild). Nicht Performance, sondern Konnektivität ermöglicht der Datenlink-Pfad (links im Schaubild). Jede Anwendung kann über den Host-Pfad (>telnet *HOSTNAME*-uh) betrieben werden. Hier steht nach wie vor die große integrale Bandbreite zur Verfügung, welche z.B. viele NFS-Transaktionen ermöglicht. NFS arbeitet über ein integriertes UDP und greift beispielsweise direkt auf den Ethernettreiber zu. Intern ist der Daten-Link /Host-Pfad nun 802.2-kompatibel und ersetzt das frühere Encapsulation-Verfahren mit Ultra OSI TPDUs.

3.3 Ultra als echtes Internet-Netzwerk

Genereller Leitsatz ist: proprietäre und damit vielen Nutzern unbekannte Komponenten gegen Standardlösungen auszutauschen, sobald der Standard reif und akzeptiert ist. Sicher sind hier der 802.2 Datenlink, IP, TCP oder SNMP hervorzuheben.

Folgende Punkte sind in die neueren Versionen von UltraNet eingearbeitet worden:

* Natürlichere Integration als Daten-Transporter in Computer-Cluster oder File Server
* Netzübergreifendes Management <u>aller</u> Hosts und Router, mit SNMP und offiziellen MIBs
* Nutzung der Broadcast-Implementierung für:
  ARP, RIP mit IP-Adressen und zentrales Booten.
* Unterstützung von Routern
  - Full Duplex 125 MBit/s MAC-Schnittstelle
  - Vermittelt IP-Pakete von Ultra Adapter oder Host IP
  - Brücke für andere Protokolle mittels 802.2-Erweiterung SNAP, dem SubNetwork Acces Point

- Systemansatz zur Optimierung
  z.B. Paketbündelung

Ein wesentlich die Performance beeinflussender Parameter ist die Paketgröße auf dem Netz. Ultra als DUAL MTU Network verwendet zwei Blockungen, die je nach Ziel unterschieden werden. Innerhalb des Native-UltraNets werden 32kB-Pakete verwendet. Auf dem *Ultra-als-Datenlink-Netz* wird eine Blockgröße von 8kB verwendet.

Wird ein Host außerhalb des Ultra-Netzes über einen Router adressiert, wird je nach Kenntnis des externen Netzes 1,5-4,5kB Paketgröße vorgeschlagen. Dies dient als Überbrückung, bis MTU-Verhandlungen generell in zukünftige TCP-Versionen eingearbeitet sind. Heutige Router sind nicht in der Lage, größere Pakete (performant) zu fragmentieren, so daß dies innerhalb des Ultra Adapters geschehen muß. Der Handshake von Betriebssystem und Adapter erfolgt generell mit 8k, um die Zahl der Interrupts zu minimieren.

Ein weiterer Schwachpunkt heutiger Router ist auch das Wiederzusammensetzen von vormals fragmentierten Paketen. Siehe dazu folgende Abbildung:

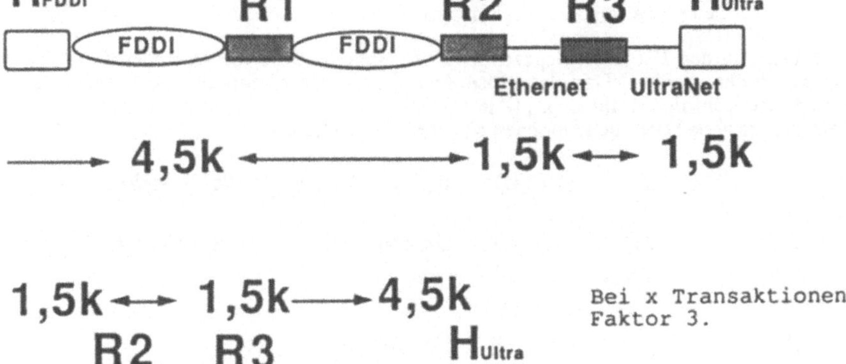

Abbildung 5:
Paketfragmentierug von Routern

Im ersten Fall (oben) setzt der FDDI Host (H_FDDI) 4,5kB-Pakete auf den ersten Ring. Der Router R_1 gibt diese unverändert an R_2 weiter. R_2 fragmentiert auf 3x1,5kB-Ethernet-Pakete, die R_3 unverändert auf das UltraNet weitergibt, obwohl hier wesentlich größere Blockungen gefahren werden könnten. Erst der Ziel-Host H_Ultra muß diese Pakete wieder als 4,5kB-Paket zusammensetzen. Die meisten - nicht auf Real Time - abgestimmten Computersysteme haben eine begrenzt niedrige Transaktionsrate pro Sekunde (z.B. 2000 CPU-Interrupts pro Sekunde). Wird, wie im unteren Fall, der Ultra Link Adapter die zusammengestellten 4,5kB Pakete an H_Ultra übergeben, so kann von einer dreifachen effektiven Performance ausgegangen werden.

3.4 Implementierung von TCP/IP

Ein wichtiger Teil der UltraNet Software ist natürlich die Implementierung des nun genormten Transmission Control Protocols. TCP ist ein verläßliches, verbindungsorientiertes Protokoll für kontinuierliche Byteströme. Sein generelles Verhalten ist ähnlich dem Transportprotokoll Klasse 4, welches noch keine große Verbreitung gefunden hat. TCP regelt die full duplex-Kommunikation zwischen zwei Prozessen, die durch Port-Adressen spezifiziert werden. Die Verknüpfung von IP- und Port-Adressen wird Socket genannt. TCP segmentiert die Daten aus den höher liegenden Programmschichten bis zu 64 KByte und übergibt an das Internetprotokoll, welches für das jeweilige Netz fragmentiert. Es existiert (im Gegensatz zu TP4) nur eine TCP-Paketform, die allerdings mehrere teilweise optionale Formen kennt. Synchronisation zwischen Prozessen wird durch den Sliding Window-Algorithmus bewerkstelligt.

Nachfolgender Ausdruck aus dem UltraNet-Treiber zeigt den Aufbau einer Verbindung mit dreifachem Quittungsbetrieb und den Beginn der Datenübertragung. Paket 1 (mit 66 Byte) überbringt den Verbindungswunsch und schlägt eine Blockgröße von 8k vor. Die dargestellte Verbindung besteht zwischen dem native UltraNet als Quelle und dem Host TCP als Senke.

```
bigsun# etherfind -i unet0 -c proto tcp
                                                icmp type
    lnth proto            source      destination    src port    dst port
      66   tcp         ultrasun-u       bigsun-uh       65528        2000
      58   tcp          bigsun-uh      ultrasun-u        2000       65528
      58   tcp         ultrasun-u       bigsun-uh       65528        2000
    8418   tcp         ultrasun-u       bigsun-uh       65528        2000
    8418   tcp         ultrasun-u       bigsun-uh       65528        2000
      54   tcp          bigsun-uh      ultrasun-u        2000       65528
    1938   tcp         ultrasun-u       bigsun-uh       65528        2000
```

Auf Benutzerebene wurden 10k-Blöcke spezifiziert. Man sieht, daß die verbleibenden 2k in Paket 7 ungepuffert geschickt werden. Das datenlose Paket 6 bestätigt nun die vorhergegangenen Datenpakete und ist nachfolgend mit Link-, IP und TCP-Kopf aufgeschlüsselt und kommentiert. Mit 14+20+20 Byte ist es ohne Daten und Optionen das kleinste mögliche Paket.

```
                              00          00      802.2 Data Link Header (14)
  00          00              00          00
  00          00              00          00      Ultra MAC-Adresse sieht der Treiber
  00          00              08          00      nicht
                              IP Pakettyp

  45          00              00          28      IP Header (20)
  Vers                        Paketlänge 28^=40 IP +TCP + Daten
  06          48              00          00
  Identifikation              Fragmentabstand
  20          06              7c          56
  Lebenszeit  TCP             Kopfprüfsumme
  81          8f              0a          0a
  Herkunfts-IP
  81          8f              0b          0a
  Ziel-IP
                                                  <= Keine Optionen
  ff          a5              07          d0      TCP Header (20)
  Herkunfts-Port              Ziel-Port
  ae          9b              9b          ba
  Sequence
  34          55              76          01
  Acks
  50          10              00          00
  Daten       Flags           Windowsize
  Abstand(mal 32Bit)
  9b          7f              00          00
  Prüfsumme                   Urgent Zeiger

  keine Optionen

  36          20              4d          42      CRC Summe (4)
```

Alle Angaben sind hexadezimal. Die ausgewiesenen Flags steuern den eigentlichen Dialog. In dem Beispiel ist das ACK-Flag gesetzt, welches die Quittungsnummer als gültig erklärt. Die Berechnung des eigentlichen Startpunkts der Nutzerdaten gestaltet sich aus Datenabstand (in 32 Bit-Worten) und der Paketlänge (in Bytes) aufwendiger als bei TP4. Trotzdem ist TCP im Gigabit-pro-Sekunde-Bereich einsetzbar.

4. Einbindung in existierende LANs

Abgesehen von der Installation der UltraNet Hardware (Hubs, Manager, Kabel) sind bei der Installation von UltraNet folgende Änderungen am Host vorzunehmen:

Bei der Internetadministration jedes Rechners am UltraNet erhält dieser zwei zusätzliche Adressen, deren Nomenklatur üblicherweise *host*-u für nativ OSI, oder TCP und *host*-h für Ultra über Host-IP ist. Internetadressen werden in die üblichen Dateien, wie z.B. in /etc/hosts, eingetragen oder dem Domain Server mitgeteilt. Die zur Konfiguration verwendeten Boot-Skripte enthalten installations-abhängige Parameter wie Masken, Niveau des Mitverfolgers oder Adaptermodi. Der zu konfigurierende Network Manager vergibt die 16 Bit breiten Ultra MAC-Adressen mittels ARP. Werden Router verwendet, müssen entsprechende IP-Routen für Subnetze eingetragen werden. Eigene Software über den Ultra-Nativ-Pfad muß etwa mit "cc -o $@ $(OBJS) -l ulsock" neu gebunden werden, falls dynamisches Binden nicht unterstützt wird. Einige Standard-Netzwerk-Anwendungen wie FTP oder rcp sind allerdings im Lieferumfang mit der multiplexenden Ultra Socket Emulation gebunden und geringfügig für Hochgeschwindigkeit modifiziert. Die Überwachung und das Hochfahren des Netzes erfolgt vom Network Manager, einem Windows PC, oder einem SNMP Manager auf Workstations. Diagnosewerkzeuge wie traceroute, etherfind, unetnm, netstat, ... stehen allerdings auch auf jedem Host zur Verfügung.

Als Programmierschnittstelle stehen, wie oben erwähnt, die Sockets zur Verfügung. Folgende Abbildung zeigt deren Primitive und Applikationen, die -nicht nur unter Unix- auf Sockets aufgebaut sind. Die kursiv gedruckten Routinen werden momentan nicht unterstützt. Auffallend ist die Symmetrie der in Client- und Server-Programmen verwendeten Schnittstellen. Bis auf den unterschiedlichen Verbindungsaufbau wird die gleiche Folge von Systemaufrufen durchgeführt.

__Phase__	__Server__	__Server u. Client__	__Client__
Endpunkt eröffnen		socket	
Endpunkt benennen		bind	
Verbindung aufbauen (TCP)	connect		listen accept
Daten senden		write,send sendto,*sendmsg*	
Daten empfangen		read,recv recvfrom, *recvmsg*	
Verbindung schließen (TCP)		shutdown	
Endpunkt abbauen		close	
Socket-Applikationen:	tsock, ftp, rcp, rdump, rsh, rxx, RPC, X, SGI DGL, AFS, AVS, Unitree		

4.1 Installationsbeispiele

Eine der ersten europäischen UltraNet-Installationen ist die des Regionalen Rechenzentrums der Universität Stuttgart (RUS). Die leistungstragenden Superrechner Cray 2 und der Super File Server Cray YMP bilden zusammen mit High End Workstations, einem Minisupercomputer und einem Framebuffer, das Backend von RUS. Die Ankopplung des UltraNets der Universität Tübingen erfolgt mit einem eigenen Interface auf Basis des Vermittelnden Breitband Netzes (VBN) mit maximal 100 MBit/sec.

Der Campus Hub ist über eine (bis 1 GBit/s ausbaubare) 2km lange 250 MBit/s-Backbone-Strecke mit dem RUS verbunden. Hier wird in Kürze, außer privilegierten Workstations und dem Framebuffer, auch ein Router für das Stuttgarter Campus-Netz eingekoppelt. Direkte Ultra-Backbone-Verbindungen zu anderen Fakultäten mit eigener Rechenkapazität, Speichermedien und lokalen Ethernetzen sind vorgesehen. So ist die Rechen-, Speicher- oder Visualisierungskapazität des Rechenzentrums dezentral auch von Nicht-Ultra-Hosts zu nutzen.

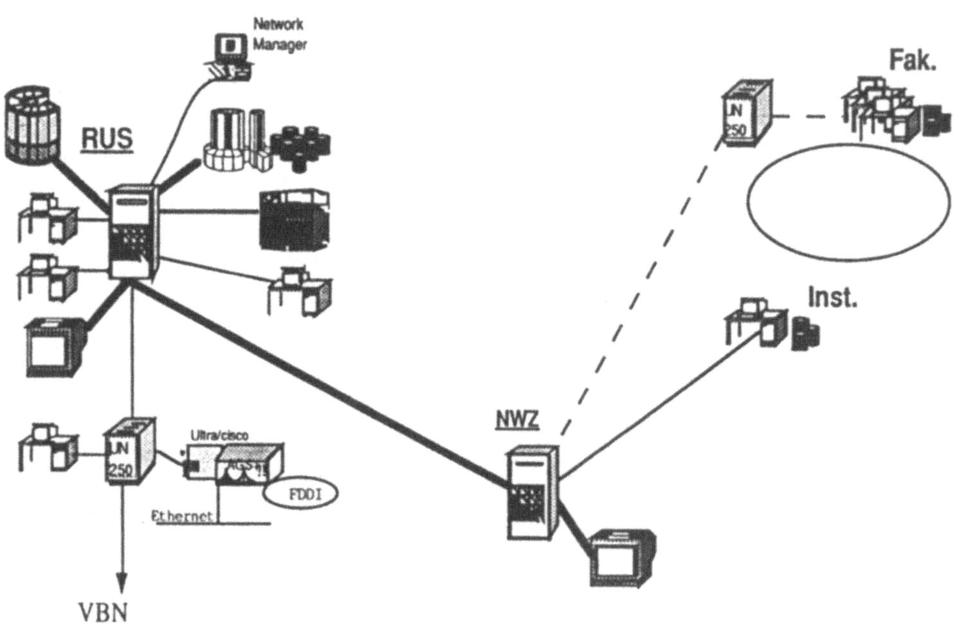

Abbildung 6:
UltraNet der Universität Stuttgart

Am Regionalen Rechenzentrum Niedersachsen (RRZN) in der Universität Hannover sind drei auf dem Campus verteilte Hubs redundant im Dreieck mit Gradientenfasern verbunden. Der Landesvektorrechner, die Siemens S400, ist mit einem BMC-Kanal unter VSP/S und einem HIPPI-Interface unter UXP/M mit einem Framebuffer und dedizierten Workstations vernetzt. Router bündeln an allen Hubs den Datenverkehr. Über dieses Backbone werden lokale Instituts-Ethernetze mit hauptsächlich IP-, aber auch Decnet- und Novell-Protokollen gerouted bzw. gebridged.

5. Meßmethoden und Leistungsdaten

Die Angabe von effektiver (end user) Leistung ist im Netzwerksektor noch etwas Besonderes. Die meisten Hersteller begnügen sich mit der Angabe der maximalen Bitrate auf dem Draht (Ethernet 10 MBit/s, FDDI 100 MBit/s). So grobschlächtig klassifiziert, hat UltraNet eine Gesamtbandbreite von x Gigabit pro Sekunde, wobei x die Zahl der Hubs und Linkadapter ist. Linkadapter sind schnelle MAC-Brücken, die allerdings typische Layer 3-Protokolle zur Pfadbestimmung benutzen ("routing bridge"). Sie erzielen einen Durchsatz von 110.000 pps als Filter und über 1 Millionen pps beim Weiterleiten. Da beim simulierten Broadcast die Linkadapter pro Verzweigung kopieren müssen, werden hierbei natürlich geringere Werte erzielt.

Um eigene schnelle Applikationen zu schreiben oder bestehende auszuwählen, sind folgende Punkte ratsam:

- **Verwendung großer Applikationspuffer!**
  Da UltraNet maximal 32 kByte-TPDUs verwendet und die Benutzerdaten ohne Zwischen-speicherung, entweder als DMA oder als Kanal-Interrupt, übertragen werden, wird somit die Anzahl der Transaktionen zwischen Applikation und UltraNet-Treiber minimiert.

- **Bündeln** kleinerer Puffer!
  Wenn die Antwortzeiten ausreichend sind, kann es ratsam sein, wenige Benutzerdaten zu sammeln und gebündelt zu verschicken. Die Zeileninformationen eines Scanners würden hiernach gespeichert und als Gesamtbild dem Transportprotokoll übergeben.

- Ausnutzen von **Parallelismus** einzelner Prozesse!
  Speziell bei Verwendung von Multiprozessorsystemen ist es ratsam einen Prozess, der Daten auf das Netz gibt, zu beginnen, noch bevor ein Platten-Lese-Prozess diese Daten gänzlich eingelesen hat.

- Vermeidung von select() zur Ereignisannahme!
  Bei Verwendung von select() wird im Kernel mit kleinen Puffern von 512 Byte gearbeitet, unabhängig was bei dem read()-Aufruf an Puffergröße spezifiziert wird.

Als *Linpack der Netzwerker* schlägt Ultra eine Public Domain-Weiterentwicklung von ttcp genannt tsock (test sockets) vor, die auf allen Plattformen verfügbar ist. Tsock kontrolliert eine große Anzahl von Netzparametern, Netzwerken (Ultra nativ, Ultra Host, *Roh*-HIPPI, FDDI, Ethernet, ...), Blockgrößen auf dem Netz und im Kernel, beteiligte Prozesse, Platten I/O, Richtungswechsel, Datagramme, Verbindungsorientierung, Offsets in Puffern, Ports, Inhaltsverifizierung, Statistik. Eine mögliche Kommandozeile könnte etwa so aussehen:

>tsock -t -s -l10k -n1k -p2400 -C tcp -Hhostname-u Remhost-uh

Hiermit wird die Sendeseite (-t) aufgefordert, 1024 mal 10k-Pakete, ohne Plattenbeteiligung, zu generieren und mit TCP zu versenden. Der Sender soll Port 2400 verwenden und das Sendeprotokoll vom UltraNet-Transport-Koprozessor ausführen lassen. Empfangsseitig führt die Host-CPU von Remhost das Transportprotokoll aus.

5.1 Framebuffer

Framebuffer-Tests sind in der Lage, große Netzlasten zu erzeugen. Mit dem einfachen Testprogramm *ufb* sind Werte nahe der effektiven Kanalauslastung von Betriebssystem und Kanalbandbreite - etwa mit folgendem Kommando -möglich:

- >ufb -n12 red

Sie liegen immer über den Werten zwischen Rechnern, da bei der Übertragung von Bildern große Datenvolumina anfallen und der Flußkontrollmechanismus des empfangenden Framebuffers kaum bremst.

5.2 Dateiübertragung

Als reale Situation stellt sich häufig FTP dar. Hierbei wird nicht nur das Netz, sondern auch das Verhalten des Plattenkontrollers und dessen Einbindung in das Betriebssystem einbezogen. Im Binary Modus werden Dateien nicht zeitaufwendig durchgesehen oder gar konvertiert. Um mindestens den Verwaltungsüberbau zu erkennen, ist auf vielen Systemen der Output auf /dev/null umzuleiten. Ultra liefert meist einen FTP mit, der von der größeren Blockung profitiert und zu Demonstrationszwecken einen *Fake Data Mode* eingebaut hat. Hiermit werden die Daten nicht dem

Betriebssystem übergeben, sondern vom Adapter nach Empfang einfach ignoriert. Bei FTP Performance-Messungen ist auf Disk-Caching-Effekte zu achten! Manche Unix-Systeme erlauben ihren gesamten freien Hauptspeicher als Puffer. Das angekündigte Ende der Dateiübertragung erfolgt zu einem Zeitpunkt, bei dem der überwiegende Teil der Datei noch im Empfangspuffer weilt. Erst ein *sync* des Filesystems beendet wirklich einen Platte-Platte-Meßvorgang.

Im nächsten Schaubild sind die FTP-Messungen an zwei Cray-Supercomputern mit entsprechenden Platten angegeben. Die Memory-Memory-Leistung ist mit dem Fake Modus, die Platte-Memory-Leistung mit /dev/null gemessen (die Platte-Memory-Leistung im Rechner mit dd). Diese Angaben spiegeln zu einem gehörigen Teil die Güte des I/O-Systems wieder.

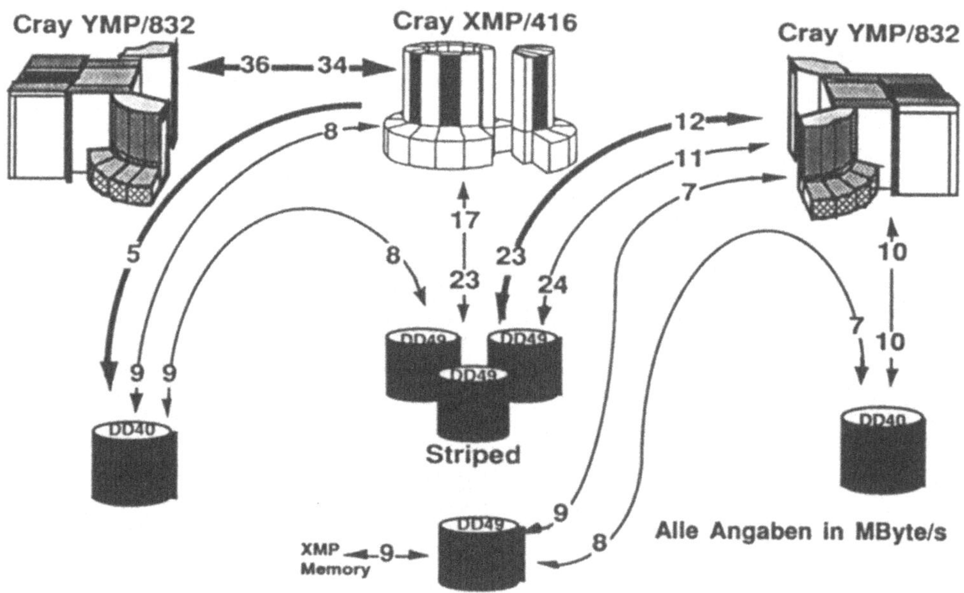

Abbildung 7:
FTP-Messungen bei Cray Research

5.3 Leistungsfähigkeit der Platten

Die Geschwindigkeit der Platten ist natürlich ein begrenzender Faktor und kann am einfachsten (auch über NFS gemountete Dateien) mit dem Unix *dd* (oder *fsrate*) - Kommando gemessen werden.

```
>dd if=/tmp/file of=/dev/null bs=128kb
```

Insgesamt ist zu erwähnen, daß eine betagte (auf Ethernet zugeschnittene) Applikation natürlich nicht automatisch mit höherer Geschwindigkeit läuft, wenn nicht alle Komponenten mitziehen. Eine monolithische (Transport Layer eingebaut), transaktionsorientierte Applikation mit kleiner Blockung, wie NFS ist nur sehr schwer zu tunen. Einige Hersteller bieten sehr aussagekräftige grafische Performance Meter, mit denen Interrupts pro Sekunde oder CPU-Auslastung visualisiert oder mitprotokolliert werden können. Steht dies nicht zur Verfügung, liefern Kommandos, wie times zum Beispiel, neben der Wall Clock-Zeit, auch die verbrauchte CPU-Zeit. Dazu folgendes Diagramm, welches die Größe Megabyte/s pro CPU-Sekunde für verschiedene Netze einführt:

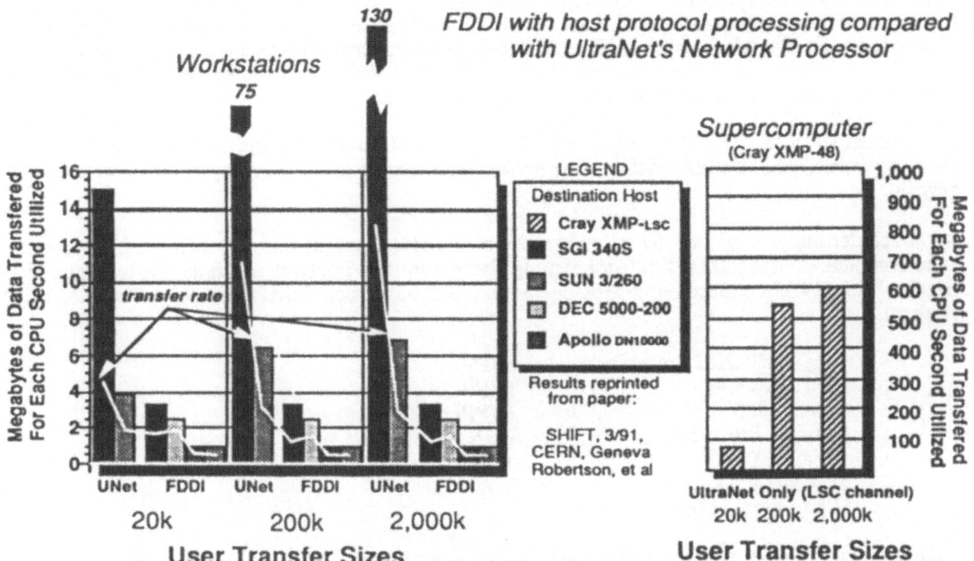

Abbildung 8:
CPU-Belastung durch Netze

RUS Supercomputer Tsocks

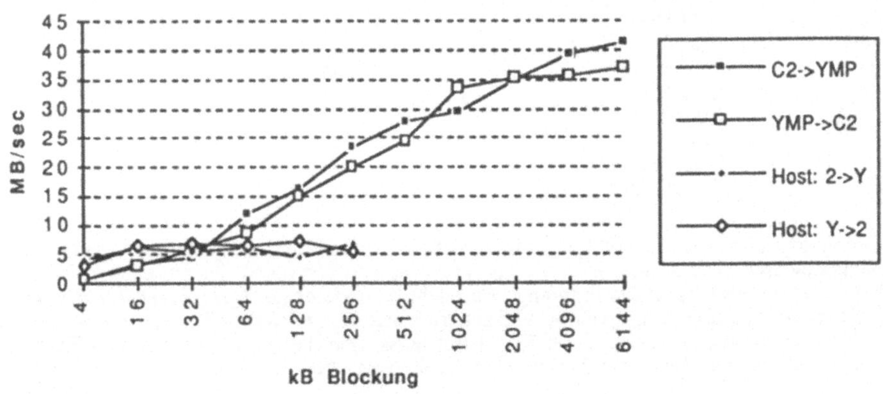

Abbildung 9:
RUS: Supercomputerdurchsatz

Eine typische Durchsatzkurve in Abhängigkeit von der Applikationspuffergröße ist am RUS zwischen zwei Cray-Supercomputern im Produktionsbetrieb mit ISO-Protokollen aufgenommen worden.

Die oberen Native-UltraNet-Kurven zeigen eine starke positive Abhängigkeit von dem gewählten Benutzerspeicher, während das Host-Kurvenpaar (Ultra als Datenlink) kaum ansteigt. Im Bereich bis 32 kByte ist der Transfer zwischen den CPUs der Vektorrechner sogar schneller als zwischen den UltraNet-Adaptern. Zur Ehrenrettung und Klarstellung sei hier allerdings erwähnt, daß das TCP-Host-Protokoll auf Wunsch der Applikation (ohne PUSH-Flag) immer Benutzerdaten puffert und mit maximaler UltraNet TPDU Größe von eben 32 KByte dem Ultra Datenlink übergibt. Im *native* Fall wird mit der spezifizierten Blockung ungepuffert auch die TPDU-Größe bis höchstens 32 Kbyte pro Paket verändert, was, wie beschrieben, eine höhere Interruptrate zwischen Adapter und dem Speicher bewirkt.

Anläßlich der *Supercomputer '91 Albuquerque*, New Mexico wurden im Rahmen des heterogenen Supercomputer-Messenetzes UltraNet Leistungsdaten ermittelt. Folgende Rechner, die teilweise mit Gigabit Links 14 km entfernt vom Messegelände standen, wurden mittels ihrer schnellsten Kanäle vernetzt:

Cray YMP-2E 2 prozessor	HIPPI
IBM 3090/400	HIPPI
Covex 3800	HIPPI
Cray 2 4 Prozessoren	HSX
Alliant FX 2800	VME
SGI 340 VGX	VME
Ultra Framebuffer	

Nachfolgende Tabelle gibt einen Überblick über die erzielten effektiven Maxima. Sie sind ohne Plattenzugriff (Speicher - Speicher), mit großen Benutzerpuffern und mit OSI (native)-Transportprotokollen ermittelt.

Quelle	Senke	Transferleistung [MB/s]
Cray 2	Alliant	8
Convex	SGI	10
SGI	Convex	12
Cray 2	Convex	18
Cray 2	IBM 3090	26
Convex	Cray 2	26
Convex	Framebuffer	35
Cray 2	Cray YMP	38
Cray YMP	Cray 2	40
IBM 3090	Cray 2	47
IBM 3090	Framebuffer	65
Cray 2	Framebuffer	89

Man kann pauschal sagen, daß für optimalen Durchsatz die leistungsstärkere Maschine den Empfänger darstellt. Die Sliding Window-Flußkontrolle von TP4 regelt sich auf kleinere Werte ein, wenn die Aufnahmekapazität des Empfängers erreicht ist. So kann der Wert beim Ultra Framebuffer als Datensenke - der allerdings genauso wie andere Hosts ein gesichertes Transportprotokoll fährt- als reales Maximum der Kombination Kanal-Betriebssystem betrachtet werden. Als Faustregel: Hiervon werden bei gleichwertigen Maschinen etwa 50% erzielt!

Bemerkenswert ist das exzellente I/O-Verhalten der Cray 2 mit ihrem proprietären 104,5 MByte/sec-Kanal, aber auch die Integration von Workstations und Minisupercomputern, die nicht mit HIPPI Kanälen integriert worden sind. Als Beispiel für die aggregate Bandbreite der verwendeten Hubs und der Linearität des UltraBus mit 1 Gigabit/s seien zwei simultane Sessions von 82,3 und 25,0 MB/s, also 107,3 MB/s, erwähnt.

6. Erfahrungen und Ausblick

Generell sind nach zwei Jahren Erfahrung mit UltraNet folgende stichworthafte Aussagen zu machen:

Die Integration heterogener Server, wie Cray, IBM, Siemens, Convex, Amdahl, ist gewünscht. Mit schnellen Netzen erschließen sich neue verteilte Anwendungen mit kostengünstigen Spezialrechnern. Die effektive Nutzdatenrate ist stark abhängig von der Hostanbindung und variiert stark bei verschiedenen Netzwerkapplikationen.

Die breite Einführung des Standardkanals HIPPI kommt später als erwartet, ist aber nun auf breiter Herstellerbasis verfügbar. Umfassende Netzwerksoftware ist bei Unix-Systemen vorhanden. Standard OSI- und TCP/IP-Protokolle sind auch für Hochgeschwindigkeit geeignet oder anpaßbar. Spezialprotokolle für den Hochgeschwindigkeitsbereich sind überflüssig.

Backbone-Netzwerke mit hoher Integralbandbreite als Alternative zu gekoppelten FDDI-Segmenten, bei denen die erste Euphorie gewichen ist, finden Akzeptanz. Einheitliche Protokolle, Kommandos, Datenformate erleichtern Interneting zwischen UltraNet, FDDI und Ethernet, mit umfassendem SNMP-Netzwerkmanagement.

Der Trend zum einheitlichen Betriebssystem Unix und der damit einhergehenden Angleichung von Datenformaten fördert die Effizienz von Vernetzungen, indem Formatwandlungen vermieden und Einarbeitungszeiten minimiert werden.

Nur durch Balance aller im Computerbereich relevanten Parameter werden sich die Anforderungen der nächsten Jahre erfüllen lassen. Betriebssystemstandards mit inhärenter Vernetzung (Unix) und Einführung und Unterstützung von schnellen Standardkanälen unterstützen generelle Trends zur Parallelisierung wie der heterogenen Clusterung von Spezialrechnern in Meta-Systemen. Homogene Cluster von IBMs RS6000 bis Crays C90 werden erprobt. Die Höchstleistungsrechner der nächsten Generation könnten somit, durch schnelle Standardnetze, Rechner-Cluster sein.

Cray Network Supercomputing

Wolfgang Kroj, Rainer Johanni

Cray Research GmbH
Kistlerhofstraße 168
8000 München 70

Zusammenfassung

Während Supercomputer traditionell mit Mainframes als Front-End im Batch-Mode betrieben wurden, steht heute die Integration von Supercomputern in die Workstationumgebung im Vordergrund. Basierend auf Netzwerk-Standards entwickelt sich ein Modell der kooperativen Datenverarbeitung, wobei mehrere Rechner an der Lösung eines Problems arbeiten und dabei den Anteil übernehmen, für den sie aufgrund ihrer Architektur, Peripherie oder Software am besten geeignet sind.

Die wesentlichen Komponenten des Cray Network Supercomputing-Konzepts von reinen Netzwerkfunktionen bis hin zu kompletten verteilten Anwendungsumgebungen werden dargestellt.

1. Die CRAY Y-MP Supercomputer Serie

Die CRAY Y-MP Serie umfaßt heute 6 Modelle verschiedener Ausbaustufen und deckt ein Performance-Spektrum von 100 bis 16.000 MFLOPS ab. Die Y-MP EL, seit Oktober 91 auf dem Markt, bietet einen preisgünstigen Einstieg. Die luftgekühlte Y-MP2E kann im Feld auf ein 4-Prozessor System (Y-MP4E) aufgerüstet werden. Das Spitzenmodell Y-MP16E ist der schnellste Supercomputer der Welt.

Die CRAY Y-MP Serie

	Y-MP EL	Y-MP2E	Y-MP4E	Y-MP8I	Y-MP8E	Y-MP16E
Anzahl Prozessoren	1 - 4	1 - 2	2 - 4	4 - 8	4 - 8	16
Max. Hauptspeicher (MB)	4096	1024	1024	2048	4096	4096
Peak Performance (MFLOPS)	532	666	1332	2664	2664	16000

Alle Systeme der CRAY Y-MP Serie sind kompatibel und zeichnen sich durch ihre ausgewogene Systemarchitektur aus. Diese basiert auf mehreren schnellen CPU's (skalar und vektoriell), einer extrem hohen Speicherbandbreite (Multiport) sowie einer sehr großen I/O-Bandbreite. Durch konsequente Implementierung dieser Architektur wurde erreicht, daß jedes CRAY Y-MP System die größte Effektivleistung und damit auch das beste Preis/Performance-Verhältnis seiner Klasse erreicht.

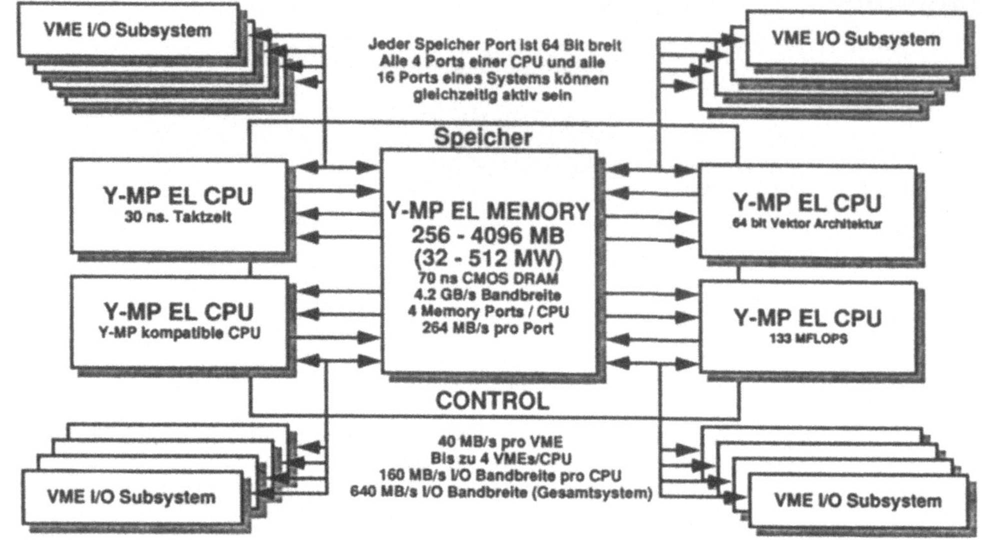

Abb. 1: Die ausgewogene Architektur der CRAY Y-MP EL

2. UNICOS - Die Cray UNIX-Umgebung

Schon Anfang der 80er Jahre hat Cray Research konsequent auf UNIX als Betriebssystem gesetzt. Seit 1985 ist UNICOS verfügbar und wird heute weltweit bei ca. dreiviertel aller Cray-Kunden eingesetzt. Viele der von Cray entwickelten UNIX-Erweiterungen haben sich mittlerweile als Industriestandard für Supercomputer-Betriebssysteme etabliert:

- Performance (Filesystem, I/O, Autotasking),
- Produktionsumgebung (Scheduling, Batch, Accounting, Resource Limits, Checkpoint-Restart),
- USS - File Server,
- Network Supercomputing,
- Multilevel Security (B2),
- Tools (flowview, perfview, atexpert, cdbx).

Die wichtigsten Anwendungspakete sind unter UNICOS verfügbar.

3. Die traditionelle Supercomputer-Umgebung

In den 80er Jahren wurden Supercomputer mit Mainframes als Front-End-Systeme im Batch-Mode betrieben. Zu diesem Zweck hat Cray die Station-Software für die Betriebssysteme

- MVS, VM (IBM),
- VMS (DEC),
- NOS, NOS/BE, NOS/VE (CDC),
- UNIX

entwickelt, die folgende Funktionalität bereitstellt:

- Job Eingabe vom Front-End,
- Job Status und Kontrolle,
- Job Output Routing,
- Filetransfer und -konvertierung,
- Cray Operating,
- Interaktiver Zugang,
- Interface zu Front-End Services (z.B. Tape Management System).

Damit wurde eine optimale Integration in die lokale Mainframe-Umgebung erreicht. Die Datamanagement-Funktion war allein Sache des Front-Ends.

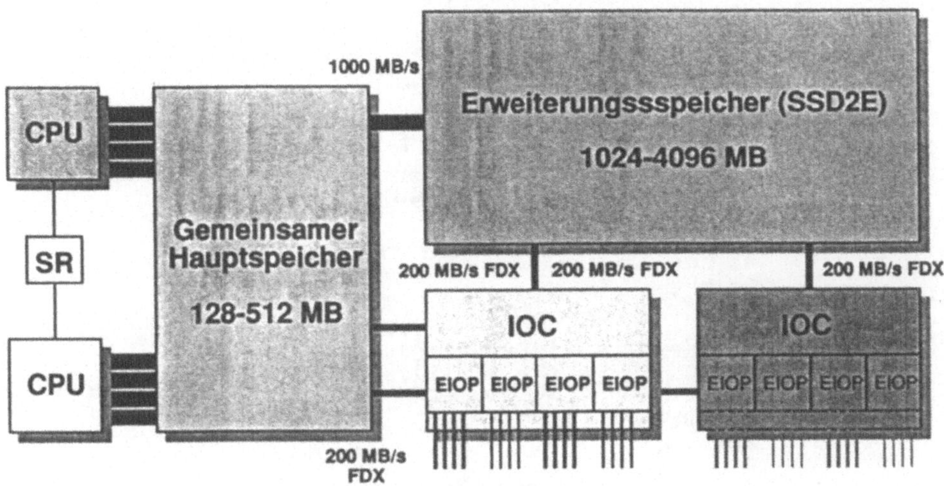

Abb. 2: CRAY Y-MP2E System Architektur

Der Zugang für Remote-Benutzer aus herstellerspezifischen Netzen (SNA, DECnet, CDCNET) oder öffentlichen Netzen (WIN, BITNET) wurde durch Remote-Stations bzw. Gateways realisiert. Remote-Stations bieten entfernten Benutzern exakt die gleiche Funktionalität wie sie bei direktem Zugang lokal zur Verfügung steht.

4. Cray Network Supercomputing

Die Verfügbarkeit von leistungsfähigen Arbeitsplatzrechnern hat zur Entwicklung offener Netze (z.B. TCP/IP) und neuer Benutzerschnittstellen (z.B. X Window-Systemen) geführt. Cray Network Supercomputing befaßt sich mit der transparenten Integration von Workstation- und Supercomputerumgebungen. Verteilte Anwendungen nutzen den Synergieeffekt zwischen der leistungsfähigen graphischen Benutzeroberfläche der Workstations und der unübertroffenen Rechenleistung der Cray Supercomputer.

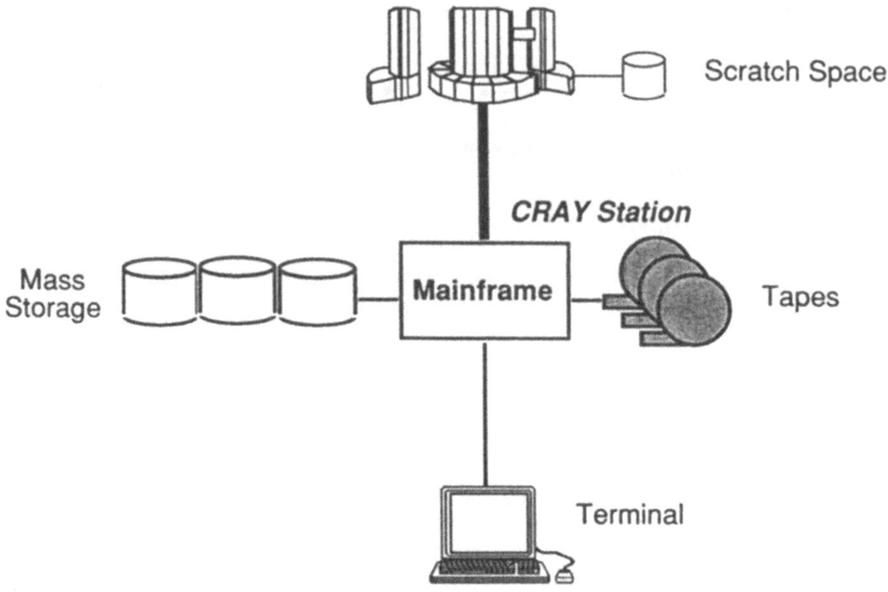

Abb. 3: Traditionelle Cray Umgebung

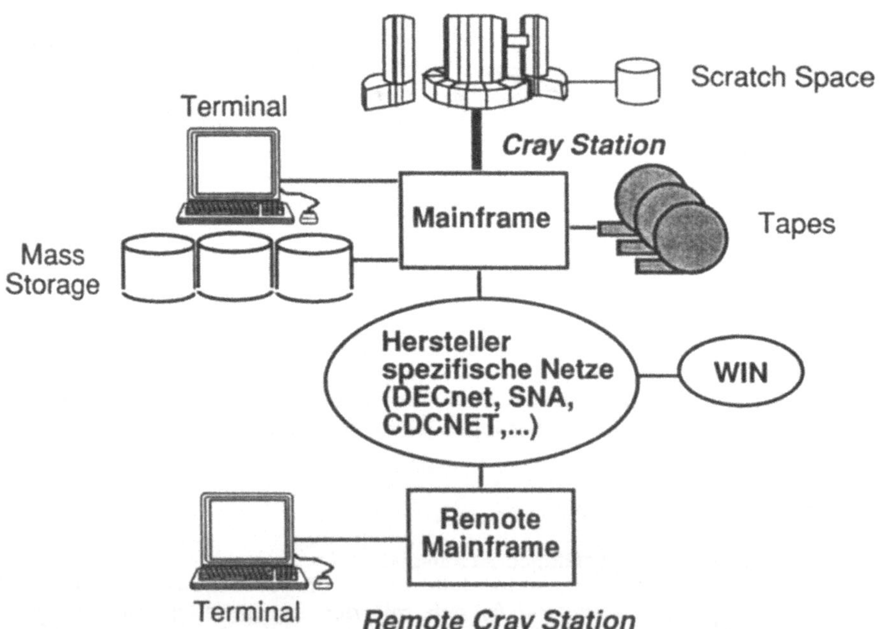

Abb. 4: Cray Netzzugang durch Gateways

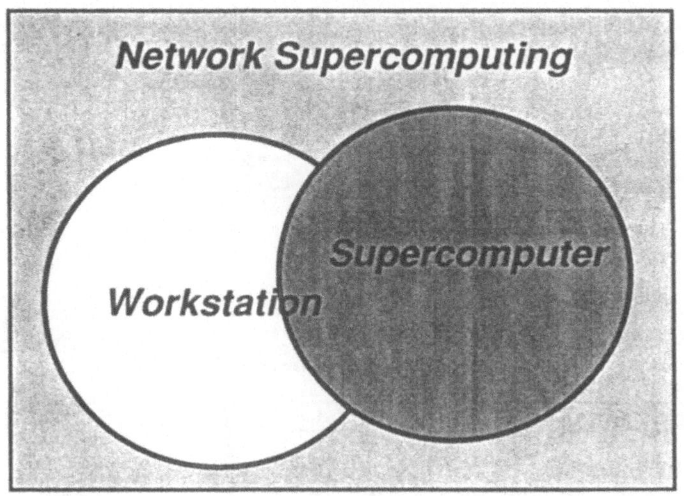

Abb. 5: Synergie von Workstations und Höchstleistungsrechnern

5. Cray Netzwerk Standards

Network Supercomputing basiert auf allgemein anerkannten Standards. Neben proprietären Lösungen werden auf Hardwareebene Ethernet (10 Mbit/s), FDDI (100 Mbit/s) und HIPPI (800/1600 Mbit/s) unterstützt. Auf Softwareebene kommen TCP/IP und ISO/OSI zum Einsatz.

Für den Batchzugang von Workstations wurde das Remote Queuing System (RQS) implementiert. RQS ist ein NQS-Client für Workstations und implementiert ein Job- und Output Queuing z.B. auf dem lokalen Workstation-Files Server. Ein Benutzer kann damit direkt von seiner Workstation einen Cray-Job submittieren, den Status des Jobs abfragen und gegebenenfalls den Job terminieren, ohne sich direkt auf den Supercomputer einwählen zu müssen. Der Job-Output kommt automatisch auf die Workstation des Benutzers zurück. Durch Abfrage des Paßworts und Verschlüsselung im Netz ist die Sicherheit garantiert.

Der File Transfer Agent (FTA) ist ein von Cray entwickeltes Spoolingsystem für gesicherten Background File Transfer und unterstützt sowohl FTP als auch FTAM. FTA enthält Recovery-Funktionen sowie Transfer Management und Journaling.

Der Application Integration Toolkit (AIT) dient zur Entwicklung verteilter Anwendungen auf Basis des Client/Server-Modells und stellt ein mächtiges Tool für C- und FORTRAN-Programmierer dar. AIT-Funktionen steuern den Setup von Client/Server-Verbindungen zwischen Prozessen auf verschiedenen Maschinen, übernehmen das Jobmanagement (Aktivieren, Deaktivieren, Check-Pointing) und überwachen den Datentransfer. Dabei ist die volle Sicherheit und Performance gewährleistet. AIT besteht aus den Komponenten RCLib, RCAgent und RCGen.

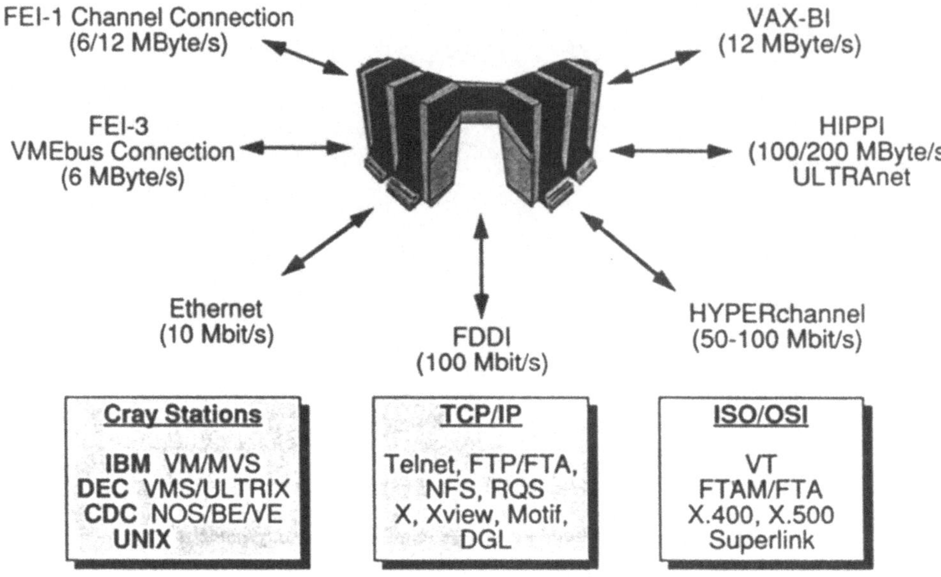

Abb. 6: Cray Networking

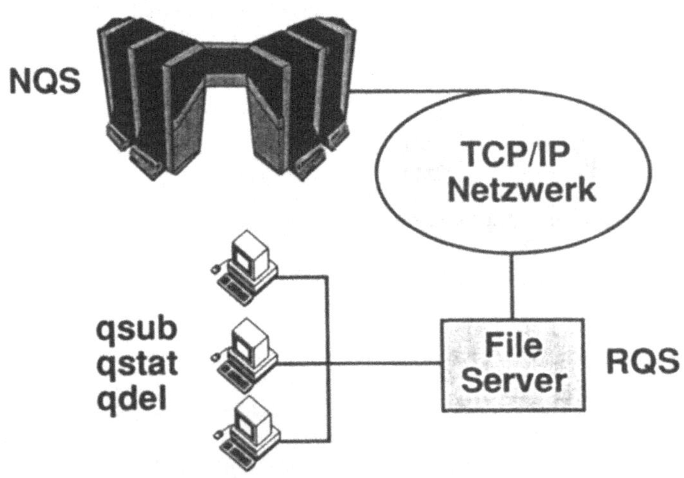

Abb. 7: Remote Queuing System – Architektur

6. File Server

Mit der Loslösung aus der traditionellen Front-End-Umgebung stellt sich von neuem die Frage des Datamanagements. Dabei sind sowohl Datamanagementfunktionen für den Supercomputer selbst als auch für die angeschlossenen Workstations zu betrachten.

Aufgabe des Datamanagements ist die transparente Migration von Daten durch eine Speicherhierarchie, die sich in Zugriffszeit und Kapazität unterscheidet.

Das UNICOS Storage System bietet eine komplette Lösung mit folgender Funktionalität:

- Transparente Datenmigration
  (Data Migration Facility),
- Dump/Restore,
- Tape/Volume Management,
- Archiving.

USS ist Teil von UNICOS, legt das Standard UNIX Filesystem zugrunde und paßt sich in die bestehende administrative Umgebung (Sicherheit, Resourcelimits, Accounting) ein. Durch sogenannte Media Specific Processes ist die Unterstützung verschiedenster Speichermedien implementiert und modular ausbaubar. Netzwerkinterfaces zu TCP/IP, ISO/OSI und Stations sind verfügbar.

Neben USS sind auf Cray-Systemen auch UNITREE (DISCOS) und EMASS (E-SYSTEMS) verfügbar.

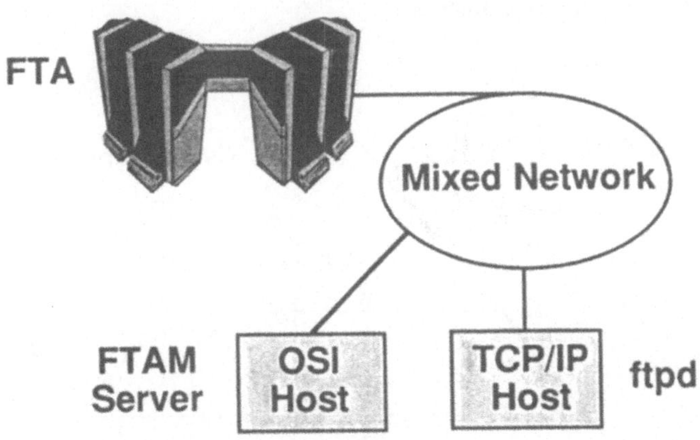

Abb. 8: File Transfer Agent – Architektur

7. Cray Network Supercomputing im Einsatz

Anläßlich der Konferenz "Supercomputing Europe '91" in Stuttgart wurde die folgende Supercomputerumgebung aufgebaut:

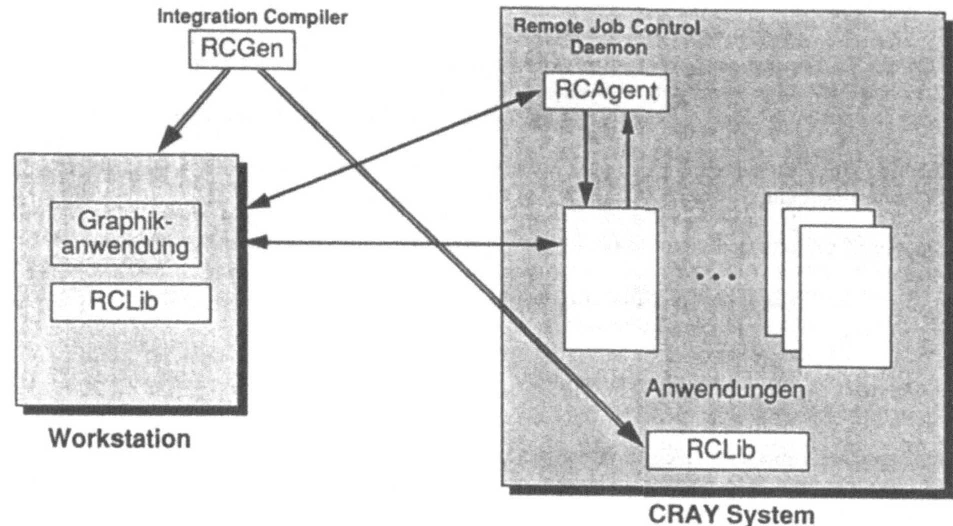

Abb. 9: Application Integration Toolkit – Architektur

Das erste europäische Gigabit LAN wurde zur Visualisierung von Supercomputer-
anwendungen durch direkte Übertragung von Pixel-Graphik benutzt. Desweiteren
wurden verteilte Anwendungen zwischen Workstations in Stuttgart und Supercomputern in Minneapolis demonstriert.

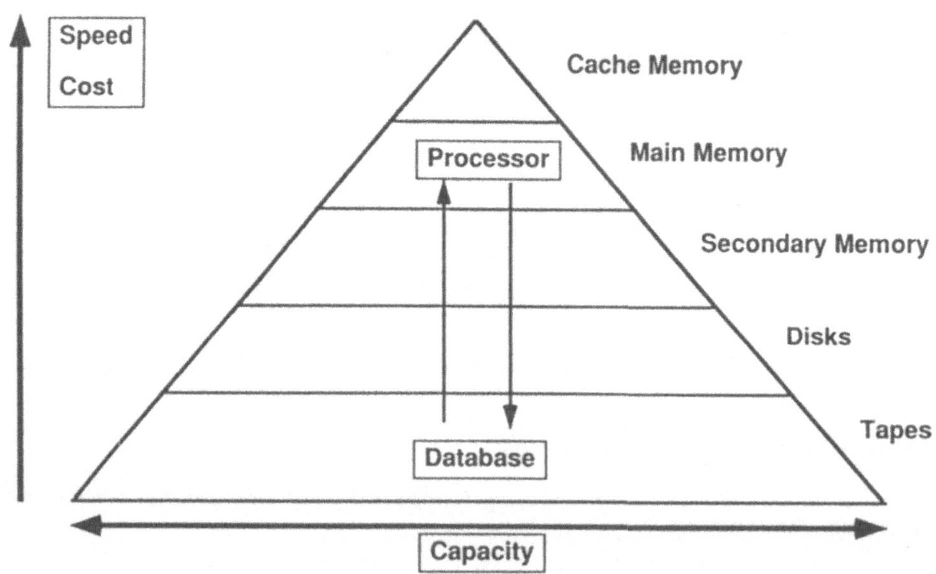

Abb. 10: Hierarchical Storage

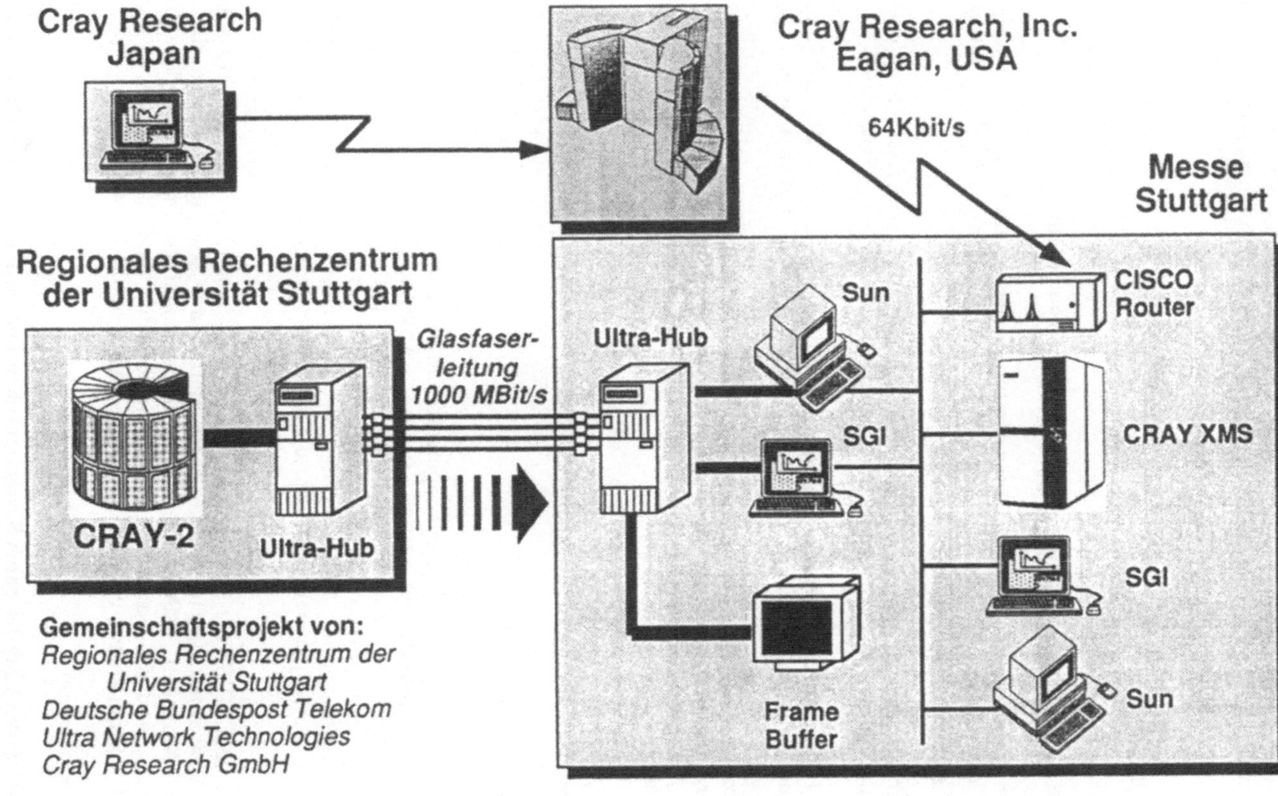

Abb. 11: Cray Gigabit Netzwerk – Supercomputing Europe '91

Ein interessanter Aspekt des Network Supercomputings ist die Möglichkeit, mehrere Supercomputer parallel an der Lösung eines Problems arbeiten zu lassen. Im Frühjahr 1991 demonstrierte Cray Research die Verteilung eines Simulationsprogramms aus dem Bereich Chemie auf 28 vernetzte CRAY CPUs, darunter auch die Y-MP16E (C-90).

Gegenüber der Laufzeit auf einem Y-MP Prozessor wurde im Supercluster ein Speedup von 32 erreicht.

8. Verteilte Anwendungsumgebungen auf Cray-Supercomputern

Neben der Bereitstellung von Betriebssystemfunktionen, Compilern, Bibliotheken und Tools auf dem Supercomputer hat sich Cray auch mit der Entwicklung integrierter Anwendungsumgebungen befaßt.

Dabei werden die verschiedenen Schritte des Simulationszyklus (Preprocessing, Numerische Analyse, Postprocessing) auf verschiedene Systeme im Netz verteilt.

Beispiele für solche integrierte Anwendungsumgebungen sind die in Kapitel 9 beschriebenen Produkte Multi Purpose Graphic System (MPGS) und UniChem.

Der Einsatz von Cray Network Supercomputing mit den Komponenten Compute Server, File Server, Visualisierung und Entwicklungsplattform bietet unter Ausnutzung von Hochgeschwindigkeitsnetzwerken eine komfortable, produktive Benutzerumgebung für die 90er Jahre.

9. Beispiele verteilter Anwendungen auf Cray-Supercomputern

9.1 MPGS

Das von Cray Research entwickelte Graphik-Tool MPGS ("Multi Purpose Graphic System") dient zur Visualisierung eines breiten Anwendungsspektrums aus dem naturwissenschaftlichen Bereich, insbesondere auf dem Gebiet der Finite-Element-Berechnung, der Strömungsmechanik, der Verbrennungssimulation, der Schadstoffausbreitung u. ä. Hier fallen bei den heute üblichen Modellen große Datenmengen (im Gigabytebereich) an, die nach der Berechnung ausgewertet werden müssen.

Grundidee von MPGS ist, diese Auswertung zwischen Cray und Workstation zu verteilen. Der Supercomputer übernimmt hierbei die Datenhaltung und die CPU-intensiven Aufgaben, während auf einer leistungsfähigen Graphik-Workstation die Visualisierung und die Benutzerinteraktion stattfinden. Auf diese Weise werden die Fähigkeiten des Supercomputers und der Workstation optimal genutzt.

9.1.1 Voraussetzungen

MPGS benötigt ein Cray Research System mit dem Betriebssystem UNICOS, welches über ein TCP/IP-Netzwerk mit einer Graphik-Workstation verbunden ist. Auf Workstationseite werden zur Zeit Silicon Graphics und IBM RISC System 6000-Produkte unterstützt. Die Kommunikation erfolgt über UNIX Sockets und ist praktisch transparent für den Benutzer.

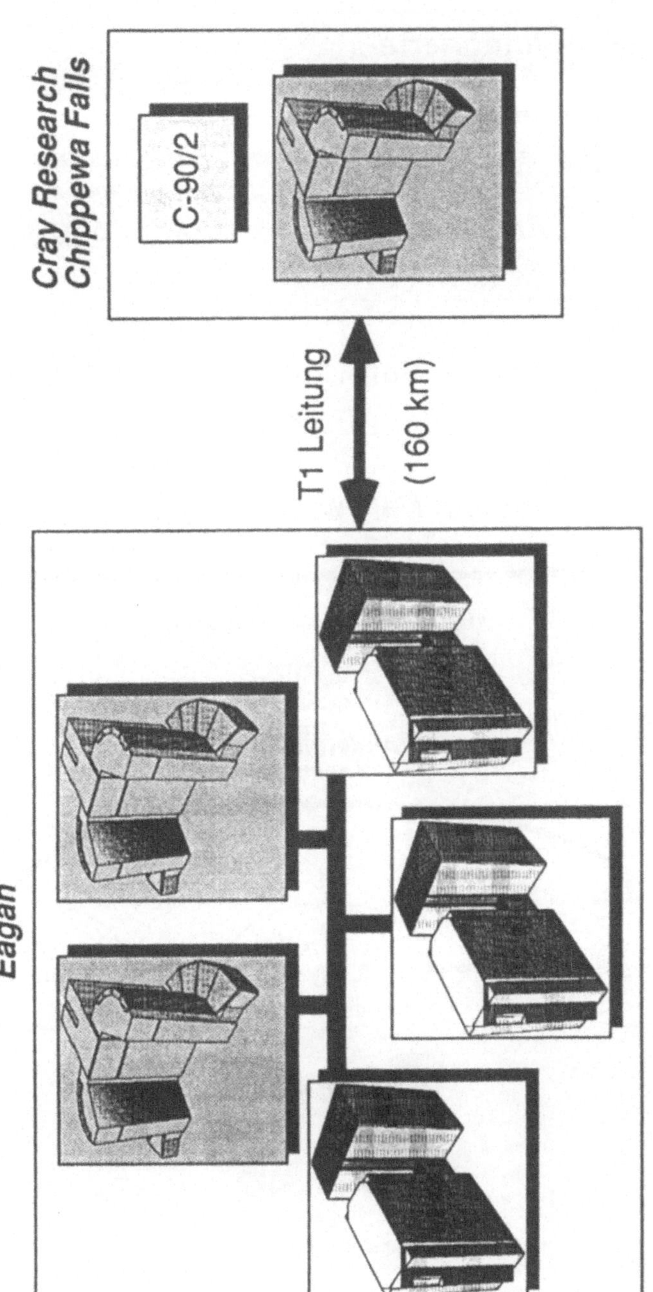

Abb. 12: Cray Supercluster Trial – Phase 1

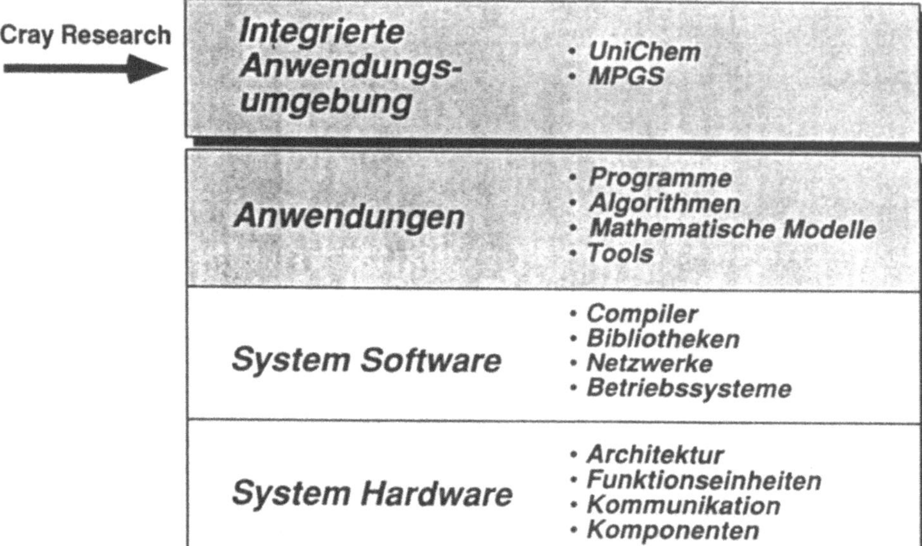

Abb. 13: Supercomputer Architektur

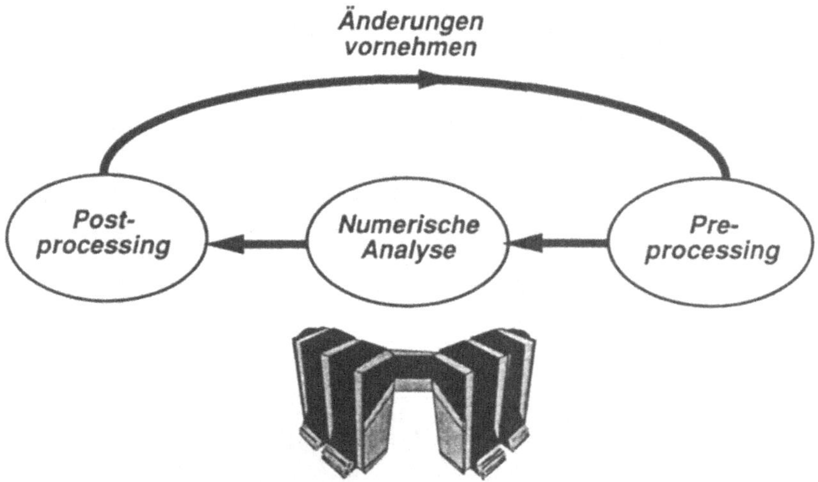

Abb. 14: Computerunterstützte Simulation

Die zu visualisierenden Daten müssen in einem MPGS-spezifischen Fileformat vorliegen. Zur Eingabe der Daten ist ein Geometriefile erforderlich, sowie optional weitere Files mit skalaren (Druck, Temperatur etc.) oder vektoriellen (Geschwindigkeiten) Größen, die auf den Knotenpunkten definiert sind. Im Geometriefile werden im wesentlichen die Dimensionen des Modells, die Koordinaten der Knoten sowie die Vernetzung der Elemente bzw. Zellen beschrieben. Es werden keine Voraussetzungen an die Art der Vernetzung gemacht, so daß sich ohne Probleme auch unstrukturierte Gitter mit beliebig geformten Zellen behandeln lassen. Die Behandlung von zeitinvarianten Problemen ist ebenfalls möglich. MPGS besitzt darüber hinaus die Möglichkeit, Files in dem (vor allem in den USA weit verbreiteten) Movie.BYU-Format einzulesen. Für alle gängigen Finite-Element- und Strömungsmechanik-Codes existieren Translatoren, die aus dem Output dieser Programme Files in MPGS- oder Movie-Format erzeugen.

9.1.2 Benutzerinterface

Bei der Benutzung von MPGS müssen auf der Cray und auf der Workstation jeweils ein Programm gestartet werden, die dann über eine Socket Connection miteinander in Verbindung treten. Das Benutzerinterface auf der Workstationseite ist menüorientiert und basiert ab der neuesten Version MPGS 4.0 auf OSF/Motif.

Zu Anfang muß der Benutzer die Namen der zu behandelnden Files eingeben. Die Workstation sendet diese an die Cray, diese liest den Datensatz ein und sendet die darin als sichtbar markierten Teile an die Workstation. Bei dreidimensionalen Beispielen handelt es sich hierbei typischerweise um die Oberflächen von im Feld befindlichen Körpern oder Gebilden. Diese stellen ein signifikant geringeres Datenvolumen dar als der gesamte Datensatz, so daß auch große Datenmengen ohne besondere Schwierigkeiten mit der Workstation behandelt werden können, da das Gesamtmodell stets von der Cray verwaltet wird.

Benutzerinteraktionen, die die auf die Workstation geladenen Daten - also alle sichtbaren Teile - betreffen, werden ausschließlich von der Workstation behandelt. Der Benutzer kann zwischen einem Drahtgittermodell und Hidden Surfaces (schattierter Flächen-darstellung) wählen, wobei Oberflächen entweder in einer bestimmten Farbe dargestellt oder entsprechend eines auf dieser Fläche herrschenden Werts eingefärbt werden. In jedem Modus hat der Benutzer die Möglichkeit, das Modell durch Anklicken mit der Maus zu drehen, zu verschieben oder zu zoomen.

Zur Auswertung des Gesamtfelds können Schnittebenen, Isoflächen (Flächen gleichen Werts einer Feldvariablen) oder Stromlinien berechnet werden. Der Benutzer plaziert hierzu einen Punkt, eine Gerade oder eine Ebene im dreidimensionalen Raum, was einfach durch Anklicken mit der Maus geschieht. Anschließend kann er durch die Auswahl eines Menüpunkts anfordern, daß die Stromlinie durch den entsprechenden Punkt oder eine Anzahl von Stromlinien entlang der Geraden oder durch die Ebene berechnet werden. Analog verfährt er bei Schnittebenen (durch Eingabe der Ebene) und Isoflächen (durch Eingabe eines konstanten Werts).

Hierbei ist jeweils eine Interaktion der Workstation mit der Cray nötig. Auf die Anforderung des Benutzers hin sendet die Workstation die zur Berechnung benötigten

Daten (z.B. die Koordinaten der Ebene) an die Cray, diese berechnet aus dem Gesamtfeld die Koordinaten der Stromlinie (bzw. der Schnittebene oder Isofläche) und sendet diese zur Darstellung an die Workstation. Das Ganze läuft für den Benutzer transparent ab, d.h. er merkt außer dem Geschwindigkeitsvorteil im Prinzip nichts davon, daß ein Teil des gesamten Postprocessings im Hintergrund auf der Cray stattfindet.

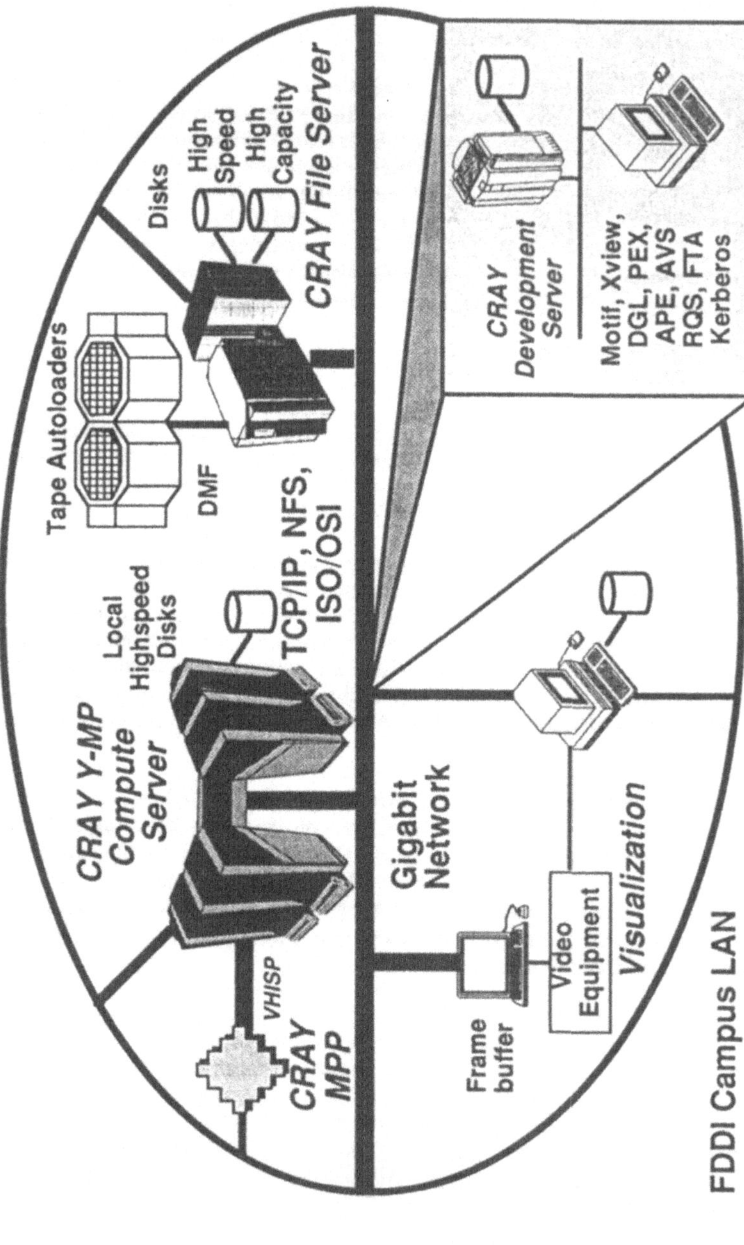

Abb. 15: Cray User Environment in den 90er Jahren

9.1.3 Animation

MPGS besitzt weitgehende Möglichkeiten zur animierten Darstellung von zeitvarianten Datensätzen. Die Daten müssen hierbei zu den verschiedenen Zeitpunkten auf verschiedenen Files vorliegen. Optional können auch hier zu jedem Zeitpunkt beliebige Schnittflächen oder Isoflächen berechnet werden. Die Berechnung von Stromlinien in zeitvarianten Strömungsfeldern ist ebenfalls möglich.

Bei der Animation gibt es zwei verschiedene Modi: Im "Flipbook"-Modus werden die Daten aller Zeitschritte berechnet und auf der Workstation zwischengespeichert. Anschließend werden diese Zeitschritte nacheinander dargestellt. Abhängig von der Komplexität des Modells und der Leistungsfähigkeit der Workstation ist eine relativ flüssige Darstellung der Bewegung bis hin zur Echtzeitanimation möglich. Die Anzahl der darzustellenden Zeitschritte ist allerdings durch die Speichermöglichkeiten der Workstation begrenzt. Diese Einschränkung besteht nicht im "Single-Frame"-Modus. Hier wird unmittelbar nach dem Einlesen eines Zeitschritts und allen nötigen Berechnungen das entsprechende Bild dargestellt. Naturgemäß ist dieser Modus langsamer als der Flipbook-Modus, er macht insbesondere zur Erstellung von Videos Sinn, wenn ein Aufnahmegerät verwendet wird, das Einzelbilder aufzeichnen kann (Betacam-Recorder, Laserdisk).

9.2 UniChem

UniChem ist eine interaktiv verteilt arbeitende graphische Benutzeroberfläche aus der Chemie, mit der man sowohl Moleküle erstellen und editieren als auch mit Hilfe verschiedener quantenchemischer Programmpakete Eigenschaften des Moleküls berechnen und die Ergebnisse visualisieren kann.

Der Benutzer baut dabei typischerweise sein Molekül interaktiv mit UniChem auf der Workstation auf. Dabei kann er anhand einer Periodentafel seine Atome auswählen oder aber auch mit Hilfe einer Fragment-Bibliothek sein Molekül zusammensetzen. Ist das Molekül fertig, wählt er über Pop down-Menüs das gewünschte quantenmechanische Verfahren aus (Hatree Fock, semiempirisch oder dichtefunktional), setzt entsprechend dem Verfahren die notwendigen Optionen und startet die Berechnung.

UniChem stellt nun eine Eingabedatei zusammen, welche automatisch zur Cray geschickt und dort je nach vorher eingestellter Option als Batch oder direkt interaktiv gestartet wird. Zuvor aber findet eine Access-Überprüfung von Seiten der Cray statt, um zu gewährleisten, daß nur zugangsberechtigte Personen rechnen können.

Während der Job auf der Cray rechnet, interaktiv oder im Batch, hat der Benutzer auf der Workstation volle Monitormöglichkeiten. Einerseits kann er sich jederzeit die aktuelle Geometrie ansehen und so den Optimierungsprozeß verfolgen, andererseits werden ihm auch wichtige Kenngrößen wie momentane Energie, Anzahl der Iterationen und abgelaufene Zeit übermittelt. Durch diese Informationen kann er nun entscheiden, ob er unterbrechen will, den Job beenden oder nur auf Halt setzen, um wichtige Details länger zu betrachten. Falls der Job mehrere Stunden benötigen sollte, kann er UniChem auf der Workstation problemlos beenden. Der laufende Job auf der Cray wird davon nicht beeinflußt. Startet er UniChem von neuem, kann er sich wieder mit dem noch laufenden oder schon beendeten Job verbinden lassen und die Ausgabedaten visualisieren.

Bei Programmende werden die relevanten Daten von der Cray zu dem vom Benutzer angegebenen Zielrechner geschickt, wobei das nicht unbedingt die Workstation sein muß, von der der Job gestartet wurde. Diese Daten können nun mit UniChem visualisiert werden. Wichtig zu erwähnen hierbei sind vor allem die zwei- und dreidimensionalen Darstellungen der Elektronendichten und Molekularbitale, sowie die Visualisierung der Resultate von Frequenzberechnungen, die animiert werden können.

Open Supercomputing im heterogenen Umfeld

Frank Baetke

CONVEX Computer GmbH

Lyoner Str. 14

W-6000 Frankfurt/Main 71

Zusammenfassung

Die Tendenz zu offenen Systemen ist auch im Bereich des Hochleistungsrechners unaufhaltsam. Konzeptionell geht dabei der Weg in Richtung vernetzte heterogene Systeme, bei denen am unteren Ende die Workstations, darüber eine Schicht von lokalen Servern und im Hintergrund schließlich zentrale Systeme liegen, die eine Vielfalt von Aufgaben wie Compute-, File- oder Datenbankdienste übernehmen. Die Heterogenität der eingebundenen Produkte erfordert sowohl für den Anwender als auch für den Systemadministrator möglichst homogene und standardisierte Schnittstellen und Oberflächen. Weitere Forderungen sind das IEEE-Format für alle binären Datenfiles, Unterstützung byte-orientierter Datentypen, die IEEE-POSIX-Standards und eine nahtlose Integration von proprietären, aber verbreiteten Betriebssytemen und Anwendertools.

1 Einleitung

Die kommenden Jahre werden die klassischen Rechenzentren mit einer Fülle neuer Aufgaben und Herausforderungen konfrontieren, bedingt sowohl durch die Verfügbarkeit von Hardwarekomponenten auf Prozessor-, Speicher- und Netzwerkebene mit bislang unbekanntem Preis-/Leistungsverhältnis als auch durch ein verändertes Benutzerverhalten. So erlaubte die hohe Leistungsfähigkeit von PCs, Workstations und lokalen Microrechnern eine Umlagerung von Aufgaben vom Mainframe auf lokale Systeme. Dies gilt bei fast allen Editiertätigkeiten, sei es nun im Bereich der Textverarbeitung oder der Programmentwicklung und auch bei anspruchsvollen Anwendungsprogrammen, speziell im Bereich des Pre- und Postprocessing rechenzeit-intensiver Programme. Die zunehmende Kompetenz der Anwender, der verständliche Wunsch nach einer "gewissen Unabhängigkeit" und der hohe Komfort der lokalen, oft graphisch orientierten Oberflächen förderten diese Entwicklung.

Die Euphorie speziell in Gruppen, die mit dieser Entwicklung ein schnelles Ende der Rechenzentren mit ihrer zentralen Ressourcenvergabe und -betreuung propagierten, wich bald einer gewissen Ernüchterung. Letztere beruhte im wesentlichen auf

* der Tatsache, daß Mainframes und/oder Supercomputer eine wesentlich größere Bandbreite der in akzeptabler Zeit zu lösenden Problemstellungen besitzen. Es ist bemerkenswert, daß gerade im technisch-wissenschaftlichen Bereich mit seiner hohen Dichte lokaler Systeme die meisten bahnbrechenden Erkenntnisse auf Großrechnern gewonnen wurden. Begrenzendes Kriterium ist neben der Rechenzeit vor allem der verfügbare Hauptspeicher;

* der Erfahrung, daß "das Rechenzentrum auf dem Schreibtisch" nicht immer die Konsistenz von System- und Anwendungsprogrammen und die hohe Datensicherheit mit einer Vielzahl von Restaurierungsmöglichkeiten wie auf einem Mainframe bietet. Vor allem der Wunsch,

keine Ergebnisfiles zu löschen oder lokal auf ein tertiäres Speichermedium kopieren zu müssen, führte zu dem Konzept, sog. Fileserver in ein Netzwerk zu integrieren.

Weitere zentrale Dienste können z.B. aus Visualisierungs-Servern oder in Zukunft auch Massiv-Parallelen Systemen bestehen.

Ein derartiges sog. Client-Server-Konzept integriert also eine Vielzahl von Komponenten.

Ein Rechenzentrum, das auch zukünftig den Ansprüchen eines kompetenten Benutzers gerecht werden will, muß die gewünschte lokale Arbeitsqualität (PC, Workstation, X-Terminal) mit einem möglichst transparenten Zugriff auf Rechen- und Daten-Ressourcen kombinieren, die aus Kosten- und Wartungsgründen sinnvollerweise einer zentralen Kontrolle unterliegen.

Das klassische Rechenzentrum wird damit zu einem Service- und Ressourcenzentrum, das eine Vielzahl von dezentralen Komponenten, angefangen bei "dummen" Terminals und PCs über Workstations verschiedener Leistungsklassen bis hin zu hochleistungsfähigen Compute- und Fileservern in ein entsprechendes Netzwerk integriert. Natürlich ist dabei auch auf Netzwerkebene eine entsprechende Leistungshierarchie vorzusehen, vgl. Abb. 3..

An dieser Stelle liegt allerdings auch ein kritischer Punkt eines derartigen Konzepts, da bei sehr großen Systemen, vor allem im industriellen Bereich, die Kosten für die Übertragung extremer Datenmengen über öffentliche Netze prohibitiv sein können. Damit kommt gerade im Hochleistungsbereich eine weitere Komponente ins Spiel, nämlich das Konzept des verteilten oder dezentralisierten Supercomputings. Bei diesem Konzept wird die ideelle Leistung eines einzigen Zentralrechners auf mehrere kleinere Systeme an unterschiedlichen Standpunkten je nach Leistungsbedarf aufgeteilt.

Von entscheidender Bedeutung ist dabei, daß für den Anwender niemals die tatsächlich aufgenommene "CPU-Zeit", sondern die "Turn-around-Zeit" bis zum Erhalt der Ergebnisse den Arbeitstakt bestimmt. Es wird oft übersehen, daß die kürzere CPU-Zeit eines "Top-End"-Zentralsystems durch die Wartezeiten in Batchqueues und die Übertragungszeiten im Netz überhaupt nicht mehr maßgebend ist.

Ein weiterer Aspekt ist die Tatsache, daß der "klassische Einsatz" ausschließlich im Batch-Betrieb erfolgt.

Mittlerweile jedoch wird immer häufiger die Forderung nach einem interaktiven Zugriff erhoben, so daß zunehmend auch über grafische und fenster-orientierte Oberflächen nachgedacht werden muß. Das betrifft auch die - den Anwendern und Entwicklern in der Regel nicht zugänglichen - Schnittstellen zur Systemverwaltung.

Im folgenden wird auf die unterschiedlichen und einander teilweise überlappenden Ansprüche der drei Benutzergruppen - Anwender, Entwickler und Systemadministratoren - detaillierter eingegangen und ein Überblick über die derzeit verfügbaren Schnittstellen gegeben. Ohne Anspruch auf Vollständigkeit sollen damit auch Kriterien zur Beurteilung einer Implementierung bereitgestellt werden.

2 Grundlegende Standards

Supercomputer werden heute fast ausschließlich als technisch-wissenschaftliche Universalrechner in Netzwerken betrieben, wobei sich auf konzeptioneller Ebene folgende Tatsachen feststellen lassen:

* Als Prozessorarchitektur hat sich ausschließlich die Vektorregistermaschine mit mehreren auf einen gemeinsamen Hauptspeicher zugreifenden CPUs durchgesetzt. Wie noch gezeigt wird, hat dies erhebliche Konsequenzen für die Programmierschnittstelle. Die neueren, massiv parallelen Rechner sind in diesem Markt bislang nur für Spezialanwendungen von Interesse, werden jedoch noch an Bedeutung zunehmen, vgl. Abb. 11. Auf die wichtige Frage eines einheitlichen Programmiermodells für diese Systeme wird hier nicht weiter eingegangen, vgl. {1}.

* Die Einbindung des Supercomputers als Server in ein heterogenes Netz mit Minicomputern und Workstations als Clienten und einem unter Umständen unabhängigen Fileserver führt zur Forderung nach einem einheitlichen binären Daten- und darüberliegenden File-Format im Netz. Als Standard gilt hier eindeutig das IEEE-Format, dessen Einsatz einen völlig transparenten Zugriff auf alle binären Daten-Files im Netzwerk sichert. Auch die Hersteller "klassischer" Supercomputer können sich dieser Forderung nicht entziehen.

Als Betriebssystem gibt es zu UNIX und damit den strukturlosen Datenfiles keine Alternative mehr.

Da weder System-V, OSF/1 noch die X/Open-Spezifikationen den Anforderungen von Großsystemen gerecht werden, ist bei den Systemaufrufen der POSIX-Standard IEEE 1003.1 (inzwischen unter 9945-1 von der ISO übernommen) und bei den Kommandos und Utilities IEEE 1003.2 (ISO 9945-2) als Standard anzusehen (alle oben erwähnten Spezifikationen beinhalten den POSIX-Standard).

Als netzwerk-übergreifendes Batch-System hat sich das ursprünglich von der NASA entwickelte Network-Queueing-System eindeutig durchgesetzt. Die herstellerunabhängige Standardisierung eines entsprechenden Produkts erfolgt inzwischen auch in einem POSIX-Gremium (IEEE 1003.10/15).

3 Schnittstellen für Anwender

<u>Batch-Anwender:</u> Wegen der bei Supercomputer-Anwendungen typischerweise sehr langen Laufzeiten und den zuweilen GB-Dimensionen erreichenden Daten-Files wird meist der größte Teil der Systemressourcen über das Batch-System beansprucht. Die in manchen UNIX-Varianten vorhandenen Befehle "at" oder "bg" (Background) sind natürlich völlig unzureichend.

Nötig ist ein System, das

* Job-Warteschlangen mit unterschiedlichen Prioritäten und einstellbaren Ressourcen-Obergrenzen zur Verfügung stellt,

* Jobs bei Überschreiten der Grenzwerte automatisch abbricht (wichtig beispielsweise für Testläufe mit noch fehlerhaften Programmen),

* transparenten Zugriff nicht nur zu lokalen, sondern auch zu "Remote-Systemen" ermöglicht und unter Umständen für eine automatische Jobverteilung zwischen unterschiedlichen Systemen sorgt,

* jederzeit Auskunft über den Zustand und die verbrauchten Ressourcen der im Netz befindlichen Jobs gibt,

* das Herausnehmen oder Umordnen von wartenden Jobs ermöglicht, um etwa bei einem frühzeitig erkannten Fehler eine Verschwendung von Ressourcen zu verhindern.

Die meisten dieser Anforderungen werden vom NQS-System erfüllt. Daneben werden an eine brauchbare Batch-Schnittstelle jedoch noch weitere Forderungen gestellt, von deren Implementierung die Standard-Unix-Systeme noch weit entfernt sind.

Hierzu gehört beispielsweise die Verarbeitung von Magnetbändern mit ANSI-Kennsätzen (9-Spur-Tapes oder 3480-Kassetten) sowie die Möglichkeit, einen kompletten Job per Speicher-Dump und inklusive aller geöffneten Files und Unterprozesse zu einem beliebigen Zeitpunkt zu sichern und später wieder weiterlaufen zu lassen. Diese als "Checkpoint/Restart" bezeichnete Option muß angesichts der häufig sehr lang laufenden Supercomputer-Anwendungen als essentiell gelten, ist aber wegen ihrer hohen Komplexität nur auf wenigen Unix-Systemen zu finden. Mit ihr ist es möglich, auch bei Vollast (viele aktive Batchjobs) einen geordneten Shutdown mit späterer Fortsetzung der Arbeit durchzuführen.

Schließlich ist in diesem Zusammenhang auch die Möglichkeit zu erwähnen, die Ressourcen des Supercomputers virtuell unter verschiedenen Benutzergruppen so aufzuteilen, daß - über einen gewissen Zeitraum gemittelt - jede der Gruppen ihren festgelegten Anteil erhält. So hat der Anwender die Gelegenheit, Rechenzeit "aufzusparen" und dafür später bei Bedarf mit erhöhter Priorität zu rechnen. Ein derartiges Produkt ist zum Beispiel "Share".

Interaktive Anwender: Mit der Ablösung der klassischen batch-orientierten Betriebssysteme auf Supercomputern durch Unix-Implementierungen wurde die Möglichkeit zum interaktiven Zugriff geschaffen. Das ist speziell für die Programmentwicklung von besonderer Bedeutung, spielt aber auch bei Anwendungen eine immer größere Rolle.

Was kann der Anwender heutzutage von einem direkten Terminalzugriff (VTxx-kompatibel, 3270-kompatibel, X-kompatibel) auf einen Supercomputer erwarten?

* Alle UNIX- und sonstigen Standard-Editoren sind verfügbar, einschließlich vi, Emacs, EDT oder TPU (DEC), mit voller Funktionalität.

* Der Anwender kann das X-Protokoll entweder im Direktzugriff über ein X-Terminal oder via Remote-Login von einer Workstation aus ansprechen, einschließlich der auf dem X-Standard basierenden grafischen Oberflächen wie etwa OSF/Motif. Letztere bestimmt in zunehmendem Maße die Anwendungsoberflächen und sollte als Benutzerschnittstelle auch auf dem Supercomputer zur Verfügung stehen.

Die zunehmende Bedeutung grafischer Oberflächen ist schließlich auch unter dem Aspekt der Visualisierung der anfallenden Daten zu sehen. Als der de-facto-Standard kann hier das ursprünglich von Stellar entwickelte System AVS (Application Visualization System) gelten, das beispielsweise über ein Color-X-Terminal die direkte Nutzung des Supercomputers erlaubt. Ebenfalls von Bedeutung ist hier die Verfügbarkeit von PHIGS+ (Programmer's Hierarchical Graphic Subsystem) und PEX (PHIGS Extension to X), vgl. Abb. 7.

Auf die Vorteile einer virtuellen Speicherverwaltung für den interaktiven Zugriff wird später noch eingegangen.

Nutzung als Workstation-Server: Im Rahmen des Client-Server Modells laufen die für den Benutzer sichtbaren Anwendungen (dialogorientierte Oberfläche, Datenaufbereitung, Vor- und Endverarbeitung) auf den Workstations, während der Supercomputer beispielsweise die Rolle des File- und Computer-Servers sowie des Datenmanipulators übernimmt. Auf die Bedeutung eines einheitlichen Datenformats für diesen Fall wurde bereits hingewiesen; es ermöglicht zum Beispiel, daß ein großes, auf dem Supercomputer laufendes Serverprogramm zweidimensionale Ebenen aus einer sich in den GB-Bereich erstreckenden dreidimensionalen Datenmatrix "schneidet" und diese über einfache Schnittstellen (ohne Konvertierung) extrem schnell der Client-Software auf der Workstation (zum Beispiel AVS) verfügbar macht.

Eine derartige Aufsplitterung der Applikationen in Teilbereiche minimiert erstens die Netzwerklast - weil die Selektion der Daten bereits auf dem Server stattfindet, so daß nur noch die wirklich benötigten Daten an die Workstation geschickt werden müssen - und erlaubt zweitens, für jede Teilaufgabe die jeweils am besten geeignete Hardwarekomponente einzusetzen. Dieses Konzept erlebte seinen Durchbruch mit Datenbank-Anwendungen, ist aber keineswegs darauf beschränkt: Das erwähnte Visualisierungs-Paket AVS ist ebenfalls in einer derart gesplitterten Version verfügbar, vgl. Abb. 7.

4 Schnittstellen für Entwickler

Was für den interaktiv arbeitenden Anwender gilt, trifft mindestens genauso für den Entwickler zu. Neben "seinem" Editor erwartet er vor allem eine möglichst kurze Reaktionszeit seiner Entwicklungsumgebung. Speziell die Code-Optimierung, mit der man einen möglichst hohen Vektorisierungs- und Parallelisierungsgrad erreichen will, ist dadurch gekennzeichnet, daß der Zyklus "Editieren, Compilieren, Profilieren (= Performance-Analyse)" besonders häufig durchlaufen wird.

Diesen Zyklus im Batch-Betrieb zu realisieren gilt nicht mehr als zeitgemäß. Mit Hilfe von NFS etwa (oder in Zukunft Systemen wie OSF/DCE) lassen sich Quellcodes, Bibliotheken etc. auf beliebigen File-Systemen im Netz transparent verwalten. Während das Editieren damit auf einer lokalen Workstation erfolgen kann, liegen die Tools zur Leistungskontrolle (Profiler) und Fehlersuche (Debugger) sowie die Compiler auf der eigentlichen Zielmaschine mit der entsprechenden Architektur (Vektor/Parallel).

<u>Tools zur Leistungsmessung und Fehlersuche:</u> Die standardmäßig unter Unix verfügbaren Tools zur Überwachung des Laufzeitverhaltens wie "prof" und "gprof" sind für den interaktiven Betrieb wenig geeignet, da sie nicht erlauben, die im Programm gesetzten Zeitmarken nach Bedarf zu aktivieren und zu deaktivieren. Gravierender ist, daß die Messung nebenläufiger (paralleler) Programmabschnitte (Threads) im allgemeinen nicht möglich ist. Ein für Supercomputer-Anwendungen taugliches modernes Tool sollte

* bei der Profilierung die Laufzeit nur minimal beeinflussen,

* erlauben, daß Zeitmarken an kritischen Stellen dynamisch zu- und abgeschaltet werden können,

* Aussagen über Art und Ausmaß der Parallelisierung ermöglichen,

* den Vergleich mehrerer Prozesse zulassen, um die Auswirkung von Optimierungsschritten feststellen zu können.

<u>Ähnliches gilt für den Debugger:</u> Er sollte bei der Entwicklung hochoptimierter Supercomputer-Programme eine schrittweise Verfolgung der vektorisierten und parallelisierten Programme auf Quellcode-Ebene ermöglichen. Inzwischen sind Window-orientierte Debugger verfügbar, die erstmalig auch die Analyse hochoptimierter Codes ermöglichen.

<u>Vektorisierende und parallelisierende Compiler:</u> Die im Bereich der Supercomputer wohl mit Abstand komplexeste Produktgruppe sind die Compiler. Ihre Bedeutung wird weiter zunehmen, da hardwarenahe Assembler-Programmierung oder der Einsatz architekturabhängiger Spezialsprachen allein schon aus wirtschaftlichen Gründen heute kaum mehr vertretbar ist. Die modernen Anwendungspakete sind zu komplex und ihre Lebensdauer ist zu lang (gemessen am typischen Generationszyklus von Rechenanlagen), als daß auf hardwareunabhängige Programmierung verzichtet werden könnte. Ein entscheidendes

Kriterium bei der Bewertung eines Compilers ist also - neben der Fähigkeit, hochoptimierten Code zu erzeugen - die Kompatibilität zu echten oder de-facto-Standards.

5 Schnittstellen für die Systemadministration

Im Leistungsbereich von Supercomputern gelten für die Systemschnittstelle die gleichen Anforderungen, wie sie typischerweise im Mainframe-Bereich gestellt werden.

Die in den Standard-Unix-Implementierungen enthaltenen Möglichkeiten reichen hier bei weitem nicht aus. Zusätzlich gefordert sind, wie zum Teil schon erwähnt:

* "Fair-Share"-Scheduling,

* ein Batch-System auf NQS-Basis (IEEE 1003.10/15) einschließlich der Möglichkeit zum "Checkpoint/Restart",

* einstellbare Ressourcengrenzen gemäß einer Vielzahl von Kriterien auf Benutzer-, Gruppen- und Projektbasis,

* ein professionelles Abrechnungssystem,

* ein System zur Bandbearbeitung, einschließlich Folgebänder-Verwaltung und Vorreservierung,

* Anschluß von robotergesteuerten Tertiärspeichern (etwa Kassetten verschiedenen Typs) und Sekundärspeichern (Disk-Pool). Bei letzteren ist eine RAID-Level 5-Implementation mit "Hot-Standby-Disks" zu fordern.

* separates Operator-Interface mit eingeschränkten, einstellbaren Privilegien,

* Tools zur Kontrolle und Steuerung der Systemauslastung, insbesondere des Hauptspeichers, der CPUs und des I/O-Systems.

Es ist klar, daß bei derart komplexen Anforderungen die erste Frage nicht lautet: "Welches Unix?", sondern "Welche Funktionalität wird zur Verfügung gestellt?". Um hier klarere Verhältnisse herbeizuführen, arbeiten die POSIX-Gremien an einer Standardisierung. Erste Ansätze zu Systemadministrations-Funktionen wurden mit dem IEEE 1003.7-Entwurf (ISO 9945.3) bereits vorgestellt.

In vielen Fällen sind jedoch neben der Unix-Welt gerade im Mainframe-Bereich herstellerspezifische Betriebssysteme mit daran orientierten Benutzergruppen zu finden. Auf dieser Idee basiert das Konzept des CONVEX OPEN SUPERCOMPUTING, das neben allen oben genannten UNIX-Funktionen eine Vielzahl von herstellerspezifischen, aber gerade im technisch-wissenschaftlichen Bereich als Quasi-Standard akzeptierten Betriebssystemen, Anwenderoberflächen und Compilererweiterungen unterstützt. Auf die Kompatibilität zu einzelnen Produkten wird im folgenden eingegangen.

6 Integration in DEC-Umgebungen (VMS)

Unter der Bezeichnung COVUE (Convex-Vax-User-Environment) wurde und wird innerhalb des Bereichs Betriebssysteme eine Produktgruppe im Haus entwickelt, die eine möglichst transparente Einbindung in VAX-Umgebungen ermöglicht. Der inzwischen erreichte Umfang sowie die Leistung und Stabilität ist mit entsprechenden am Markt angebotenen Third-Party-Produkten nicht mehr vergleichbar. Zur Zeit sind erhältlich, vgl. Abb. 5:

COVUElib	Eine Bibliothek von VMS-Systemroutinen (>180), die auch die Schnittstelle zwischen den COVUE-Produkten und dem Systemkern darstellt.
COVUEnet	Eine DECnet-Endnode-Implementation mit vollständiger Funktionalität von SET-HOST, COPY und TASK-TO-TASK Anwendungen einschließlich VMSmail. Zur Zeit werden bis zu 100 logische Links unterstützt.
COVUEshell	Eine parallel zu den UNIX-Shells betreibbare VMS-Oberfläche hoher Mächtigkeit. Mehr als 80 DCL-Kommandos sowie VMS-Eigenarten wie File-Versionsnummern werden unterstützt.
COVUEbin	Ein Produkt, das eine automatische und transparente Generierung binärer Files jeweils im Format der Zielmaschine erlaubt.
COVUEbatch	Ein Produkt, das ein SUBMIT aus VAX-Umgebungen (evtl. unter ausschließlicher Verwendung von DCL-Kommandos) zur CONVEX mit automatischem Re-Rounting aller Ergebnis- und Kontrollfiles ermöglicht.
COVUEedt	Eine vollständige Emulation des VAX-EDT-Editors. Auch der VMStp-Editor ist verfügbar.

Darüberhinaus sei darauf hingewiesen, daß die CONVEX-Systeme alle VAX-Datentypen (8-, 16-, 32-, 64-, 128-bit) unterstützen und als interne Gleitkommadarstellung neben dem IEEE auch VAX-F und G-Format ermöglichen.

Der FORTRAN-Compiler unterstützt praktisch alle VMS-Erweiterungen (-vfc Flag) und ermöglicht die Angabe einer Zielmaschine beim Öffnen binärer Files, so daß bei nachfolgenden I/O-Statements eine automatische Konvertierung erfolgt.

7 Integration in IBM (MVS, VM, AIX)-Umgebungen

Zur netzwerkseitigen Kopplung bestehen in der /370-kompatiblen Welt sowohl auf der Ebene der Basisprotokolle als auch darüber liegender Applikationen verschiedene Möglichkeiten.

* Kopplung mittels TCP/IP (VMS, VM, AIX) wahlweise auf Basis von IEEE 802 Ethernet, HYPERchannel oder UltraNet. Als darüberliegende Applikation ist weiterhin NFS verfügbar.

* RJE-Betrieb in Richtung IBM->CONVEX auf TCP/IP-Basis unter Verwendung des Produkts ITCBS, das in der CONVEX intern auf uucico aufsetzt.

* Interaktiver Zugriff in beiden Richtungen (ASCII<-> 3270) durch Verwendung einer TCP/IP-SNA-Abbildung auf Basis einer SNA3770-Emulation. Das eingesetzte Konzept ermöglicht ebenfalls RJE-Betrieb. Neben /370-kompatiblen Produkten werden auch IBM/3X- und AS/400-Systeme unterstützt.

* Wahlweiser Zugriff auf IBM- oder CONVEX-Systeme über 8174-kompatible Terminalserver (z.B. Nixdorf).

Darüberhinaus sind alle in IBM VF-FORTRAN auftretenden Datentypen (8-, 16-, 32-, 64-bit) implementiert. Es sei darauf hingewiesen, daß die CONVEX-Systeme alle o.g. Datentypen direkt in der Hardware sowohl mit Skalar- als auch mit Vektorinstruktionen unterstützen. Auch der Typ REAL*16 (128-bit) ist implementiert. Die im VF-FORTRAN häufig verwendete autodbl-Funktion wird direkt durch entsprechende Flags des CONVEX-Compilers abgedeckt.

Zum transparenten Kopieren binärer Files existieren Library-Funktionen, die ein Umsetzen der CONVEX-native Gleitkommadarstellung im IBM-Internformat und umgekehrt ermöglichen. Durch die Verwendung von Vektorinstruktionen ist dabei die Konvertierungszeit gegenüber der Zeit des Datentransfers vernachlässigbar.

8 Integration in CRAY (COS, UNICOS)-Umgebungen

Zur netzwerkseitigen Integration sind die vorhandenen Möglichkeiten natürlich abhängig vom eingesetzten CRAY-Betriebssystem:

* Kopplung mittels TCP/IP wahlweise auf Basis von IEEE-802-Ethernet, HYPERchannel oder UltraNet. Als darüberliegende Applikation ist weiterhin NFS und als verteiltes Batchsystem NQS verfügbar (UNICOS). Demnächst sind natürlich auch Kopplungen auf FDDI-Basis und nicht zuletzt HiPPI möglich.

* Kopplung mittels der von CRAY entwickelten und gewarteten CRAYstation Software, die auf CONVEX-Systemen wie auch einer Vielzahl von Workstations lauffähig ist.

Die CRAY-Systeme verwenden grundsätzlich eine wortweise Adressierung, so daß die kleinste Einheit durch 64-bit gegeben ist. Die CONVEX-Systeme unterstützen die daraus abgeleiteten Datentypen (64-bit REAL, 64-bit INTEGER, 64-bit LOGICAL) direkt in der Hardware sowohl für Skalar- als auch für Vektoroperationen. Der entsprechende 128-bit REAL-Typ (CRAY DOUBLE PRECISION) wird ebenfalls unterstützt. Die Kompatibilität erstreckt sich auch auf Anzahl und Struktur der Skalar- und Vektorregister innerhalb der CPU.

Der CONVEX-FORTRAN-Compiler ermöglicht eine Übersetzung im sog. CRAY-Kompatibilitätsmodus (-cfc Flag). In diesem Fall werden für alle einfachen Datentypen die entsprechenden 64-bit-Typen verwendet, für DOUBLE PRECISION der 128-bit REAL-Typ. Die Anpassung aller INTRINSIC-Functions erfolgt automatisch.

Die auf CRAY-Systemen häufig genutzte Möglichkeit des "asynchronen I/O" (BUFFER IN, BUFFER OUT) wird mit äquivalenten Aufrufen realisiert.

9 Charakteristische Eigenschaften der Convex-Systeme

<u>Charakteristische Eigenschaften der Convex-Architektur</u>

Die häufig unter der Bezeichnung "Supercomputer" beschriebenen oder angebotenen Convex-Systeme stellen seitens der Architektur, der Systemsoftware und der Peripherie ein gegenüber "klassischen" Supercomputern neues Systemkonzept dar.

Es beruht auf der Synthese von Eigenschaften und Merkmalen, die sich in verschiedenen Bereichen der technisch-wissenschaftlichen Datenverarbeitung bewährt haben, und stellt eine am Markt bis jetzt einzigartige Basis für eine Rechnerfamilie dar.

Die Grundkomponenten dieses Konzeptes sind:

<u>Byte-orientierte Adressierung und Datentypen</u>

Byte-orientierte Adressierung hat sich gegenüber wortorientierten Konzepten fast vollständig durchgesetzt - bis auf eine Ausnahme im Supercomputer-Bereich sind alle wortadressierten Systeme praktisch vom Markt verschwunden, vgl. Abb. 6.

Die byte-orientierte Adressierung wurde im wesentlichen durch die IBM/360-Architektur, durch die DEC VAX-Architektur und schließlich durch die Workstations zum Standardmodell in praktisch allen Bereichen der Datenverarbeitung. In Kombination mit byte-orientierten Datentypen ermöglicht sie eine wesentlich effektivere und flexiblere Programmierung. Zudem erlaubt sie die direkte Nutzung der in erfolgreichen Programmiersprachen wie C definierten Datentypen (z.B. short, int, long etc.).

Weiterhin sind spezielle Spracherweiterungen wie z.B. das POINTER-Statement mit allen zusätzlichen Speicherverwaltungsroutinen verfügbar. Schließlich existiert auch eine zur SCILIB kompatible Bibliothek.

IEEE-Gleitkommaformat

Das IEEE-Gleitkommaformat stellt den einzigen herstellerübergreifenden Standard für binäre Datenformate dar (32-bit, 64-bit, 128-bit) und stellt für den jeweiligen Datentyp einen optimalen Kompromiß zwischen Genauigkeit und Wertebereich dar. Die direkte Verfügbarkeit dieser Formate in der Hardware (d.h. ohne Wandlungsroutinen) ermöglicht einen Datentransfer von/zu Workstations ohne jede Konvertierung. Dies ist von erheblicher Bedeutung für Files, deren weiteres Verarbeitungssystem noch nicht festliegt, da UNIX grundsätzlich keine Informationen über den Typ bzw. das Datenformat eines Files bereitstellt. Die Möglichkeit von u.U. sehr schwer zu lokalisierenden Fehlern wird durch eine IEEE-Hardware-Implementierung ausgeschlossen, vgl. Abb. 5.

Zudem definiert der IEEE-Standard Rundungsalgorithmen, die erstens eine relativ hohe Genauigkeit erzwingen und zweitens bei Läufen auf unterschiedlichen Systemen zu identischen (und damit vergleichbaren) Ergebnissen führen. Dies ist insbesondere bei numerisch "kritischen" Verfahren von Bedeutung.

Schließlich erleichtert das IEEE-Format ganz erheblich den Einsatz im Rahmen eines Client/Server-Konzepts, bei dem z.B. das Server-System sowohl als File- als auch als Compute-Server für eine Gruppe von Workstations fungiert. Insbesondere Files, die z.B. über NFS sowohl global für Workstations als auch lokal verfügbar sein sollen, können problemlos installiert werden.

Adreßumsetzung und virtuelle Speicherverwaltung

Eine hardwaregestützte Adreßunterstützungs-Einheit und eine virtuelle Speicherverwaltung gelten gleichermaßen als Standard bei Workstations und im gesamten Mainframebereich. Bei Supercomputern wurde dieses Konzept jedoch teilweise mit dem Argument der Leistungsminderung in Frage gestellt.

Tatsächlich führt eine Adreßumsetzungs-Einrichtung zu einer signifikanten Leistungsverbesserung und - in Kombination mit einem virtuell adressierten Hintergrundspeicher - zu einem problemlosen simultanen Betrieb von interaktiven und Batchjobs. Im wesentlichen sind dafür drei Gründe maßgebend:

*   Im Multiprogrammingbetrieb mit häufigem Wechsel der rechnenden Jobs führt eine "Zerstückelung" des Hauptspeichers nicht zum Zwang, Jobs aus- und wieder einzulagern. Das Problem, daß kurzzeitig keine rechenwilligen Jobs verfügbar sind und eine CPU wartet, wird erheblich reduziert, und es folgt insgesamt eine deutlich höhere Systemauslastung.

*   Ist der Hauptspeicher mit großen Jobs belegt und soll z.B. ein interaktiver Job höherer Priorität geladen werden, so können selten verwendete "Seiten" eines großen Jobs devaluiert werden, ohne daß ein kompletter Swap notwendig ist.

    Ebenfalls ist es möglich, daß z.B. zwei große Jobs parallel im Hauptspeicher gehalten werden, die wechselseitig rechnen und I/O-Funktionen durchführen, obwohl ihr Gesamt-Adreßraum größer als der physikalisch verfügbare Hauptspeicher ist.

*   Schließlich besteht noch die Möglichkeit, Einzeljobs zu rechnen, die die physikalische Hauptspeichergröße erheblich überschreiten. Da die Adreßumsetzung und das Laden von Seiten jeweils mit eigenen Hardwareprozessoren simultan zum Betrieb der CPUs erfolgt, ist der Overhead relativ gering. Wichtig ist dabei, daß Vektorladebefehle unterbrechbar und nach Verfügbarkeit der betreffenden Seiten wieder aufsetzbar sind.

Eine tabellarische Übersicht wichtiger Eigenschaften der C3-Familie gibt die folgende Tabelle, vgl. Abb. 1,2. Details zur Vektorisierung und Parallelisierung finden sich in {2}:

C3 Serie - Vergleich	C3200	C3400	C3800
Max. Anzahl der Prozessoren	4	8	8
Max. Anzahl der I/O-Systeme	2	1	8
Max. Realspeicher in MB	2048	2048	4096
virtueller Speicher in MB	4096	4096	4096
Max. I/O Rate pro I/O-Subsystem	200	200	480
Gesamt MFLOPS (32 bit)	200	800	1920
Gesamt MFLOPS (64 bit)	200	400	960
Gesamt I/O-Rate pro System (MByte)	400	200	3840
Optimiertes Byte Processing	No	Yes	Yes
Optimiertes Chaining	No	Yes	Yes
Optimierte Maskenoperationen	No	No	Yes
Optimierte Indexoperationen	No	No	Yes
Optimierte Reduceoperationen	No	Yes	Yes
Communicationsregistersets (128 byte)	8	32	32
Instruktionscachegröße (KByte)	4	8	16
Datencachegröße (KByte)	4	16	16
Branch-Prediction	No	No	Yes
IEEE-Format	Yes	Yes	Yes

10 Spezielle Funktionen als Fileserver:

Die extrem hohe interne I/O-Leistung der CONVEX-Systeme, die Möglichkeit, anstelle von Kopiervorgängen im Hauptspeicher "Shared Datastructures" zu verwenden (eine wichtige Eigenschaft einer virtuellen Speicherverwaltung, da zwei logisch getrennte Prozesse Teilmengen ihres Adreßbereichs gemeinsam nutzen können) sowie die Nutzung von Vektorinstruktionen für Kopiervorgänge führt zu einer hervorragenden Eignung als Fileserver, vgl. Abb. 10.

CONVEX bietet hier folgende Alternativen:

Archivierungssystem wahlweise:

StorageTek 440 ACS Silo ("Nearline" 3480,	Gesamtkapazität	1.1 Tbyte
Metrum RSS-48 (Helical Scan VHS),	Kapazität	0,5 Tytte
Metrum RSS-600 (Helical Scan VHS)	Kapazität	8 Tbyte
Ampex TeraAccess (Helical Scan D2)	Kapazität	6 Tbyte

	Interface	Medium	MB/sec	Gbyte/Volume
Storage Tek 4400 ACS	IBM-Channel	3480	4,5	0,2 - 0,3
Metrum RSS-48	SCSI	VHS	4,0	10,4
Metrum RSS-600	SCSI	VHS	4,0	10,4
Ampex TeraAccess	IPI-3	D2	20	25 - 165

Für die Anbindung im Netz stehen alle gängigen Standards (HiPPI, UltraNet, FDDI, Hyperchannel etc.) zur Verfügung.

Fileserver- und Backup-Software wahlweise:

UniTree Central File Manager
ConvexOS Native File System Migration
Remote File System Backup
(alle Produkte: Titan Corporation)

oder

EMASS File Migration Software (ESystems)
Remote File System Backup (Titan Corporation)
UniTree Central File Manager

Die vom Lawrence Livermore Lab. entwickelte UniTree Fileserver-Software basiert auf einer verteilten Client/Server-Architektur. Nameservice, Diskservice, Tapeservice und Migrationservice werden von separaten Modulen bereitgestellt. UniTree entspricht dem IEEE Mass Storage Modell und orientiert sich an Standards wie etwa TCP/IP, BSD Sockets, NFS und FTP.

UniTree bietet eine hierarchische Speicherverwaltung. Die oberste Ebene der Hierarchie wird von den Magnetplatten gebildet, die von UniTree wie ein Cache-Speicher behandelt werden (Diskcache). Neu kreierte Dateien, die über FTP oder NFS zum Fileserver übertragen wurden, werden regelmäßig und automatisch auf die nächste Ebene der Hierarchie kopiert (File Migration) - dies ist die roboterbetriebene Tape Library (Nearline Storage). Hat der Diskcache einen bestimmten Füllungsgrad erreicht, werden migrierte Files auf den Platten gelöscht. Der dabei verwendete Algorithmus ist einstellbar und kann sowohl das Alter wie die Größe der Dateien berücksichtigen. Hat die Tape Library einen bestimmten Füllungsgrad , kann UniTree automatisch einen Teil dieser Daten auf eine niedrigere Hierarchie-Ebene (etwa 9-Track Tapes oder Optical Disks) auslagern. Wird eine dieser Dateien zu einem späteren Zeitpunkt gebraucht, wird sie für den Benutzer transparent automatisch in den Diskcache zurückgeladen.

UniTree führt automatisch eine Reihe von Maßnahmen durch, die eine extrem hohe Datensicherung gewährleisten:

* Fortlaufende Migration, so daß schon nach sehr kurzer Zeit Kopie der Daten auf Magnetband vorhanden ist

* Spiegelung der Plattenbereiche, die die Datenbanken von Nameserver und Tapeserver enthalten

* Automatisches Backup von Journalfiles

* Verwendung der Convex RAID-Technologie (nachfolgend beschrieben)

ConvexOS Native File Migration

Dieses Produkt ermöglicht die automatische Archivierung von Dateien im konventionellen Convex Unix Filesystem. Damit ist unter anderem möglich, VMS/DECNet-Clients den Zugriff auf den Fileserver zu ermöglichen, ohne auf diesen Maschinen TCP/IP-Netzwerksoftware installieren zu müssen.

Remote File System Backup (RSB)

RSB führt für eine beliebige Anzahl von Rechnern in einem Netzwerk eine automatische Datensicherung durch. Auf dem Backup muß dazu nichts weiter als TCP/IP und FTP vorhanden sein. Für jeden zu sichernden Rechner kann das Backup-Intervall angegeben werden. Zum so angegebenen Zeitpunkt kopiert das RSB nur die Dateien, die sich seit der letzten Sicherung geändert haben oder die neu dazugekommen sind, zum zentralen Fileserver. Dort werden die Daten von UniTree oder EMASS automatisch auf Magnetband gesichert.

Der Convex C3220i-Dataserver

Als Zentraleinheit für den zentralen Fileserver bietet das Rechnermodell C3220i die CPU-Leistung des C3220-Systems bei einer verdoppelten I/O-Bandbreite. Zwei I/O-Ports mit je 200 MByte/Sec erlauben den Anschluß von 255 IPI-2-Magnetplatten (300 - 900 Gbyte), von robotergesteuerten Tape Libraries und Ultranet/HiPPI-Hochleistungsnetzwerken.

RAID-Technologie

Um höchsten Anforderungen an Leistungsfähigkeit und Ausfallsicherheit des Systems gerecht zu werden, bietet Convex für alle verfügbaren Magnetplatten RAID Level 5-Technologie. Zu einer Anzahl von Datenblöcken wird jeweils ein Parityblock generiert und abgespeichert. Der Ausfall einer Magnetplatte führt nun weder zu einem Systemzusammenbruch noch zu einem Datenverlust. Das System arbeitet wie gewohnt weiter, und im laufenden Betrieb wird vom Convex Virtual Volume Manager auf einem "hot spare drive" der Inhalt des zerstörten Laufwerks wieder hergestellt. Da Convex zur Generierung der Parityblöcke die Vektorprozessoren verwenden kann, müssen kaum Leistungseinbußen hingenommen werden, vgl. Abb. 8, 9.

Die Convex RAID-Technologie wird sowohl von UniTree als auch von E-Mass genutzt. Die MBTF des Convex Plattensubsystems wird durch den Virtual Volume Manager auf einige Millionen Stunden erhöht.

<u>Literatur:</u>

{1} Wallach, St. et al.: Supercomuting 1995 and Beyond - The Different Perspectives - In: Mèuer, H. (Hrsg.): Supercomputer 91, Springer 1991, (Informatik Fachberichte 278)

{2} Baetke, F.: ASAP - Ein neues Verfahren zur Ausführung parallelisierbarer Programme in durchsatzorientierten Umgebungen. - In: Knop, FJ. (Hrsg.): Organisation der Datenverarbeitung an der Schwelle der 90er Jahre, Springer 1989 (Informatik Fachberichte 207)

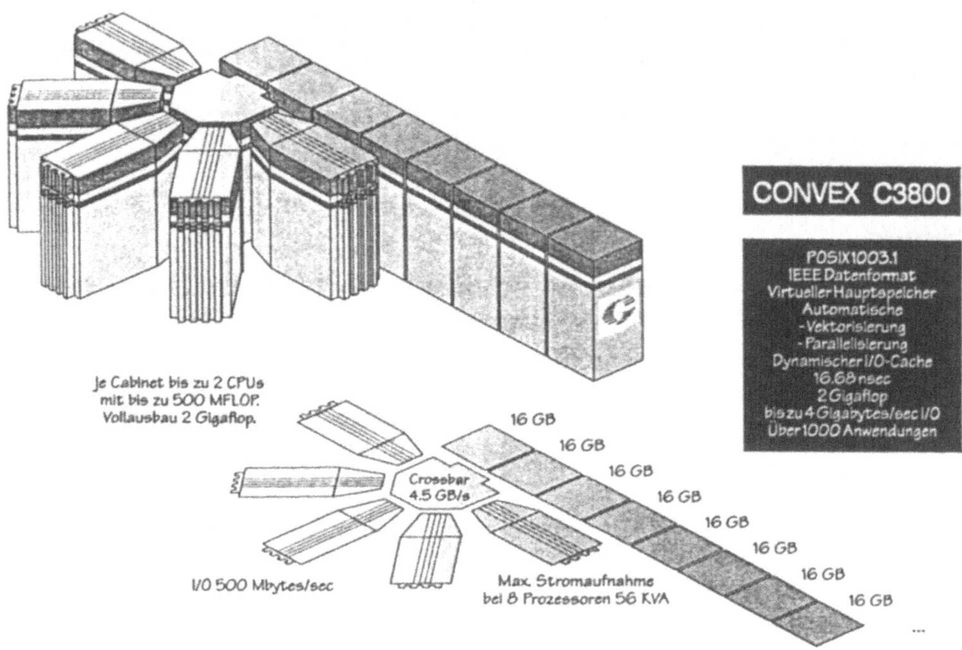

Abb. 1: Der erste Gallium-Arsenid Supercomputer von CONVEX

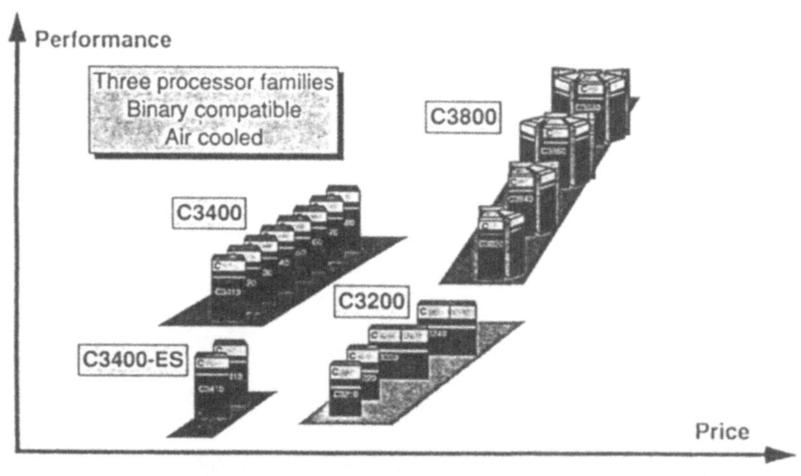

Abb. 2: Übersicht über die drei Familien der C3-Serie.
Alle Systeme sind vollständig miteinander kompatibel

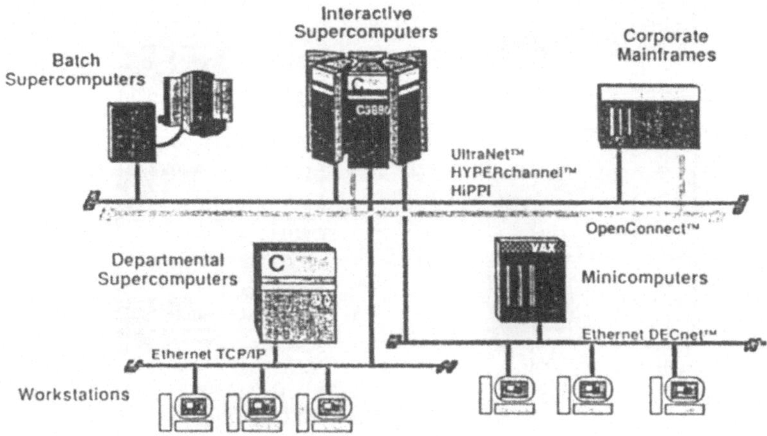

Abb. 3: Supercomputing in einer offenen Umgebung

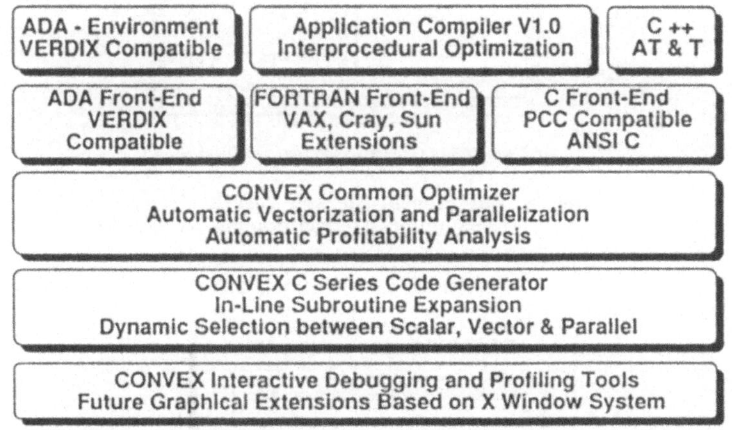

Abb. 4: Die Compilerstrategie von CONVEX

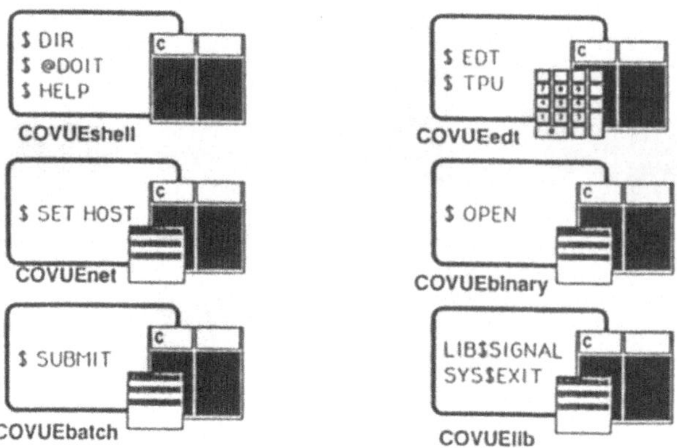

Abb. 5: Übersicht über die COVUE-Familie

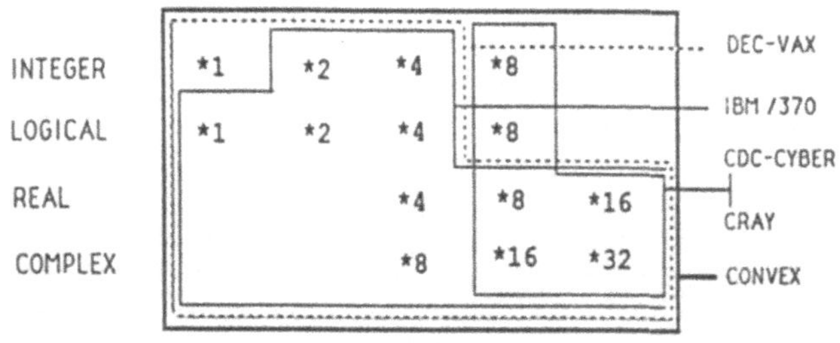

Abb. 6: Datentypen, die von verschiedenen
Computersystemen unterstützt werden

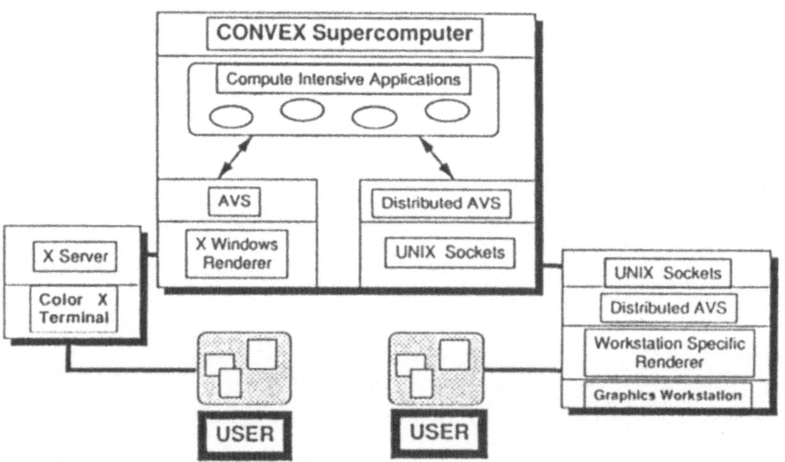

Abb. 7: Visualisierungs-Architektur

- Implements redundant disk array techniques commonly known as RAID
    - RAID level 0 (non-redundant disk striping)
    - RAID level 1 (mirroring)
    - RAID level 5 (striping with redundancy)
- Eliminates data loss in event of disk failure
    - Data is the user's most important asset
- Supports "Hot Spare" (double redundancy)
- May be spare disk drive or spare partition
- Automatically reformats, initializes and reconstructs data while system is in operation

Abb. 8: RAID Storage Manager

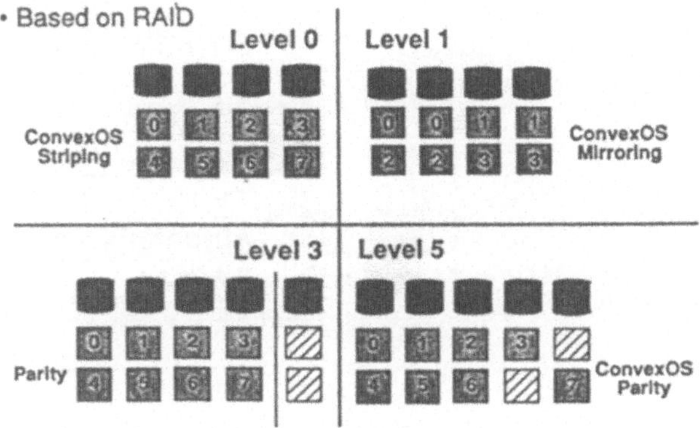

Abb. 9: High Availability Disk Subsystem

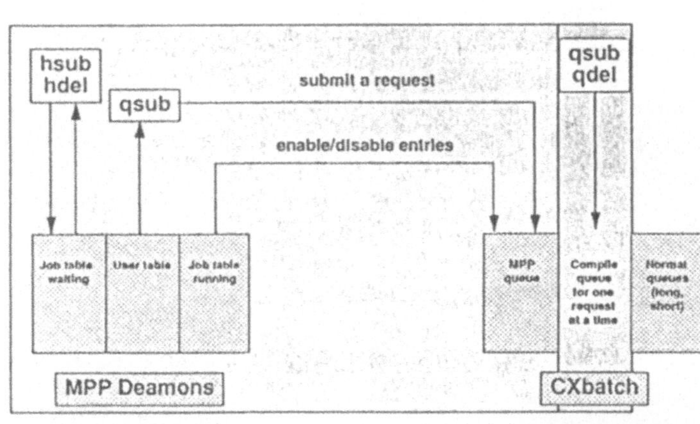

Abb. 11: CONVEX MPP Host-Rechner

Anwendungen:

- Workstationserver
- PC-Server
- Print/Plot-Server
- Filemigration (Unitree)
- Automatischer Backup
- Remote Boot
- Zentraler SW-Update

Netzwerkdienste:

- TCP/IP, DECnet,
  NFS, FTP, Telnet

Netzwerkmedien:

- Ethernet
- FDDI
- HiPPI
- Hyperchannel
- Ultranet

Leistungsmerkmale:

- Dynamischer Plattencache bis 4 GB
- I/O Durchsatz bis 4000 Mbyte/sec
- bis zu 60 Mbyte/sec Plattentransferrate
- 3480 IBM-kompatible Speicherperipherie
- RAID, Level 0, 1, 5
- CONVEX 32xx bis 256 GB Online Disk
- CONVEX 38xx bis 2048 GB Online Disk

Clients:

- Unix-Workstations
- PC's (MS-DOS, Unix)
- VAX/VMS (DECnet, NFS)

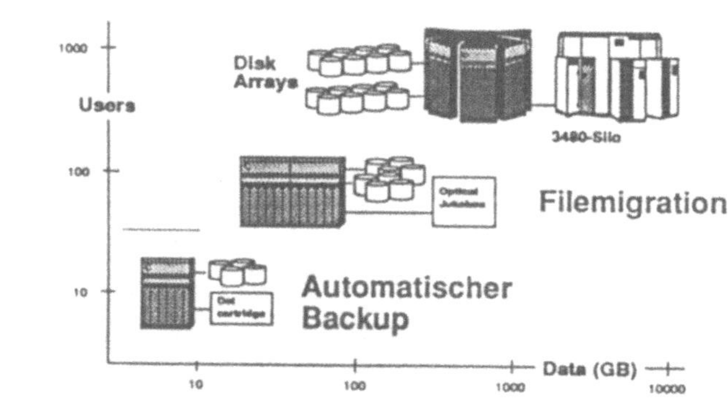

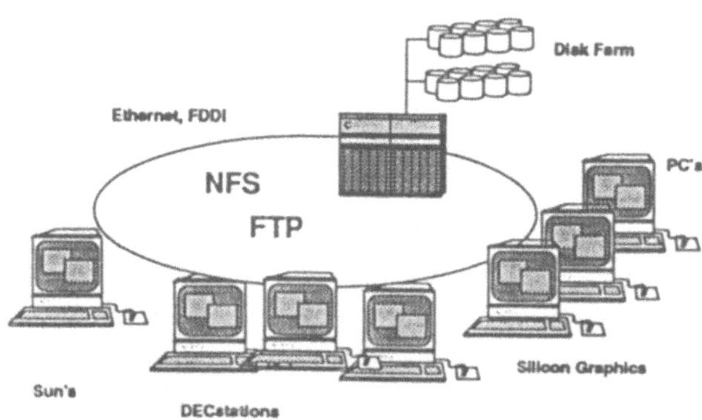

Abb. 10: CONVEX Unix Fileserver

Supercomputing Network Servers

Kolja Kuse, Klaus Meinelt

ALLIANT Computer Systems GmbH
Lyoner Str. 44–48
6000 Frankfurt 71

Einleitung

Das Client/Server-Modell hat in den letzten Jahren enorm an Bedeutung gewonnen und hat die besten Voraussetzungen, das Nutzungskonzept für die Rechenzentren als auch für die Endbenutzer in den 90er Jahren zu werden.

Die **Grundidee des Client/Server-Modells** ist es, Anwendungen auf Workstations und Personalcomputern – also am persönlichen Arbeitsplatz – abzuarbeiten und dabei die Möglichkeit zu haben, größere Aufgaben direkt durch Servermaschinen realisieren zu lassen. Dabei werden insbesondere bei der reinen Nutzung von vorgefertigten Programmen durch moderierende Programme die eventuell vorhandenen Betriebssystemunterschiede zwischen Client und Server oft für den Anwender nicht sichtbar. Bei eigenen Softwareentwicklungen treten dann aber diese vorhandenen Unterschiede deutlich zutage.

Unter **"größeren Aufgaben"** sollen hier Applikationen verstanden werden, die Ressourcen benötigen, die am konkreten persönlichen Arbeitsplatz nicht zur Verfügung stehen, wie z.B. Supercomputerrechenleistungen, Hauptspeichergrößen, Plattenkapazität. Angestrebtes Ziel einer Client/Server-Lösung sollte es sein, daß die Applikation selbst bestimmt, wo und mit welchen Ressourcen sie im konkreten Netz zur Ausführung kommt.

Im Rahmen dieser Betrachtungen seien Clients als diejenigen Rechner definiert, die im allgemeinen über weniger als 4 Prozessoren und nicht mehr als 32 MByte Hauptspeicher sowie über eingeschränkte bzw. keine Plattenspeicherkapazität verfügen. Als Server sollen hier Mehrprozessormaschinen mit mindestens 256 MByte (bis zu mehreren GByte) Hauptspeicher und vielen Gigabyte Plattenspeicherkapazität verstanden werden.

Aus technologischer Sicht läßt sich folgende **Aufgabenklassifikation für Server** treffen:

- Handling eines verzweigten und/oder durchsatzstarken Netzwerkes,
- File- bzw. Subfileservice einschließlich Archivierung,
- Gewährleistung hoher numerischer Rechenleistungen.

Konkrete Einsatzorientierungen, aber auch wirtschaftliche Gründe erfordern im allgemeinen eine Spezialisierung der einzusetzenden Server auf die Hauptaufgaben. Dementsprechend unterscheidet man:

Netzwerkserver zur Gewährleistung der lokalen Kommunikation zwischen den auf verschiedene Örtlichkeiten verteilten Benutzern und Benutzergruppen, zwischen den Archive- und File-Servern und den Maschinen mit hohen numerischen Rechenleistungen (Computeserver).

Über die lokale Kommunikation hinaus sind Lösungen bezüglich der Kooperation mit anderen lokalen oder übergreifenden Netzen und Diensten erforderlich.

Archive- und Fileserver zur Erfüllung der hierarchischen Speicheranforderungen der Benutzer. Dabei sind zu unterscheiden online- und offline- Datenhaltung, permanente online- Datendienste (wie z.B. das root device einer diskless Workstation und Langzeitdatenarchivierung sowie Durchführung von regelmäßigen Backupprozeduren).

Computeserver zur Bereitstellung hoher skalarer und/oder vektorieller numerischer Rechenleistungen einschließlich aller dafür erforderlichen Ressourcen (wie Hauptspeichergröße und Plattenspeicherkapazität mit hoher I/0- Leistung).

Das ALLIANT Client/Server-Konzept

Die Firma ALLIANT stellt auf Standards basierende Parallelrechner her. Die Architektur dieser Rechner ist eine shared-memory-multiprocessor-Architektur. Diese Maschinen können als general-purpose-Rechner vielseitig eingesetzt werden. Die Architektur der ALLIANT FX/2800- Rechnerfamilie wird in [1] beschrieben. Die Prozessoren in der ALLIANT FX/2800-Rechnerfamilie sind INTEL-i860-RISC-Mikroprozessoren. Die ALLIANT FX/2800-Rechnerfamilie ist in der Lage, alle oben genannten Serveraufgaben zu bearbeiten. Gleichzeitig existieren Workstations als auch PC-Beschleunigerkarten, die auf der Basis des INTEL-i860-RISC-Mikroprozessors arbeiten und, insbesondere für Programmentwicklungen prädestiniert, als Clients dienen können.

Das ALLIANT Client/Server-Konzept geht über das allgemeine Ziel, für jeden Einsatzzweck eine Lösung zu offerieren, hinaus. Durch die MASS860-Initiative [2] wird eine binärkompatible Lösung vom persönlichen Arbeitsplatz mit einem Personalcomputer mit eingebauter i860-Beschleunigerkarte oder einer i860-basierenden Workstation über einen Arbeitsgruppenrechner bis zu einem Supercomputer mit Gigaflops-Leistung möglich.

MASS860 ist eine Initiative von sechs Computerfirmen mit dem Ziel, Standards für die Hardware zu schaffen sowie Softwareentwicklung und Portierung für eine Vielzahl von Systemen, die auf **Intels i860-RISC-Mikroprozessor** basieren, zu ermöglichen. Die Gründer von MASS860 sind die Firmen ALLIANT, IBM, Intel, OKI, Olivetti und Samsung. Während sich die übrigen Mitglieder um die Entwicklung und Förderung von Beschleunigerkarten für Personalcomputer und Workstations kümmern, verfolgt ALLIANT das Ziel, Supercomputer mit hoher Durchsatzleistung für wissenschaftlich orientierte Aufgabengebiete zu entwickeln.

Die Grundlage von MASS860 bildet eine Kooperation, die Intel und ALLIANT im Jahre 1989 geschlossen haben. Die Kooperation mit Namen PAX beinhaltet einen Technologieaustausch zwischen den beiden Firmen, der auf einer gemeinsamen Produktstrategie für die 90er Jahre aufbaut. PAX steht für Parallel Architecture extended. Der Beitrag von ALLIANT zu PAX besteht in ALLIANTs paralleler Technologie (Concurrency Control Architecture und der Compilertechnologie), während der Beitrag von Intel in der 64-Bit-RISC-Technologie des i860- Prozessors und seiner kompatiblen Weiterentwicklung (gegenwärtig i960) besteht. So legt PAX fest, daß einerseits Intel in den Nachfolgeprozessoren des i860 die ALLIANT Concurrency Control Architecture integriert, andererseits, daß ALLIANT die Entwicklung von Compilern für den Einsatz in den i860-Produkten fortführt. Die **Softwareplattform von PAX** wird durch das **AT&T UNIX System V** Betriebssystem vervollständigt.

Mit PAX stehen jedem MASS860-Mitglied parallelisierende Compiler zur Verfügung. Workstations mit mehreren i860-Prozessoren werden damit automatisch mit einer optionalen Softwareumgebung ausgestattet, in der binärcompatibler Code für wesentlich leistungsfähigere Maschinen entwickelt und getestet werden kann.

In der Vergangenheit waren immer langwierige Betriebssystem- und Compilerentwicklungen notwendig, um auf leistungsfähigeren Prozessoren aufbauende Rechner zu entwickeln. In dem Maße, wie Intel leistungsfähigere RISC-Prozessoren als Weiterentwicklungen des i860 auf den Markt bringt, wird also der technologische Fortschritt durch PAX und MASS860 direkt an den Endverbraucher herangetragen, sowohl an den Highend-Supercomputer-Benutzer als auch gleichermaßen an den Entry-Workstation-Benutzer, insbesondere bei Kopplung von solchen Systemen als Client/Server-Komplex.

ALLIANT FX/2800 im Einsatz als Server

Die ALLIANT FX/2800-Rechnerfamilie umfaßt derzeit drei Mitglieder. Das erste Mitglied ist die FX/2800 selbst, ein Supercomputer mit über 2 Gigaflops Rechenleistung, der im Januar 1990 angekündigt wurde und von dem weltweit bereits über 100 Systeme installiert wurden (Stand August 1991). Die FX/2800 ist aufgrund der hohen Rechenleistung für den Einsatz als Computeserver prädestiniert. Aber auch als High-End-Fileserver mit online-Speicherkapazität von mehreren hundert Gigabyte ist die FX/2800 geeignet.

Im Januar 1991 wurde die FX/800 angekündigt, das zweite Mitglied der FX/2800-Familie. Die Architektur der FX/800 entspricht der der FX/2800, bis auf den Unterschied, daß der Maximalausbau auf 8 Prozessoren und 512 Megabyte Hauptspeicher beschränkt ist. Die FX/800 ist damit als Rechenserver in Arbeitsgruppen / Fachbereichen und als Fileserver einzusetzen.

Das dritte Mitglied in der FX/2800-Familie ist die SRM/1. Dieser Rechner ist bezüglich der Architektur identisch mit der FX/800 und kann aufgrund seiner physikalischen Dimensionen als Prozeßrechner z.B. in mobilen Forschungseinrichtungen eingesetzt werden.

Das ALLIANT-Konzept für eine typische Anwendung in Wissenschaft und Technik sieht dann z.B. so aus:

- SRM/1 dient zur Datenaufnahme im Feld,
- FX/800 zum Einsatz in Abteilungen, z.B. zur Aufbereitung der Daten und zur Voranalyse,
- FX/2800 als Computeserver für lange Analyseläufe.

Die CAMPUS-Realisierung auf Basis ALLIANT FX/2800

Im November 1991 stellte ALLIANT weltweit eine Variante vor, bei der mehrere innerhalb einer Region vorhandene ALLIANT FX/2800-Supercomputer zu einem Höchstleistungskomplex CAMPUS (Clustered Architecture, Massively Parallel, Unified-memory System) verbunden sind. Damit stehen Clients in einem so konfigurierten Komplex Rechenleistungen innerhalb eines Programms von nahezu der Summe der Einzelressourcen zur Verfügung. Der angekündigte CAMPUS/800-Komplex erreicht beim Einsatz von 800 i860-RISC-Mikroprozessoren einen maximalen Hauptspeicher von 128 GByte und eine Peak-Performance von 32 GFLOPS. Dieser Komplex ist das erste MPP-System (Massive Parallel Processing) mit einer "two-tier memory architecture".

Die **CAMPUS-Idee** besteht in aus 4 Hauptelementen:

- den ClusterNodes
  Das sind FX/2800-Maschinen mit maximal 25 i860-Prozessoren und maximal 4 GByte Hauptspeicher.
- dem High-speed Memory Interconnect HMI
  Das ist ein Hochgeschwindigkeitsverbund der Cluster-Node-Hauptspeicher auf HIPPI-Interface-Basis (ANSI X3T9) mit einer maximalen Transferrate von 2.56 GB/s.
- dem Unified Memory
  Das heißt, daß der von einem konkreten Programm benötigte Hauptspeicher als logisch einheitlich adressierbar benutzt werden kann, unabhängig vom physikalischen Ort in einem der ClusterNodes.
- der Two-Level Crossbar Topology
  Diese Topologie besteht aus zwei Stufen:
  - 1. Stufe (ClusterNode): Verbindung von Prozessoren zum Shared Memory mit 1.28 GB/s über die Verbindungseinheit mit einer Verzögerung unter 1 Mikrosekunde;
  - 2. Stufe (HMI): Verbindung von ClusterNode zu ClusterNode mit 2.56 GB/s über die Verbindungseinheit mit einer Verzögerung unter 40 Mikrosekunden.

ALLIANT bindet **CAMPUS** in die **PAX-Konzeption** so ein, daß die Programme unabhängig von der Anzahl der verbundenen ALLIANT-FX/2800-Maschinen als auch der jeweiligen Prozessoranzahl in den einzelnen Maschinen sind. Der Nutzer ist also (bei Gewährleistung der Mindestressourcen für sein Programm) von der aktuellen Ausstattung des CAMPUS-Verbundes und der eingebundenen ALLIANT-FX/2800 (bis auf die Laufzeit seiner Anwendung) unabhängig.

ALLIANT Compiler- Technologie

Ein Teil der PAX-Kooperation aus der Sicht von ALLIANT besteht in der Entwicklung eines **Parallelcode erzeugenden Compilers** für die i860-Prozessoren. Damit die ausführbaren Programme binärkompatibel sein können, d.h. auch auf anderen Rechnern zur Ausführung gelangen können, **muß das vom Compiler generierte Compilat von der Anzahl der Prozessoren unabhängig sein.**

Der Compiler erreicht die Unabhängigkeit von der Anzahl der Prozessoren, indem er in das Compilat solche Systemaufrufe einfügt, die die tatsächliche zur Ausführungszeit für das Programm zur Verfügung stehende Anzahl der Prozessoren feststellen.

Die **Verteilung der Arbeit auf verschiedene Prozessoren** erfolgt nach den Regeln der ALLIANT Concurrency Control Architecture, d.h.:

- Die Prozessoren des Rechners werden in sogenannten Clustern zusammengefaßt. Die konkrete Festlegung der Anzahl der Cluster und die Zugehörigkeit eines konkreten Prozessors zu einem Cluster wird über Betriebssystemkomponenten vorgenommen.
- In jedem Cluster unterscheidet man zwischen dem Lead-Prozessor und den Follow-Prozessoren.

- Während der Abarbeitung serieller Programmteile (die durch den Lead-Prozessor allein realisiert werden) sind die Follow-Prozessoren in einer sogenannten idle loop (Warteschleife).
- Wenn der Lead-Prozessor auf eine parallel abarbeitungsfähige Programmstelle trifft, führt er entsprechende Startup-Instruktionen durch, die unter anderem die Follow-Prozessoren dazu veranlassen, den Startup-Code für die parallelen Programmteile ebenfalls auszuführen. Die Abarbeitung des parallelen Programmteils erfolgt dann so, daß jeder Prozessor (Lead und Follow) den Iterationszähler erhöht und die zugehörigen parallelen Operationen ausführt. Wenn der Iterationszähler die maximale Anzahl überschreitet, dann gehen die Prozessoren wieder in ihren Ausgangszustand zurück, d.h. der Follow-Prozessor in die idle loop, und der Lead-Prozessor wartet, bis alle Follow-Prozessoren mit ihrer Iteration fertig sind; danach führt er den Schleifen-Epilog aus und setzt die Abarbeitung des Programms fort.

Am elementaren **Beispiel einer einfachen Schleife** soll gezeigt werden, wie der Compiler parallelen Code erzeugt, der unabhängig von der Anzahl der Prozessoren ist. Dabei wird auch die dargestellte Arbeitsverteilung auf die einzelnen Prozessoren deutlich.

```
do i = 1, n
     z(i) = a * x(i) + y(i)
end do
```

Intern wird die obige **Schleife vom Compiler** (Teil-Parallizer) folgendermaßen **umgearbeitet:**

Der Compiler teilt (unabhängig von der Anzahl der für diese Aufgabe verfügbaren Prozessoren) die N Schleifendurchläufe in Pakete der Länge 32 auf. Im parallelen Teil arbeitet dann jeder Prozessor Pakete der Länge 32 ab, bis die geforderte Durchlaufzahl erreicht ist.

```
IF (N .GT. 0) THEN
CONCURRENT id,NUMPRO()

        ALLOCATE t(1:32)
        L = N / (NUMPRO()+1) + .001
        CLOOP
                DO j = id * L + 1,(id+1)*1,32
                        L1 = JMINO(J+31,(id+1)*L)

                        FORALL   i = j, L1, L
                        t((i-j)+1) = a*x(i) + y(i)
                        ENDFORALL

                        FORALL   i = j, L1, L
                        z(i) = t((i-j)+1)
                        ENDFORALL

                END LOOP
        END CLOOP
ENDCONCURRENT
END IF
```

Durch die Bereitstellung einer Funktion NUMPRO, die die Anzahl der Prozessoren im Cluster an das laufende Programm zurückgibt, sowie der Makros CONCURRENT und CLOOP, ist es möglich, einen von der Anzahl der Prozessoren unabhängigen Binärcode zu erzeugen und somit eine einheitliche Entwicklungsumgebung von der Workstation bis hin zum Supercomputer zu schaffen.

Zusammenfassung:

Das Client/Server-Konzept ist ein effektives Mittel zur Lösung von aufwendigen Aufgaben vom eigenen Arbeitsplatz aus. Die konkrete Effektivität ist sowohl an die geeignete Ausstattung des Servers als auch des eignen Arbeitsplatzes gebunden. Graphische Ergebnisdarstellungen z.B. erfordern die entsprechende Hardware am eigenen Arbeitsplatz. Für eine hocheffektive Softwareentwicklung eigenen sich Client/Server-Verbindungen dann besonders, wenn durchweg binärkompatible abarbeitungsfähige Programme sowohl für den Client als auch für den Server entstehen, die auch unabhängig von der Anzahl der zur Verfügung stehenden Prozessoren sind. Dafür eignen sich Systeme auf der Basis des INTEL i860 RISC besonders. Mit der ALLIANT-Serie und i860-basierten Arbeitsplatzrechnern ist ein solcher leistungsfähiger Verbund beschrieben. Dabei eignete sich die ALLIANT-Supercomputerserie für verschiedene Spezialisierungsanforderungen der Server.

Literatur

[1] K. Kuse, Standards und Supercomputing – die FX/2800, PIK, Vol. 13, Nr. 3, 1990, S. 130-138

[2] ALLIANT Computer Systems Corp., IBM, Oki Electric Industry Company Ltd., Olivetti Systems and Networks, Samsung Electronics, Intel Corp.: Pressemitteilung vom 24.09.1990

[3] ALLIANT Computer Systems Corp.: "The CAMPUS System Architecture" in ALLIANT Proprietary Information 11/5/91, 11 Seiten.

Netzintegration der Parallelrechner des Labors für parallele Systeme der GMD
Erfahrungsbericht

Helmut Grund, Gerhard Quecke

Gesellschaft für Mathematik und Datenverarbeitung mbH
Postfach 1240
D-5205 Sankt Augustin 1

Zusammenfassung

Nach der Einordnung des Labors für parallele Systeme in das zugehörige Umfeld wird zunächst eine Klassifizierung der Parallelrechner vorgenommen, die die Grundlage der folgenden Kurzdarstellung der im Labor für parallele Systeme vorhandenen Systeme bildet. Es werden die als Ergänzung zu den Parallelrechnern benötigten Dienste abgeleitet, wobei die Implikationen auf die Netzintegration dargestellt werden. Anhand des sich ergebenden dreistufigen Integrationskonzeptes werden neben den aufgetretenen Problemen auch die weiteren geplanten Entwicklungen aufgezeigt.

1 Einleitung

Die Gesellschaft für Mathematik und Datenverarbeitung (GMD) ist eine der 13 Großforschungseinrichtungen der BRD. Die Forschungs- und Entwicklungstätigkeit in ihren zur Zeit acht Instituten ist an der Informatik orientiert und in den jährlich erscheinenden öffentlichen Jahresberichten und Forschungsplänen niedergelegt. Gegenwärtig werden die Inhalte an vier Forschungsschwerpunkten ausgerichtet, wovon einer der Themenstellung "Paralleles Rechnen" gewidmet ist. Hierbei wird u.a. auch auf den Arbeiten aufgebaut, die bisher im Rahmen des SUPRENUM-Projektes und des Höchstleistungsrechenzentrums (HLRZ) erbracht wurden. Das HLRZ wurde bereits 1987 als Kooperation der drei Großforschungseinrichtungen GMD, KFA Jülich und DESY Hamburg gegründet. Die Aufgabenstellung und -aufteilung zwischen den Partnern sieht vor, daß zum einen zu bestimmten Themen für eine begrenzte Zeit Forschergruppen eingerichtet werden. So wird z.B. in der GMD seit Anfang 1991 eine Forschungsgruppe für "scientific visualization" aufgebaut. Zum anderen soll Rechnerkapazität im Höchstleistungsbereich zur Verfügung gestellt werden. Hierbei wird zwischen ausgereiften Produktionssystemen, wie sie in der KFA Jülich seit der HLRZ-Gründung mit den diversen CRAY-Systemen und den entsprechenden Umgebungen bereitgestellt werden, und den innovativen Rechensystemen unterschieden, die mit dem in 1989 begonnenen Aufbau des Labors für parallele Systeme in der GMD zunehmend nutzbar werden.

2 Klassifizierung der Parallelrechner

Die gegenwärtige Aufgabenstellung des Labors für parallele Systeme wird aus der Erkenntnis abgeleitet, daß Leistungssteigerungen von Rechensystemen in den TeraFlops-Bereich nur über parallele Rechnerstrukturen erzielt werden können. Diese Leistungsfähigkeit stellt die Voraussetzung zur Lösung vieler Probleme in Naturwissenschaft und Technik dar, wie sie z.B. im "Rubbia-Report" und den verschiedenen "High Performance"-Initiativen dargestellt werden. Parallelrechner können klassifiziert werden bezüglich

- der Zahl und Preiswürdigkeit der Prozessoren, wobei im wesentlichen unterschieden wird zwischen der klassischen Multivektorprozessorarchitektur mit wenigen teuren Prozessoren und den parallelen Systemen, die aus vielen kostengünstigen Mikroprozessoren aufgebaut werden.

- der Synchronisation und Arbeitsweise der Prozessoren, wobei wesentlich ist, ob die Prozessoren voneinander unabhängig sind (MIMD), also jeweils verschiedene Programme ausführen können, oder nicht (SIMD), also alle Prozessoren jeweils die gleiche Instruktion ausführen, wenn sie arbeiten.

- der Speicherarchitektur, wobei zwischen globalem und lokalem Speicher unterschieden wird.

Bei globalem Speicher haben alle Prozessoren Zugriff auf die gleiche Speicherhierarchie, wodurch Synchronisations- und Konsistenzprobleme (cache coherency) induziert werden, die die sinnvolle Prozessorzahl (z.Zt. bis ca. 32) stark einschränken.
Bei lokalem Speicher werden diese Probleme im wesentlichen vermieden, da jeder Prozessor seinen Speicher exklusiv benutzt. Neben "real memory"-Systemen gibt es auch komplexere Knotenbetriebssysteme, die "virtual memory" unterstützen. Dieses wird jedoch zum Schutz des Hauptspeichers verwendet, da der für das Auslagern von Hauptspeicher notwendige Hintergrundspeicher in der Regel nicht entsprechend leistungsfähig an allen Knoten zur Verfügung gestellt werden kann. Es ergeben sich jedoch auch Probleme, da zum einen der je Prozessor verfügbare Speicher vergleichsweise klein (z.Zt. bis 8 MB; in der nächsten Generation bis 32 MB) bleiben muß und zum anderen Daten mit den anderen Prozessoren explizit ausgetauscht werden müssen, was komplexe Kommunikationsstrukturen auf der Basis von "message passing" zur Folge hat.
Mit "virtual shared memory"-Systemen, bei denen der lokale Speicher als Cache für einen gemeinsamen virtuellen Speicher aufgefaßt wird, sollen die jeweiligen Nachteile gemildert werden. Es entstehen jedoch insbesondere bei massiv parallelen Systemen große Konsistenzprobleme, wenn die Daten nicht lokal gruppiert werden können.

- der Verfügbarkeit von Vektoreinheiten, wodurch die Geschwindigkeit der Rechenknoten für eine Vielzahl von Anwendungen wesentlich erhöht werden kann. Wichtig ist hierbei, daß die Vektoreinheit bereits bei kleinen Vektorlängen wegen der Beschränktheit des Speichers effizient arbeitet, also durch ein kleines "N-halbe" charakterisiert ist. Diese Notwendigkeit wird noch dadurch verstärkt, daß sich bei einigen Methoden zur Parallelisierung die lokalen Datenvolumina verringern können ("domain decomposition").

- der räumlichen Verfügbarkeit. In jüngster Zeit werden "virtuelle Parallelrechner" dadurch erzeugt, daß Rechensysteme (im wesentlichen leistungsfähige Workstations), die über geeignete schnelle Netze miteinander verbunden sind, über entsprechende Knotensysteme dynamisch zu "einem" System verschaltet werden. Dem Nachteil der vergleichsweise langsamen Kommunikation und hohen Startup-Zeit stehen hierbei die Preiswürdigkeit (zusätzlich auch unter dem Aspekt der Nutzung von sonst "toten" Randzeiten) und die Skalierbarkeit der Systeme, auch heterogen, gegenüber.

	SIMD	MIMD	
scalar unit	scalar:	sc. shared memory	
	Siemens 7.xxx, IBM, DEC	Concurrent, Sequent, Dencelor Hep, Encore, RP-3, BBN-Butterfly, Tera, Cedar, Flexible	shared memory
vector unit	vector:	vector shared memory	
	Cray-1, Convex C1, Cyber 205, VP400, NEC SX2, Hitachi, SCS, IBM 3090 VF	Alliant, Convex C2, ETA-10, Cray-2, NEC SX3, Cray-X/Y-MP, VP2000	
scalar unit	scalar array:	sc. distributed memory:	
	Illiac IV, CM-1, DAP GF-11, Goodyear MPP	Ncube, Parsytec, TX3, FPS-T-Serie, Meiko, iPSC, Touchstone, Ametek	distributed memory
vector unit	vector array:	vec. distributed memory:	
	CM-2, CM-5	Suprenum, iPSC-VX, Ametek 2010, CM-5, Paragon	

Grafische Supercomputer: Ardent Titan, Steller GS
Very Long Instruction Word machines: Cydra, Trace, Celerity
Data Flow Machines: Manchester Data Flow Machine
Systolic Array: Warp, iWarp, Saxpy Matrix1

Tabelle1: Klassifizierung von Computern

Es ist bemerkenswert, daß mit der CM-5 der Firma Thinking Machines (TMC) die Herausforderung angegangen wird, in einer Maschine sowohl das SIMD- als auch das MIMD-Modell gleichzeitig zu verwirklichen. Darüberhinaus ist die Firma Kendall Square gegen Ende 1991 mit einem "virtual shared memory"-Parallelrechner an den Markt gegangen. Neuere Entwicklungen verdeutlichen zunehmend den Trend, auch sehr große Parallelrechner, bis hin zu mehreren zehntausend Prozessoren, beherrschbar zu machen. So soll Mitte 1992 ein größeres Parsytec GC-System im Labor für parallele Systeme der GMD installiert werden.

3   Struktur des Labors für parallele Systeme

Es ist derzeit weitgehend unklar, welche Architektur "optimal" ist oder ob es für bestimmte Probleme "optimale" Parallelrechner zu angemessenen Preisen gibt. Daher stellt das Labor für parallele Systeme Parallelrechner Interessenten aus Wissenschaft und Industrie zur Verfügung, damit weitere Erfahrungen im Umgang mit diesen Systemen gewonnen werden können. Bei der Ausstattung des Labors für parallele Systeme wurde darauf geachtet, daß möglichst viele Architekturklassen repräsentiert sind. Jeder Repräsentant soll moderne Technik verkörpern und möglichst ausgereift sein, so daß aufgrund der vorhandenen Software auch Produktionsläufe durchgeführt werden können. Insgesamt soll ein System zukunftsrelevante Aspekte verdeutlichen und in seiner Konfiguration so beschaffen sein, daß sinnvolle Aussagen über die Eigenschaften getroffen werden können.

Es ist klar, daß diese Systeme zur Durchführung der geplanten Aufgaben in eine Netz- und Server-Landschaft eingebettet werden müssen, die eine "state-of-the-art"-Benutzung auch durch GMD-externe Nutzer bequem ermöglicht. Damit diese Einbettung gestaltet werden kann, ist es notwendig, einen Überblick über die hierfür relevanten Eigenschaften der Systeme zu bekommen.

4   Parallelrechner des Labors für parallele Systeme

Im Labor für parallele Systeme der GMD sind zur Zeit fünf reale Parallelrechner installiert, während zwei virtuelle Parallelrechner, die naturgemäß MIMD-Systeme mit lokalem Speicher darstellen, vorbereitet werden.

4.1   Virtueller Parallelrechner auf der Basis von "EXPRESS"

EXPRESS ist eine kommerzielle Software (Hersteller ParaSoft in Pasadena, USA), die für jede Hardwareplattform gesondert lizensiert wird, wobei jedoch mindestens alle workstationbasierten Plattformen kompatibel sind. EXPRESS ist ebenfalls für reale Parallelrechner, wie z.B. iPSC/2, NCUBE und weitere, erhältlich, so daß Software von einem virtuellen Parallelrechner, der evtl. zur Entwicklung benutzt wurde, auf einen realen zur Produktion portiert werden kann. Hervorzuheben ist, daß zu diesem System eine Reihe von Tools zur Programmherstellung, wie z.B. Debugger, automatischer Parallelisierer, Grafik-Bibliothek etc., mitgeliefert werden.

Bei den Workstation-Plattformen erfolgt das "message passing" über das INTERNET-Protokoll TCP. Es ist geplant, zunächst acht IBM RS/6000-Superworkstations, die über das standortweite LAN auf der Basis von ETHERNET miteinander verbunden sind, über EXPRESS kommunizieren zu lassen. In einer zweiten Phase (Anfang 1992) sollen dann mit EXPRESS insgesamt sechzehn RS/6000 über schnelle Glasfaserverbindungen auf der Basis von FDDI miteinander verbunden werden.

4.2 Virtueller Parallelrechner auf der Basis von "PVM"

PVM (Parallel Virtuel Machine) ist eine public domain-Software, die am Oak Ridge National Laboraty (ORNL) entwickelt wurde. Da die Software im Sourcecode verfügbar ist, kann sie auf jede beliebige Plattform portiert und natürlich auch für eigene Zwecke modifiziert werden. Ein Tool zur dynamischen Lastverteilung (HeNCe) ist in Vorbereitung. Die Kommunikation im lokalen Netz erfolgt auf der Basis des INTERNET-Protokolls UDP, das weniger komplex und daher schneller als das bei EXPRESS verwendete TCP ist. Es ist geplant, PVM auf zunächst acht SUN-4-Workstations, die über ETHERNET verbunden sind, in Betrieb zu nehmen. Bei hinreichender Funktionalität, die insbesondere die sichere und nicht beeinträchtigte Nutzung der Workstations gewährleisten muß, soll dieses System bei Eignung auf möglichst viele Workstations ausgedehnt werden (z.Zt. sind in der GMD ca. 300 leistungsfähige Arbeitsplatzsysteme unterschiedlicher Hersteller vorhanden). Darüberhinaus kann es bei entsprechender Aufgabenstellung dazu benutzt werden, verschiedene Systeme mit jeweils spezifischen Anwendungsvorteilen in einer Applikation parallel zu nutzen (z.B. Grafik-Workstation gleichzeitig mit einem SIMD- und MIMD-Parallelrechner)

4.3 PARSYTEC Megaframe Supercluster

Dieses schon recht alte System der Fa. PARSYTEC besteht aus 64 Transputern (T800, 20 MHz), wobei jeder Transputer über 1 bzw. 4 MB lokalen Speicher verfügt. Damit realisiert das Supercluster ein MIMD-System mit lokalem Speicher, wobei das Verbindungsnetzwerk dynamisch über einen "crossbar switch" unter Ausnutzung der 4 Links je Transputer geschaltet werden kann. Gesonderte Vektor- oder Floatingpointeinheiten stehen nicht zur Verfügung. Als Zugangssysteme werden SUN-Workstations (in der GMD) oder PC's verwendet, wobei entsprechende Transputerboards in die Maschinen eingebaut werden müssen. Dieses System soll Mitte 1992 um ein massiv-paralleles System der neuen GC-Architektur ergänzt werden. Bis zur Verfügbarkeit der T9000-Transputer (25 MFLOPS, 200 MIPS, 8-32 MB je Knoten) und der "intelligenten" Kommunikationsbausteine C104 finden ältere Bauelemente Verwendung (T805, C004, 4MB je Knoten). Wichtig ist, daß die Transputer nun über ein 3D-Netzwerk miteinander verbunden sind, wobei bereits durch die Hardware beliebig viele virtuelle Verbindungen unterstützt werden (multiplexing der Transputer-Links).

4.4 INTEL iPSC/2

Der INTEL iPSC/2-VXD5 ist ebenfalls ein MIMD-System mit lokalem Speicher. Die 32 Knoten (16 MHz 80386, 80387 Coprozessor, 4 MB Speicher) sind als Hypercube vernetzt. Jedem Prozessor ist darüberhinaus noch eine Vektoreinheit mit 1 MB Speicher zugeordnet. Dieses System ist wegen seines Nachfolgers auf der Basis des i860-Prozessors bereits veraltet. Der Zugang erfolgt über einen speziell ausgestatteten PC, der mit UNIX betrieben wird.

4.5 SUPRENUM S1C16

Wie die genannten virtuellen Systeme ist der SUPRENUM-Rechner ein typischer Vertreter eines MIMD-Systems mit lokalem Speicher, wobei das message passing über ein zweistufiges Verbindungsnetzwerk ausgeführt wird. Die insgesamt 256 Rechenknoten mit der 68020 CPU

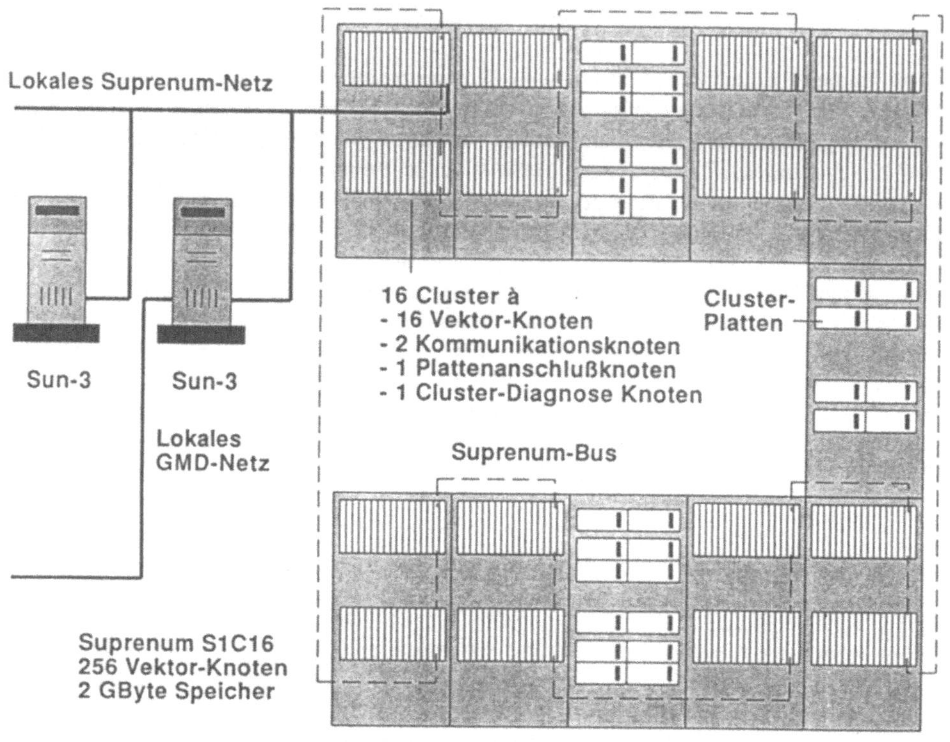

Abbildung 1: SUPRENUM S1C16

(20 MHz) als Skalarprozessor sind jeweils mit einer Vektoreinheit, die aus den Chips der Fa. WEITEK aufgebaut sind, sowie 8 MB Hauptspeicher ausgestattet. Je 16 Knoten bilden ein Cluster, für das zusätzlich 2 GB Plattenspeicher verfügbar sind. Innerhalb eines Clusters erfolgt die Kommunikation z.Zt. mit ca. 160 MB/s über einen internen Clusterbus. Über spezielle Kommunikationsprozessoren (je Cluster zwei) werden die Cluster mit ca. 10MB/s miteinander vernetzt (SUPRENUM-Bus), wobei verschiedene Topologien geschaltet werden können (verschiedene Ringe; Matrixkopplung). Als Zugangssysteme sind SUN-3-Workstations über ETHERNET mit speziellen Diagnoseknoten, von denen es je Cluster einen gibt, verbunden. Hierbei wird als Basis das INTERNET-Protokoll UDP verwendet. Die Ressourcen werden von dem verteilten Betriebssystem PEACE verwaltet, das auf den Zugangssystemen emuliert wird. Die Benutzeraufträge werden über eine zentrale Jobqueue verwaltet.

4.6   TMC CM2

Als bekanntester Vertreter eines SIMD-Systems mit lokalem Speicher steht in der GMD eine "Connection Machine" (CM2) der Firma Thinking Machines mit 16 K Prozessoren zur Verfügung. Hierbei sind jedem 1-Bit (!)-Prozessor 32 KB Speicher und je 32 Prozessoren eine Floatingpoint Unit zugeordnet. Das Verbindungsnetzwerk der Prozessoren (16 K Prozessoren) bildet einen Hypercube der Dimension 10 (Maximum ist 12), wobei als kleinste Einheiten

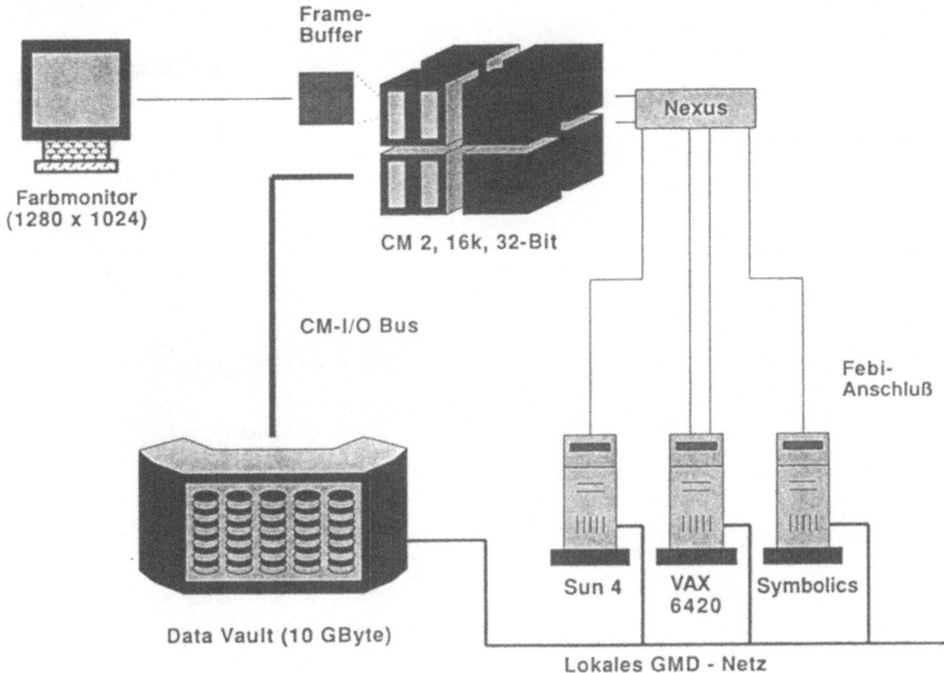

Abbildung 2: TMC CM2

Hypercubes der Dimension 9 (8 K Prozessoren) genutzt werden können. Für die CM2 werden z.Zt. mit einer SUN 4/490, einer VAX 6420 (mit ULTRIX) und einer Lispmaschine SYMBOLICS 3650 drei Zugangssysteme eingesetzt, wobei die Lispmaschine nicht allgemein verfügbar ist. Wesentlich ist, daß ein Anwendungsprogramm auf dem Zugangssystem abläuft, wobei im Prinzip die Daten und die von allen Prozessoren simultan auszuführenden Befehle mit einem "Broadcast"-Mechanismus auf alle Prozessoren verteilt und dann bearbeitet werden. Mit diesem Verfahren hängt die Ausführungsgeschwindigkeit nicht nur von der Leistungsfähigkeit des Zugangssystems, sondern auch von seiner aktuellen Belastung ab. Zusätzlich steht zur direkten Nutzung durch die CM2 für schnelle Grafik-Anwendungen ein Framebuffer und für schnelle I/O- Anwendungen ein 10 GB "Data-Vault" zur Verfügung, wobei letzterer aus 39 einzelnen Platten besteht, wovon 32 bitparallel beschrieben werden (die übrigen dienen der Reserve und der Error Recovery). Die CM2 kann sowohl exklusiv als auch im Time-sharing genutzt werden. Darüberhinaus wird die Maschine im 24-Stundenbetrieb batchartig über NQS (Network Queueing System) genutzt, wobei entweder 2 mal 8 K Prozessoren (in der Woche) oder einmal 16 K Prozessoren (übers Wochende) zur Verfügung gestellt werden.

4.7   ALLIANT FX/2816

Die ALLIANT FX/2816 ist ein typischer Vertreter eines MIMD-Systems mit globalem Speicher. Es sind 16 von maximal 28 INTEL i860-Prozessoren, die ja mit eigenem Cache und Vektorfähigkeiten ausgestattet sind, installiert, wobei für die prozessorexterne

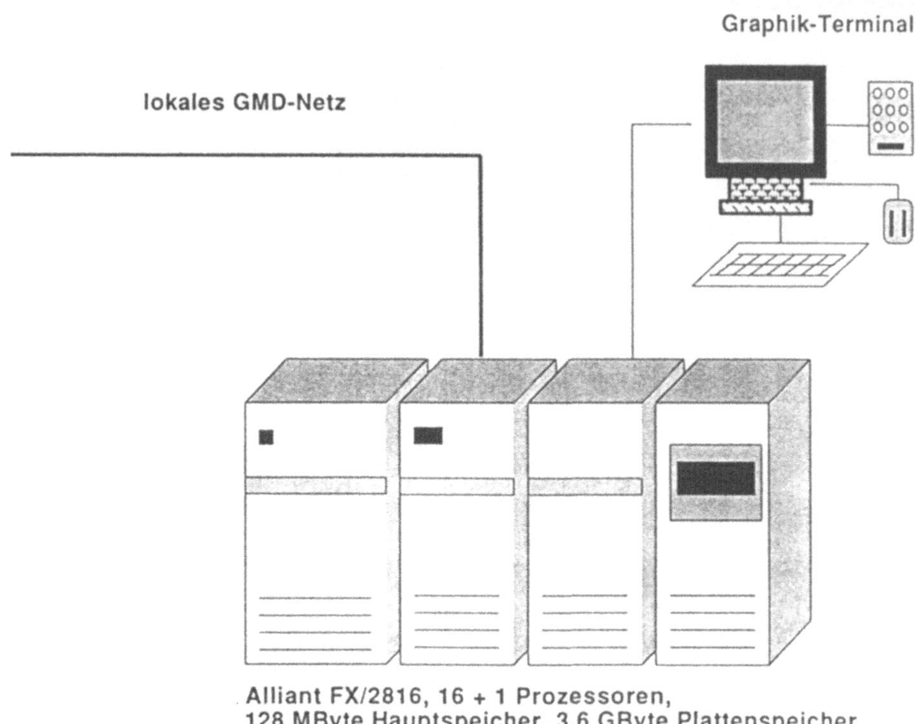

Abbildung 3: ALLIANT FX2816

Speicherhierarchie zwei MB Cache und 128 MB Hauptspeicher vorhanden sind. Auf einem Prozessorboard befinden sich 4 Prozessoren, von denen je zwei einen "on-board"-Cache gemeinsam nutzen. Auf diesem System läuft als Betriebssystem das Multiprozessor-UNIX CONCENTRIX, das einem AT&T System V mit bsd Enhancements entspricht. Mit einem "Standard"-UNIX sind natürlich auch die üblichen Kommunikationsmethoden vorhanden (tty-Anschlüsse, ETHERNET, TCP/IP, NFS, etc...). Eine leistungsfähige Grafik vervollständigt die Ausstattung. Eine Besonderheit dieses Systems ist, daß neben einer expliziten Nutzung der Parallelität über threads auch automatisch parallelisierende Compiler (FORTRAN und C) genutzt werden können, wobei eine Clusterung der Prozessoren Voraussetzung ist. Es können auch alle (Rechen-) Prozessoren zu einem Cluster zusammengefaßt werden. In der Praxis zeigt sich jedoch kein bemerkenswerter Speed-up, da sich die Prozessoren offensichtlich gegenseitig durch den gemeinsamen "on-board"-Cache behindern. Für die batchartige Nutzung über NQS im 24-Stundenbetrieb werden ein 4-Prozessor-Cluster und ein 8-Prozessor-Cluster zur Verfügung gestellt.

4.8   Zusammenfassung Parallelrechner

Der Zugang zu allen Parallelrechnern erfolgt über Systeme, die auf dem bsd-UNIX aufbauen, wobei dies in der Regel über sehr leistungsfähige Workstations ermöglicht wird. Damit steht aber auch die heute bei Workstations übliche Netzfunktionalität, wie ETHERNET, INTERNET (TCP/IP), Windows X11R4, NFS etc. ohne großen Aufwand zur Verfügung. Darüberhinaus besteht bei den SUN-Hosts bereits die Verbindungsmöglichkeit über FDDI, die für die ALLIANT gegen Ende 1991 angekündigt ist. Zusätzlich haben sowohl TMC als auch ALLIANT für Ende 1991 einen HIPPI-Anschluß (High Performance Parallel Interface) mit einer Übertragungsleistung von 100 MB/s in jeder Richtung angekündigt, der zum Anschluß von Diskfarmen oder auch Hochgeschwindigkeitsnetzen wie z.B. dem der Firma ULTRANET genutzt werden kann.

5   Zugangs-Service

Aufgrund der oben dargestellten Eigenschaften der Parallelrechner, die komplexe Arbeitsumgebungen bedingen, kommen als Endbenutzer-Systeme nur UNIX-basierte Workstations (evtl. auch X-Terminals) in Frage. Es ist darauf zu achten, daß "Paging" oder "Swapping" nicht über das Netz erfolgt. Dies bedeutet, daß entweder soviel Speicher zur Verfügung steht, daß diese Ereignisse nur noch äußerst selten vorkommen, oder daß hierfür lokaler Plattenplatz in der Größenordnung von 100 - 200 MB zur Verfügung steht.

Es kommen vor allem neben X-Windows (X11R4) die höheren INTERNET-Protokolle wie TELNET, RLOGIN und FTP zum Einsatz. Neben den File-Systemen, die lokal zu den Workstations und Parallelrechnern sind, müssen auch generelle File-Server auf der Basis von NFS zur Software- und Plattenplatzverwaltung eingesetzt werden. Dies setzt am Standort ein lokales Netz mit mindestens ETHERNET-Eigenschaften voraus.

Diese lokale Ausrichtung auf die Welt der INTERNET-Protokolle legt es nahe, auch für den WAN-Bereich diese Protokolle zu nutzen, die ja seit langem auch im weltweiten Verbund angewendet werden. Mindestens aber sind im lokalen Bereich Protokollkonverter vorzusehen, die eine Umsetzung in die INTERNET-Welt vornehmen, wie z.B. der Konverter CPT der Firma CISCO, der X.29 nach TELNET und umgekehrt konvertiert.

6   Grafik-Service

Wie bereits dargestellt, sind sowohl die ALLIANT als auch die CM2 mit modernen leistungsfähigen Grafiksystemen ausgestattet. Zur Konservierung der hergestellten Grafiken steht ein direkt an das ETHERNET angeschlossener Farbdrucker zur Verfügung, der von allen Systemen über INTERNET-Protokolle erreicht werden kann. Darüberhinaus können mit X11R4 hergestellte Grafik-Fenster direkt gedruckt werden.

Für die Aufzeichnung von Bildfolgen steht ein direkt an das ETHERNET angeschlossenes digitales Videosystem A60 der Fa. ABEKAS zur Verfügung, das 750 Bilder, also 30 Sekunden Film, speichern kann. Videofilme werden hergestellt, indem die auf dem A60 gespeicherten digitalen Bildsequenzen auf leistungsfähige Analogrecorder überspielt werden. Wesentlich ist hierbei, daß der A60 auch von allen Systemen über INTERNET-Protokolle erreicht wird, wobei ebenfalls X11R4-Fenster direkt in Videobilder umgesetzt werden können.

Für die Zukunft ist geplant, grafische Arbeitsplätze z.B. mit Rechnern der Firma Silicon Graphics einzurichten, um Real-Time Grafikanwendungen durchführen zu können. Die hierzu

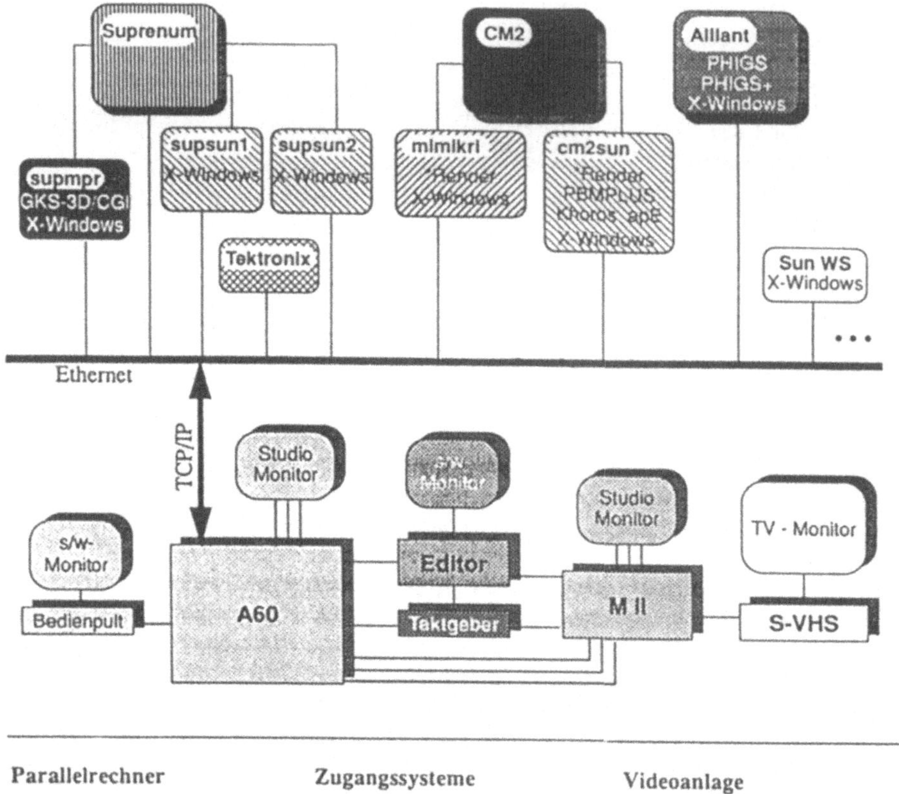

Parallelrechner

Suprenum S1C16
256 Prozessoren

CM2
16384 Prozessoren

Alliant 2816
16 Prozessoren

Farbdrucker

Tektronix 4693DX

Zugangssysteme

MPR, System V
4 Prozessoren

SUN, BSD-Unix
4/470, 3/380, 3/110

VAX 6420, Ultrix
2 Prozessoren

SUN Workstation
4/60, IPC

Videoanlage

S-VHS Rekorder
28" Bildschirm

A60 digital Rekorder
14" Studiomonitor

M II Rekorder
14" Studiomonitor

Micron Editor
s/w Menümonitor

Studiotaktgeber
SPG 101

Abbildung 4: Grafik

erforderlichen Übertragungsraten können mit den heute üblichen lokalen Netzen noch nicht erreicht werden, so daß spezielle breitbandige Verbindungen eingerichtet werden müssen (s. Kapitel 13).

7   **File- und Backup-Service**

Für den File-Service sind die jeweiligen Anwendungsebenen in Soft- und Hardware deutlich voneinander zu trennen:

7.1   "Built-in" File-Systeme

Hierunter sind sowohl die Cluster-Platten des SUPRENUM-Systems als auch der Data-Vault der CM2 zu rechnen. Beide Systeme sind nur über spezielle Software zu nutzen, daher müssen die Daten explizit von und zu den Zugangssystemen übertragen werden. Von der Idee her haben die hier aufgehobenen Daten temporären Charakter; sie könnten also nach Jobende gelöscht werden. Eine Nutzungsanalyse zeigt jedoch, daß die langfristige Datenhaltung überwiegt. Diese ist wohl zum einen auf die Performancevorteile der "built-in"-Files zurückzuführen. Zum anderen führen Kettenjobs, die sich über Wochen und Monate hinziehen können, zu riesigen Datenmengen mit Zwischenergebnissen oder Checkpoint-Files. Ein ungelöstes Problem bildet daher für diesen Bereich der Backup, da einerseits Standardprodukte und -verfahren nicht eingesetzt werden können, und andererseits die Datenmengen gewaltig sind (SUPRENUM 32 GB, DataVault 10 GB). Die Sicherungszeit für 1 MB beträgt wenigstens 4 s, wenn das Sicherungsmedium mit ca. 256 KB/s (Exabyte) beschrieben werden kann. Dies bedeutet, daß für 1 GB ca. eineinhalb Stunden Sicherungszeit als untere Grenze anzusehen sind, so daß Sicherungsmaßnahmen im üblichen Sinne nicht nur Tage in Anspruch nehmen können, sondern auch zu einer erheblichen Maschinenbelastung führen würden.

7.2   Host-lokale File-Systeme

Wegen der vollen UNIX-Funktionalität sind diese File-Systeme transparent zu nutzen. Sie dienen jedoch in erster Linie zur Aufbewahrung und Nutzung der für den Betrieb des angeschlossenen parallelen Rechensystems notwendigen Daten, wie Lader, Betriebssystem, Compiler, Bibliotheken, Password-Files, etc.. Erst in zweiter Linie können hier wegen der Beschränktheit des Plattenplatzes auch Benutzerdaten gehalten werden.

7.3   Server für Benutzerdaten

Zur Unterstützung von "diskless" (s.o.) Workstations, wobei die Softwareverwaltung eine wichtige Rolle spielt, und zur Entlastung der Zugangssysteme über NFS werden File-Server benötigt. Obwohl die Anbindung der Workstations heute üblicherweise über ETHERNET realisiert wird, muß darauf hingewiesen werden, daß es leicht zu Engpässen kommen kann, wenn Hochleistungsworkstations oder Zugangssysteme involviert sind. Daher sollten solche Systeme über schnellere Medien miteinander verknüpft werden.

7.4   Storage- und Backup-Server

Da in den bisher skizzierten Feldern der Plattenplatz beschränkt oder vergleichsweise teuer ist, ist es sinnvoll, diesen in seiner Größe so zu gestalten, daß dort im wesentlichen nur die aktiven Files gelagert werden, während für eine gewisse Zeit nicht benötigte Files auf preiswertere Medien, wie z.B. optische Platten, ausgelagert werden. Wichtig ist, daß dieser Mechanismus automatisch abläuft. Darüberhinaus kommt es häufig vor, daß plötzlich für eine gewisse Zeit große Mengen an Speicherplatz benötigt werden. Für die genannten Anwendungsbereiche und zum zentralen Backup-Management wurde ein EPOCH I-System beschafft. Dieses kann von allen Systemen über NFS genutzt werden, wobei die Migrationsunterstützung zur Zeit nur für SUN-Systeme zur Verfügung steht. Neben dieser Migrationsunterstützung ist natürlich ein abgestimmtes und integriertes Backup-Verfahren notwendig, damit die für den Backup benötigten migrierten Files nicht dauernd über das Netz ein- und ausgelagert werden.

7.5 Zusammenfassung Server-Systeme

Wie bei den Parallelrechnern bereits festgestellt, beruhen auch die benötigten Server-Systeme zum einen auf der UNIX-Funktionalität und zum anderen auf der INTERNET-Protokollwelt. Auf dieser Basis können alle Systeme miteinander kommunizieren bzw. genutzt werden. Alle Systeme verfügen über ETHERNET-Anschlüsse, wobei ein großer Teil davon schon heute FDDI unterstützen kann.

8 Vernetzung der GMD am Hauptsitz Birlinghoven

Bereits zu Beginn der achtziger Jahre wurde mit dem Aufbau eines lokalen Netzes auf der Basis von ETHERNET begonnen. Bis heute ist so eine komplexe Struktur entstanden, die alle Gebäude und Räume miteinander verbindet. Zur Zeit sind ca. 400 Stationen angeschlossen, wobei das Spektrum vom Standard-PC bis hin zum Mainframe (H90 mit BS2000) reicht. Bemerkenswert ist, daß von der anfangs vorhandenen Protokollvielfalt - so hatte z.B. 1987 das CHAOS-Net einen Anteil von ca. 40%, während der TCP/IP-Anteil nur ca. 38% betrug - sich das Geschehen immer mehr auf die INTERNET-Protokolle verlagert, deren Anteil heute mit steigender Tendenz bei ca. 90% liegt, während die restlichen 10% von DEC-Net in Anspruch genommen werden. Es fällt auf, daß die OSI-Protokolle zur Zeit offenbar keine Rolle spielen.

Das gesamte Netz scheint zunehmend unzuverlässiger zu werden. Dies ist zum einen auf alte und alternde Hardware, aber auch auf die sich stetig steigernde Menge der angeschlossenen Systeme zurückzuführen, wobei häufig defekte Frames mit einer hohen Rate auf das Netz abgegeben werden. Zum anderen haben Strukturierungsmaßnahmen mit Hilfe von Bridges und Routern dazu geführt, daß zu beiden Seiten einer solchen Verbindung (oder besser Auftrennung) große Lastunterschiede auftreten können, so daß Frames nicht mehr in den höher belasteten Teil übertragen werden können. Wegen fehlender Rückstaumöglichkeiten kann es dann in höheren Protokollschichten über "time-outs" zu drastischen Reduzierungen der Über-tragungsrate kommen.

Die Gesamtlast liegt zur Zeit in der Regel bei ca 15%. Sie erhöht sich jedoch in der Hauptnutzungszeit zwischen 10:00 und 12:00 Uhr auf ca. 25%. In größeren Abständen (etwa einmal pro Monat) werden auch Spitzenwerte bis über 50% beobachtet. Hohe Lasten bedeuten nicht immer, daß die Übertragungszeiten auch drastisch schlechter werden. So sind z.B. "Broadcast-Stürme" beobachtbar, die über etwa eine halbe Stunde hinweg die Netzlast auf über 90% hochtreiben, wobei die Zahl der Kollisionen von in der GMD üblichen 0,5/min auf ca. 4/min ansteigt. Dies signalisiert, daß hierdurch, wie auch im Normalfall, auf dem Netz keine nennenswerten Behinderungen verursacht werden.

9 Vernetzung der GMD in der BRD

Neben dem Hauptsitz in Birlinghoven verfügt die GMD über weitere Forschungsstätten in der BRD, wie z.B. in Berlin, Bonn, Darmstadt, Karlsruhe und Köln. Selbstverständlich ist jede

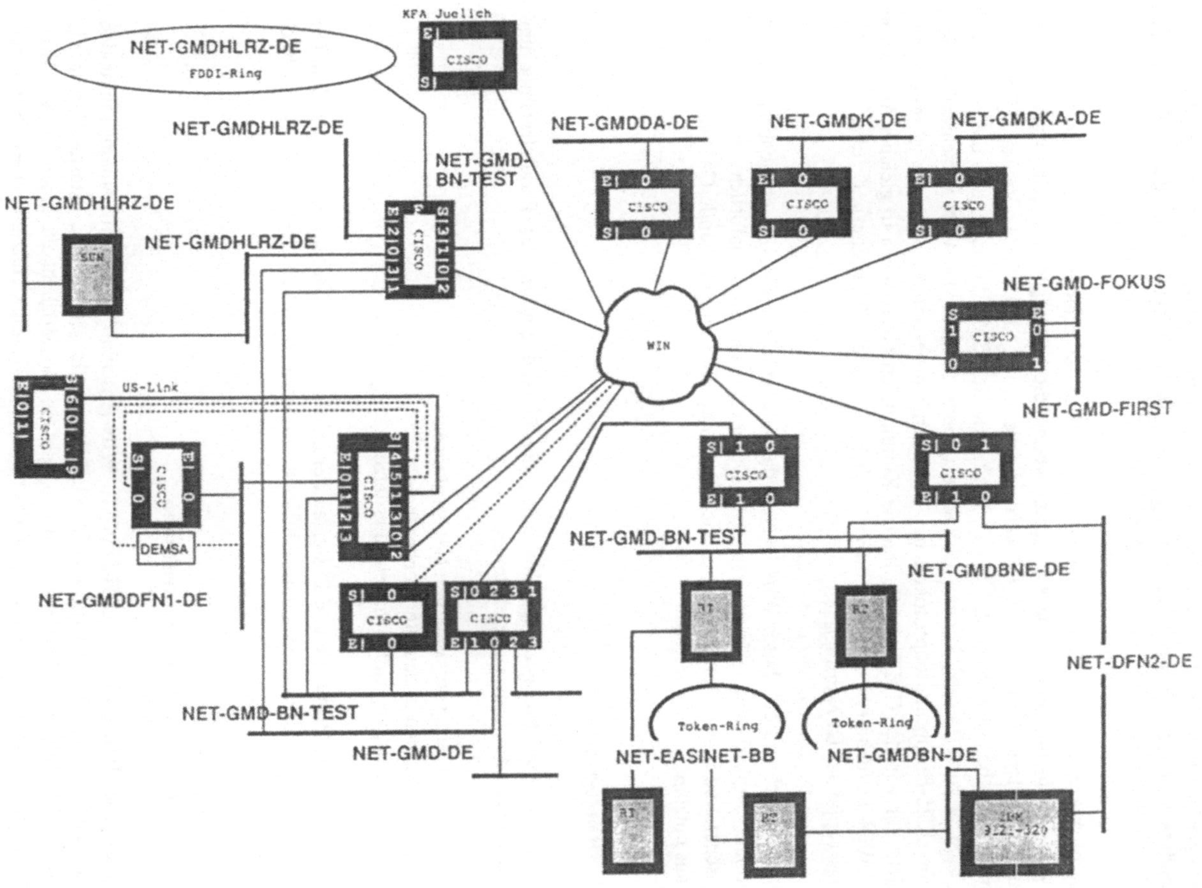

Abbildung 5: Netzstruktur der GMD

Forschungsstätte mit einem lokalen Netzwerk ausgestattet, wobei neben ETHERNET aber auch andere Systeme, wie z.B. "Token Ring", zum Einsatz kommen. An allen Stellen jedoch wird die lokale Konnektivität durch die INTERNET-Protokolle gewährleistet.

Darüberhinaus sind alle Stellen an das DATEX-P-Netz der Bundespost, das Anschlüsse nach X.25 zur Verfügung stellt, angeschlossen, wobei die günstigen 64 KB-Anschlüsse des Wissenschaftsnetzes (WIN) genutzt werden, die über den DFN Verein (Deutsches Forschungsnetz) beantragbar sind. Über IP-Router (in der GMD kommen hier die AGS+ der Firma CISCO zum Einsatz) können IP-Pakete (Ebene 3) über das WIN verschickt werden, wenn das X.25-Encapsulationprotokoll bei den Partnern verwendet wird. Diese Möglichkeit wird nicht nur von der GMD für die interne Kommunikation, sondern in gleicher Weise von vielen WIN-Teilnehmern genutzt, wobei eine zentrale Koordinierung über die IP-Planungsgruppe des DFN erfolgt.

Selbstverständlich ist über dieses WIN-IP-Netz das weltweite INTERNET erreichbar, wodurch die globale Konnektivität abgesichert ist. Darüberhinaus sind natürlich die wichtigen europäischen und internationalen Netze, wie z.B. bitnet, über entsprechende Gateways von der GMD aus nutzbar.

10   Netzintegration

Die bisherigen Ausführungen legen es nahe, die Netzintegration der Parallelrechner und Server-Systeme in drei Stufen zu vollziehen:

1)   Nutzung der aktuellen Netzstrukturen
2)   Ausbau in neuester Technologie
3)   Übergang zu Höchstleistungsnetzen

Im folgenden soll auf Probleme und Lösungen der ersten Stufe näher eingegangen werden. Die Planungen zur zweiten Stufe werden ausführlich erläutert, während die dritte Stufe als Ausblick skizziert wird.

11   Nutzung der aktuellen Netzstrukturen

Die vorhandene Infrastruktur (ETHERNET, WIN-Anschluß) wird mit einem minimalen Installationsaufwand direkt über die INTERNET-Protokolle genutzt. Für externe Nutzer, die nicht am INTERNET über WIN partizipieren, gibt es die Möglichkeit, einen in der GMD installierten X.29<->TELNET-Konverter über DATEX-P unter Nutzung eines (Software-) PAD anzuwählen, so daß auch in diesem Fall alle in der GMD installierten Einrichtungen voll nutzbar sind. Nur im Ausnahmefall wird sich die Notwendigkeit ergeben, daß Wähl- oder Standleitungen bereitgestellt werden müssen.

Mit der Aufnahme des Betriebs der einzelnen Systeme ergaben sich rasch zwei Problembereiche, die dringend neue Lösungen erforderlich machten:

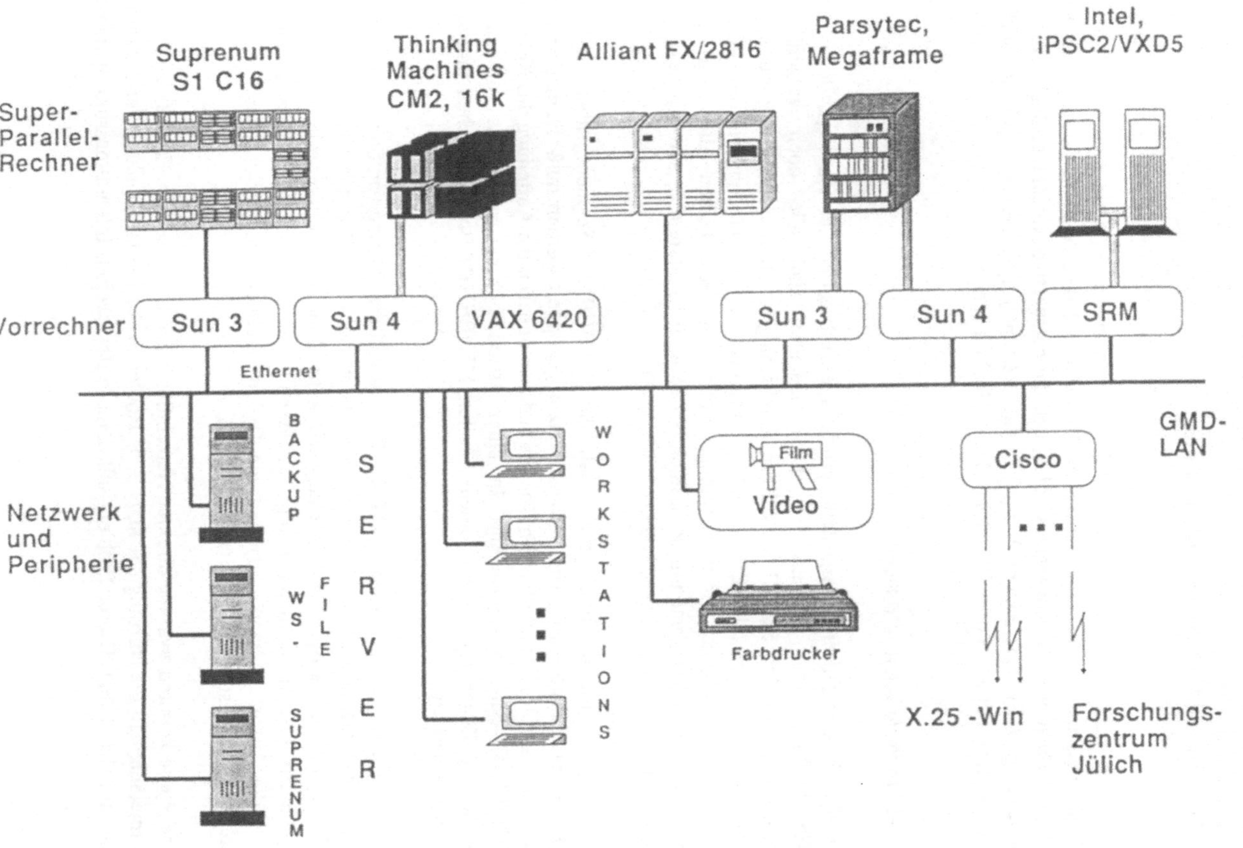

Abbildung 6: Netz des Labors für parallele Systeme

- S1C16 Performance-Probleme
- Performance-Einbrüche für externe Nutzer

Es bleibt festzuhalten, daß sich funktionale Probleme netzbezogen nicht ergeben haben und beide Problemkreise, die im folgenden näher dargestellt werden, "nur" Performance-bezogen sind. Es soll jedoch nicht verschwiegen werden, daß die batchartige Nutzung problematisch ist, da die jeweiligen Systeme einem Vergleich mit Job-Entry-Systemen der konventionellen Mainframes (etwa mit MVS oder BS2000) nicht standhalten können.

11.1 S1C16 Performance-Problem

Wie bereits oben ausführlich dargestellt, erfolgt die Anbindung der Zugangssysteme zum SUPRENUM-Kern über ETHERNET. Dies bedeutet, daß alle oben aufgeführten Netzprobleme bis in den SUPRENUM-Kern durchschlagen. Hierbei können insbesondere Broadcasts einen sehr störenden Einfluß haben. Aufgrund dieser Anbindung wird die ohnehin nicht sehr leistungsfähige Hostankopplung, wofür im wesentlichen die nicht sehr leistungsstarken SUN-3-Systeme mit der komplexen PEACE-Emulation verantwortlich sind, in ihrer Performance noch weiter geschwächt.

Dieses Problem wird dadurch gelöst, daß das ETHERNET-Segment, über das die Hostankopplung realisiert wird, vom übrigen Netz abgekoppelt werden muß. Hierzu ist zum einen der Einsatz eines leistungsfähigen Routers und zum anderen die Aufteilung des Netzes in zwei INTERNET-Subnetze notwendig. In einer ersten Lösung wurde das vorhandene leistungsfähigste Zugangssystem mit einem zweiten ETHERNET-Board versehen und zum Router umkonfiguriert.

Über "subnet masks" unterstützt das INTERNET-Protokoll die Bildung von Subnetzen, wobei der für die hostid maßgebende Teil der Internetnummer, der je nach Netztyp 1 Byte bei Typ C, 2 Byte bei Typ B oder 3 Byte bei Typ A lang sein kann, über diese Maske weiter strukturiert wird. Zu beachten ist hierbei, daß beliebige Bitmasken in der Länge der hostid zugelassen sind, daß aber die "erste" (subnet-netid) und die "letzte" (subnet-broadcastid) Nummer eines Subnetzes nicht als hostid verwendet werden dürfen.

Auf diese Weise konnten zwar die direkten Netzeinflüsse abgestellt werden. Es ließ sich jedoch nicht vermeiden, daß die Nutzung der SUN-3 als Router in der Hostankopplung Performance-Nachteile mit sich bringt. Dieses Problem soll dann in der zweiten Integrationsstufe behoben werden.

11.2 Performance-Einbrüche für externe Nutzer

Externe Nutzer beschwerten sich in unregelmäßigen Abständen über unzumutbare Nutzungsbedingungen, da die Echozeiten für einen Tastendruck bis zu einer halben Minute dauern konnten. Leider war dieser in der Tat unerträgliche Zustand so flüchtig, daß er direkt weder nachgewiesen noch reproduziert werden konnte. Durch Installation von Diagnosetools konnte sichergestellt werden, daß die involvierten lokalen Netze keinen sichtbaren Anteil an diesen Performance-Einbrüchen haben.

Daher wurde zunächst vermutet, daß es bisher unbekannte Probleme mit WIN gibt, zumal der überwiegende Anteil des WIN-Verkehrsaufkommens über den Knoten (Düsseldorf) läuft, an dem auch die GMD angeschlossen ist. Dieser Verdacht wurde dadurch gestärkt, daß das geplante Verkehrsaufkommen von 50 GB pro Monat bereits im September 1990 weit überschritten wurde (es lag Mitte 1991 bei ca. 150 GB/Monat).

Durch systematische Tests konnte jedoch festgestellt werden, daß sich diese Situation durch Filetransfers mittels FTP aus der GMD heraus reproduzieren läßt. Die Analyse ergab dann, daß es durch den Geschwindigkeitsunterschied von ETHERNET mit 10Mb/s und WIN mit 64 Kb/s (also mehr als zwei Größenordnungen) zu Rückstaus im CISCO Router kommt, wodurch Frames auf dem ETHERNET in größerer Zahl verloren gehen können, die u.a. auch Dialognachrichten enthalten. Es ist anzumerken, daß dieses Problem nicht spezifisch für die GMD ist, sondern bei jedem Teilnehmer am WIN-IP zufällig auftreten kann.

Dieses Problem ist daher im Prinzip solange nicht lösbar, bis die Netzgeschwindigkeiten in etwa aneinander angeglichen werden. Es kann jedoch dadurch gemildert werden, daß man für Dialogpakete die Wahrscheinlichkeit eines Rückstaus stark absenkt:

- Der Level-3 Router wird in die Lage versetzt, darüberliegende Protokolle zu erkennen, damit das Routing zusätzlich über Prioritäten gesteuert werden kann. Diese (unsaubere) Lösung zur Priorisierung von Dialoganwendungen muß allerdings den Herstellern überlassen werden.

- Das Netz des Labors für parallele Systeme ist für den Zugang externer Nutzer weitgehend vom lokalen Netz der GMD zu entkoppeln.

Die für letzteres erforderlichen Maßnahmen, wie Beschaffung eines spezifischen WIN-Anschlusses und eines separaten CISCO-Routers hierfür, haben mittlerweile zum Erfolg geführt. Notwendig war aber auch eine Reorganisation des lokalen Netzes über ein eigenes INTERNET, wobei der Übergang zum lokalen Netz der GMD ebenfalls über den Router vollzogen wird.

12   Ausbau in neuester Technologie

Zur Zeit erfolgt eine Restrukturierung des lokalen Netzes in der GMD. Durch die Verlegung von vieladrigen optischen Kabeln, die an einem zentralen Punkt zusammengeführt werden, wird es zum einen möglich sein, logische Netzstrukturen auch in der (Kabel-) Topologie nachzuvollziehen, wodurch die jeweiligen Netzlasten kleiner gemacht werden können. Zum anderen können Subnetze geschaltet werden, die mit anderen Protokollen als ETHERNET, wie z.B. FDDI, nutzbar sind.

Diese neuen Möglichkeiten legen es nahe, alle Zugangs- und Server-Systeme, den zentralen Router und ggf. einige Hochleistungsworkstations über einen FDDI-Ring miteinander zu verbinden. Hierzu ist es allerdings notwendig, innerhalb des spezifischen INTERNET weitere Subnetze einzuführen. Aufgrund der hohen Leistungsfähigkeit des CISCO-Routers im ETHERNET-Bereich (20000 Frames/s gegenüber dem ETHERNET-Maximum von ca. 15000

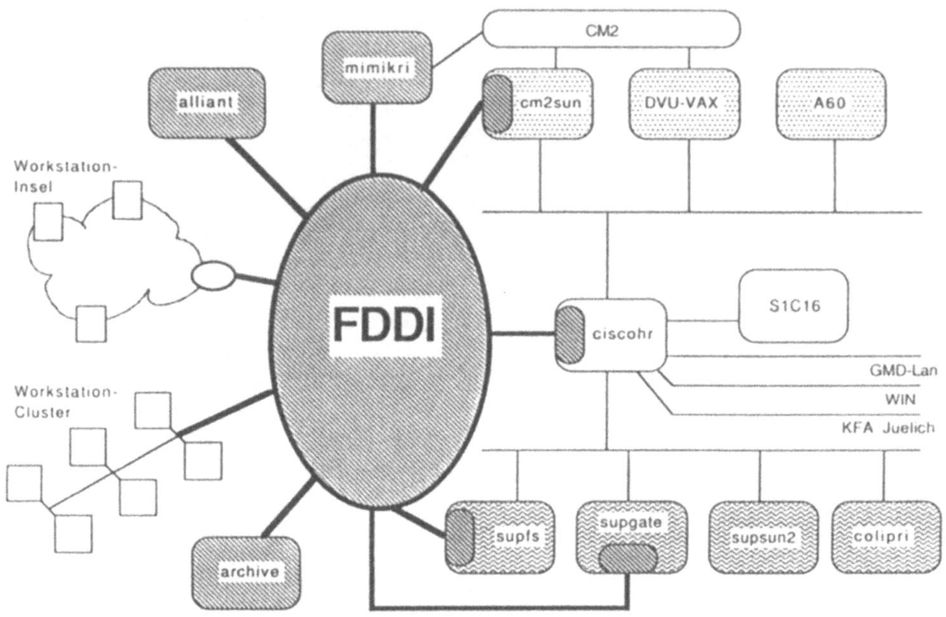

Abbildung 7: FDDI-Ring als Netzzentrum

Frames/s) kann auch die Situation am S1C16 dadurch verbessert werden, daß dieses System als eigenes Subnetz direkt an den Router angeschlossen wird. Durch diese Maßnahmen ergibt sich eine Gruppierung von (parallelsystem-) spezifischen ETHERNET-Teilnetzen und IP-Subnetzen um den FDDI-Ring.

Da mit der Inbetriebnahme des FDDI-Rings der Geschwindigkeitsunterschied zum 64 Kb-WIN auf etwa den Faktor 1000 anwachsen wird, bleibt abzuwarten, ob nicht wieder negative Seiteneffekte entstehen werden. Die Wahrscheinlichkeit hierfür sinkt stark, falls, wie geplant, das 2 Mb-WIN gegen Mitte 1992 verfügbar sein wird, weil dann der Geschwindigkeitsunterschied auf den Faktor 50 abgesenkt wird. Erste Erfahrungen mit FDDI zeigen, daß sich die Übertragungsleistungen (memory to memory mit dem UNIX-Kommando spray, nach empfohlener Vergrößerung der TCP/IP-Puffer) bei großen Blockgrößen im Vergleich zum ETHERNET (ca. 450 KB/s) verdoppeln lassen (ca. 900 KB/s).

13 Übergang zu Höchstleistungsnetzen

Anforderungen der Hochleistungsgrafik, wie sie etwa mit dem Gebiet der "Virtual Reality" oder der "scientific visualization" verbunden sind, erfordern dauerhafte Übertragungsleistungen in der Größenordnung von 100 MB/s. Darüberhinaus muß für erzeugte Filme oder Sprachausgaben die Übertragung isochron erfolgen, damit Verzerrungen vermieden werden können. Allerdings können hierbei Abstriche in der Übertragungsgüte in Kauf genommen werden, da, im Gegensatz etwa zu übertragenen Programmen, einzelne verfälschte Bits nicht weiter auffallen.

UltraNet Gigabit/s Netzwerk für das Parallelrechenzentrum der GMD

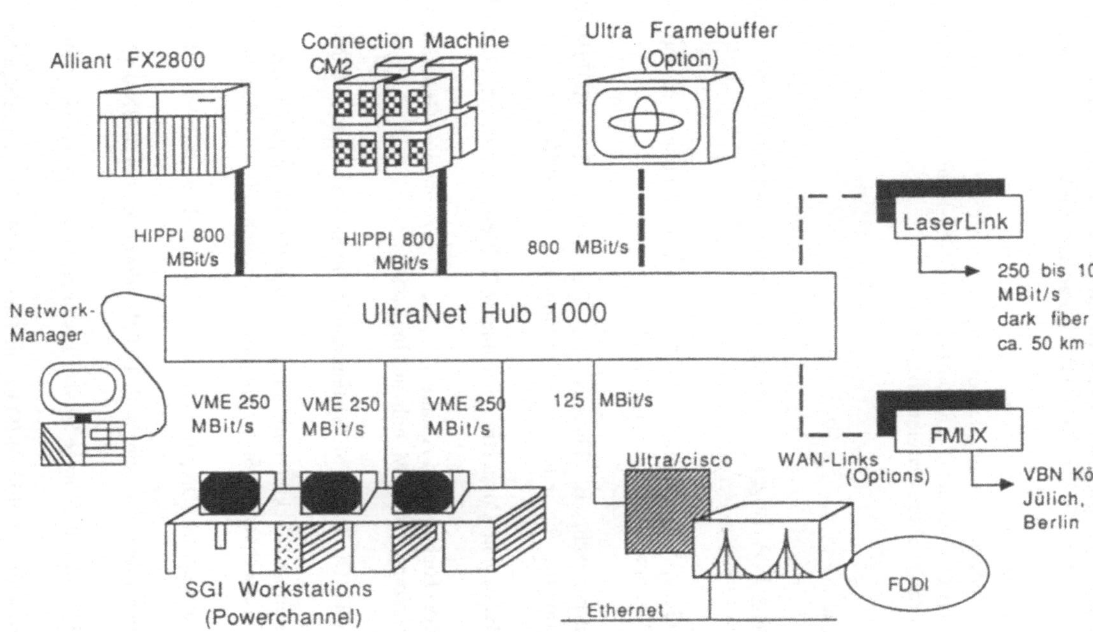

Abbildung 8: geplante ULTRANET-Konfiguration

Mit der Verfügbarkeit von HIPPI-Kanälen für Parallelrechner ab Ende 1991 kann diesen Anforderungen genügt werden, wenn eine Netztechnik, wie sie etwa von der Fa. ULTRANET angeboten und bereits z.B. bei dem HLRZ-Partner KFA Jülich eingesetzt wird, beschafft werden kann. Anschließend stellt sich natürlich die Aufgabe, solche ULTRANET-Inseln adäquat miteinander zu verbinden. Dies ist zwar heute schon unter Nutzung des Vorläuferbreitbandnetzes der Bundespost in einem gewissen Umfang möglich, wird aber seine volle Wirksamkeit erst mit der Verfügbarkeit von ISDN-B auf der Basis des ATM-Verfahrens ab Mitte der neunziger Jahre erzielen können.

14 Literatur

[1]   K. Hwang, F. A. Briggs: Computer Architecture and Parallel Processing. McGraw-Hill, Hamburg 1987

[2]   G. A. Geist, V. S. Sunderam: Network Based Computing on the PVM System. Oak Ridge National Laboratory TN 37831.

[3]   K. Solchenbach, B. Thomas, U. Trottenberg: Das SUPRENUM-System. In: Supercomputer 90, Seiten 125-138, Mannheim, Juni 1990.

[4]   D. W. Hillis: The Connection machine. MIT Press, Cambridge, Massachusets, 1985

[5]   H. Reska: Highlights of Alliant´s Parallel Supercomputer Generation FX/2800 Series. In: Supercomputer 90, Mannheim, Juni 1990.

[6]   P. Schuller: Die Intel iPSC-Systemfamilie. In: Supercomputer 90, Mannheim, Juni 1990

[7]   F. Kübler: Architektur und Anwendungsprofil der SuperCluster-Serie hochparalleler Transputerrechner. In: Supercomputer 90, Seiten 100-113, Mannheim, Juni 1990

[8]   A. S. Tanenbaum: Computer Networks. Prentice-Hall, ISBN 0-13-166836-6

[9]   D. Comer: Internetworking with TCP/IP. Prentice-Hall, ISBN 0-13-470188-7

[10]   EPOCH-1, InfiniteStorage Server, Technical Summary. epoch systems, July 1990

[11]   O. Fundneider: Breitband-ISDN auf Basis ATM: Das zukünftige Netz für jede Bitrate. Proceedings "Kommunikation in verteilten Systemen"; Mannheim, 1991

[12]   Carlo Rubbia: Report of the EEC Working Group on High Performance Computing. Februar 1991

Supercomputer im Netz des debis Systemhauses

Rüdiger Iffert

debis Systemhaus GmbH

Leibnizstraße 7

8012 Ottobrunn

Zusammenfassung

Innerhalb des Daimler-Benz Konzerns wurde 1990 die debis Systemhaus GmbH mit dem Ziel gegründet, IT-Dienstleistungen sowohl dem Konzern als auch nach außen zu marktgerechten Konditionen anzubieten. Hierzu gehört auch das "Supercomputing". Unter diesem Begriff soll nicht nur das Rechnen auf superschnellen Rechnern verstanden werden, sondern Supercomputing stellt eine integrative Dienstleistung dar. Es umfaßt die Supercomputer, das debis Backbone Netz, die Workstations, auf denen mit Hochleistungsgraphik technisch-wissenschaftliche Rechnungen dargestellt werden, und das administrative Umfeld. Der Anwender will sich nicht mit technischen Details der Netze oder der im Netz zur Verfügung stehenden Rechnerarchitekturen, wie Vektor- oder Parallelrechner befassen, sondern eine Simulation auf seinem Bildschirm möglichst einfach, schnell und kostengünstig durchführen. Einige Bausteine für die Verwirklichung dieses Konzeptes sind im Daimler-Benz Konzern bereits entwickelt worden. Die Datenschiene ist beispielsweise ein Produkt zur Unterstützung der Strukturberechnung eines Werkstücks, unabhängig von einer bestimmten Hardware oder Software. Dieser und einige andere Bausteine werden im debis Systemhaus zusammengefügt, um dem Wissenschaftler sowohl im Daimler-Benz Konzern als auch außerhalb eine optimale Oberfläche für die Benutzung von Rechnern im Netz zu bieten. In diesem Vortrag soll aus Anwendersicht über die derzeitigen und geplanten Aktivitäten für die Supercomputerbenutzung im Netz berichtet werden.

1 Was ist das debis Systemhaus?

Um den Hintergrund dieses Vortrags zu beleuchten, einige Informationen über das debis Systemhaus.

Die Daimler-Benz Holding hat 1990 als vierten Unternehmensbereich neben Mercedes-Benz, DASA und AEG die debis AG gegründet. Das Wort debis ist ein Akronym für Daimler-Benz Interservices. In diesem Unternehmen sind alle Dienstleistungen, die im Daimler-Benz Konzern erbracht werden, konzentriert worden. Neben dem debis Systemhaus für IT-Dienstleistungen gibt es debis Marketing Services, debis Assekuranz, debis Finanzdienstleistungen und debis Handel. Alle fünf Tochterunternehmen erbringen Dienstleistungen für den Daimler-Benz Konzern und den freien Markt. Im debis Systemhaus wurden die Rechenzentren, die Rechnernetze und das Anwendungs-Know-how der Konzerntöchter zusammengefaßt. Die Supercomputer CRAY Y-MP in Stuttgart, Siemens-Nixdorf (SNI) VP-200 in Ottobrunn bei München und verschiedene Minisupercomputer wurden auch übernommen.

Das Systemhaus erbringt IT-Dienstleistungen in fünf Geschäftsbereichen.

Der Geschäftsbereich 1: Computer- und Kommunikations-Services. Er stellt den Betrieb der Großrechner in den regionalen Rechenzentren und den verbindenden Netzen sicher. Neben den regionalen Rechenzentren, in denen die Hardware konzentriert wird, gibt es lokale Rechenzentren, welche die IT-Ressourcen in den einzelnen Betriebsteilen verfügbar machen. Weiterhin wurden die Firmennetze von Mercedes-Benz, AEG, MBB und anderen DASA Firmen gebündelt. Bundesweit wird jetzt ein 2 Mbit schnelles Backbone Netz betrieben. Dieses Netz erlaubt es Konzern- und externen Kunden aus dem gesamten Bundesgebiet beispielsweise, auf die Supercomputer in München und Stuttgart und technisch-wissenschaftliche Dienstleistungen schnell zuzugreifen. Im Geschäftsfeld 1 wird auch Hardware der Ebene 3, also Workstations und Personal Computer, von debis DisCom GmbH verkauft, installiert und gewartet.

Geschäftsbereich 2: kaufmännische Systeme und Projekte. Hier werden die vom Geschäftsbereich 1 bereitgestellten MIPS und FLOPS mit kaufmännischer Software und Know-how veredelt.

Geschäftsbereich 3: Industrielle Systeme und Projekte. Die vom Bereich 1 bereitgestellten MIPS und FLOPS werden durch eigene oder fremde Software und Know how für den technisch-wissenschaftlichen Bereich ergänzt. Im Systemhaus Engineering (auch Bereich 3) werden Standardpakete wie "Nastran" auf den unterschiedlichsten Hardwareplattformen installiert und dem Kunden verfügbar gemacht. Entsprechendes gilt für eigene Software des Kunden. Falls notwendig werden auch zusätzliche Softwaremodule oder grafische Oberflächen erstellt, insbesondere im Bereich integrativer Anforderungen, dem Supercomputing.

Der Geschäftsbereich 4 besteht aus dem Systemhaus GEI und der Geschäftsbereich 5 ist für Schulung und Training verantwortlich.

Durch das Zusammenlegen von Rechenzentren und IT-Firmen aus dem ganzen Bundesgebiet einschließlich der fünf neuen Bundesländer ist das debis Systemhaus von Anfang an flächendeckend präsent. In mehr als 50 Städten gibt es regionale oder lokale Rechenzentren.

Somit ist die Kundennähe auch für das Supercomputing garantiert. Der Fremdbezug von IT-Services bis hin zum Outsourcing soll für den Kunden - beim debis Systemhaus - attraktiver und effektiver sein als im eigenen Unternehmen. Dies kann nur durch guten Service, Flexibilität und verbrauchsbezogene niedrige Kosten erreicht werden.

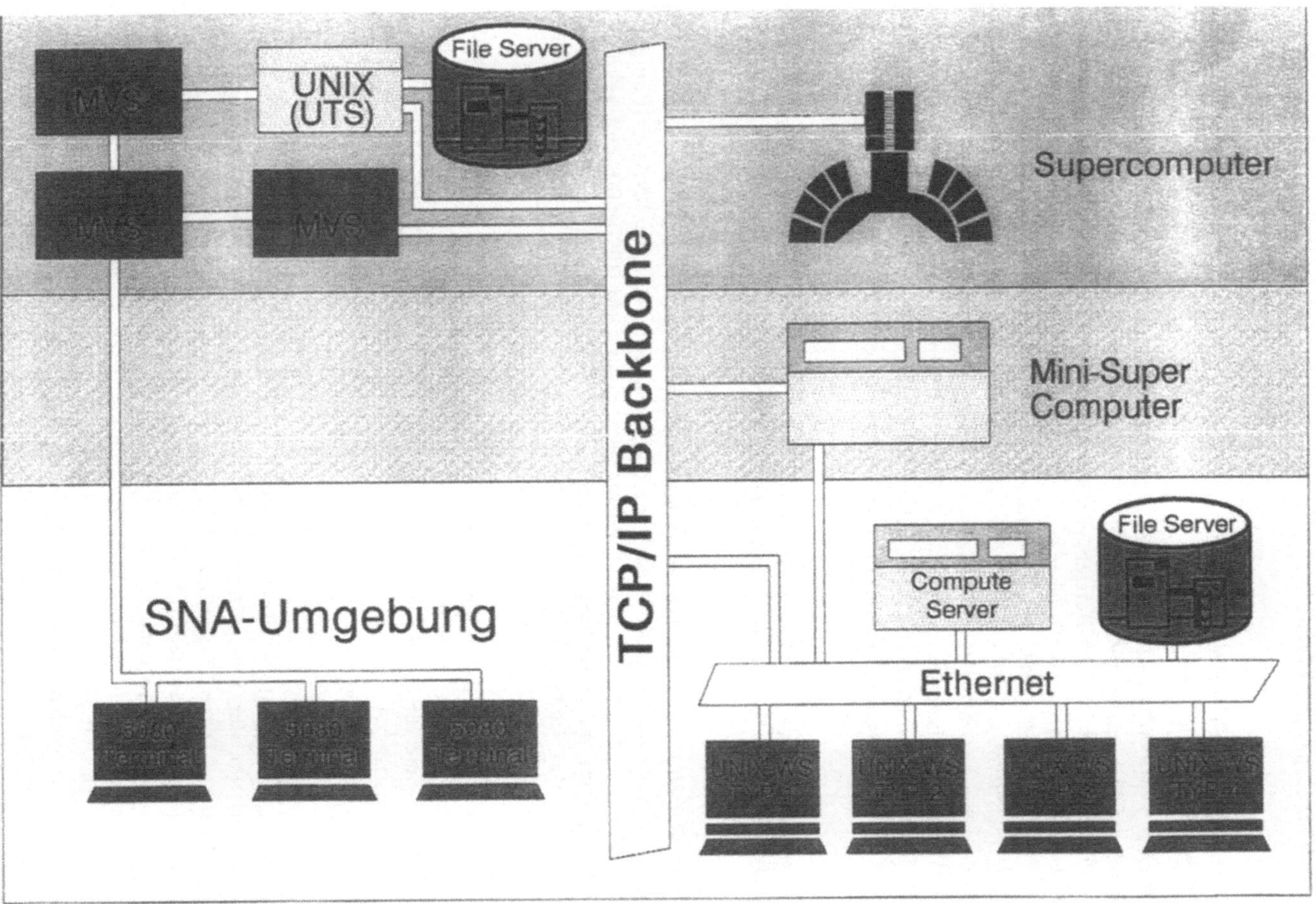

MVS
UNIX (UTS)
File Server
MVS
MVS
Supercomputer
TCP/IP Backbone
Mini-Super Computer
SNA-Umgebung
Compute Server
File Server
Ethernet
3080 Terminal
3080 Terminal
3080 Terminal
UNIX-WS TYP 1
UNIX-WS TYP 2
UNIX-WS TYP 3
UNIX-WS TYP 4

2 Die debis Supercomputer

Das debis Systemhaus betreibt zwei große Supercomputer und bietet sie über die Hochleistungsnetze intern und extern an:

Die CRAY Y-MP 4/216 (2 Prozessoren, 128 MByte Hauptspeicher) in Stuttgart ist in ein großes technisch-wissenschaftliches Rechenzentrum eingebettet. Die CRAY wird vom Benutzer nur im Batch-Betrieb von MVS- als auch von UNIX-Rechnern erreicht. Um die CRAY gibt es eine ausgeprägte SNA Umgebung, aber zunehmend auch eine TCP/IP-Welt. Auf den IBM-Host Rechnern im RRZ Stuttgart wird MVS und auf dem Amdahl Host bereits UTS, ein UNIX Betriebssystem, eingesetzt. Der Datentransfer erfolgt über einen 50 Mbit HYPERchannel (Backbone im lokalen Netz) zur UNIX-Welt sowie mittels Kanalverbindung zur MVS-Welt. Es werden sowohl Daten als auch Jobs transferiert, während häufig benutzte Programme auf den Cray-Platten resident gehalten werden. Die Workstations werden über TCP/IP auf einem Ethernet integriert.

Die Anwender nutzen vor allem Programmpakete aus der Strukturmechanik und Strömungsdynamik vornehmlich für die Automobilindustrie.

Der SNI VP-200 mit 256 MByte Hauptspeicher in Ottobrunn wird ebenfalls für technisch-wissenschaftliche Anwendungen eingesetzt und ist in die SNA-Welt eingebettet. Der Vektorrechner ist mit dem Vorrechner, einer IBM 3090-600, eng gekoppelt. Weiterhin können beide Rechner auf gemeinsame Platten zugreifen. Es erübrigt sich derzeit ein lokales Backbone-Netz.

Der VP-200 hat ein MVS ähnliches Betriebssystem und wird im wesentlichen im Batch-Betrieb genutzt, obwohl auch Dialogbetrieb möglich ist. Die Anwendungen sind momentan Programme für die Strukturmechanik und Strömungsdynamik aus der Luft- und Raumfahrtindustrie. Außerdem wird der chemischen Industrie ein Service mit Chemieapplikationen angeboten.

Diese Konfiguration unterscheidet sich durch die sogenannte "Shared-DASD" (gemeinsame Platten) von der Stuttgarter. Die permanenten Dateien werden nur auf "shared DASD" gehalten. Diese Magnetplatten sind zwischen dem Vorrechner IBM 3090 und dem Supercomputer geshared, d.h. die Daten sind von beiden Rechnern gleich gut erreichbar. Da der Dialogbetrieb auf der IBM 3090 abgewickelt wird, kann der Benutzer seine Input- und Outputdaten direkt überprüfen und sogar in den Output von laufenden Jobs schauen. Das ist eine günstige Alternative zu anderen Konfigurationen, bei denen Daten auf Platten vorhanden sind, die nur vom Supercomputer aus erreichbar sind. Alle Verbindungen in die Außenwelt werden über die IBM 3090 abgewickelt. Für die IBM-Umgebung werden Token-Ring und SNA-Terminalnetze auch über LWL-Kanalverlängerungen eingesetzt. Einige Anstrengungen wurden unternommen, um die VAX VMS-Welt einzubinden. Dies geschieht über einen HYPERchannel und eine auf BFX/NETEX aufsetzende Softwareeigenentwicklung namens IVPON, auf die später noch eingegangen wird. Für die Einbindung von Workstations wird natürlich TCP/IP auf Ethernet unter MVS eingesetzt.

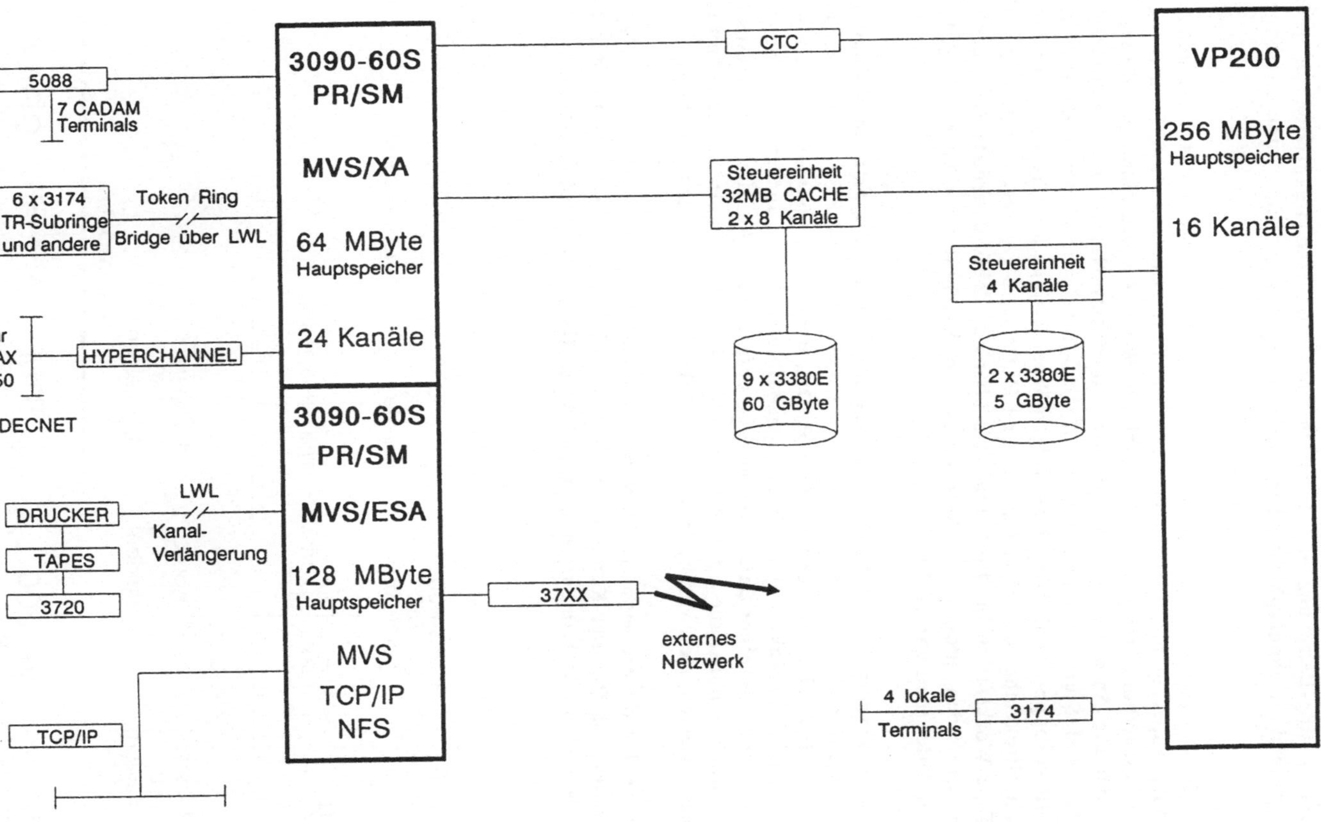

Abbildung 2: Rechnerkonfiguration Ottobrunn

Die Supercomputing-Betreuung und das Fach-Know-how sind organisatorisch in einer Abteilung gebündelt, geographisch aber dezentral in Stuttgart und Ottobrunn angesiedelt.

Um allen Abteilungsangehörigen an beiden Standorten gleiche Zugriffsmöglichkeiten auf die beiden Supercomputer zu ermöglichen, ist ein Netz erforderlich. Es tritt logisch als LAN in Erscheinung, ist aber physikalisch ein WAN. An den Planungen dieses Netzes lassen sich die Anforderungen an ein Supercomputing-Netz sehr gut verdeutlichen. In Leinfelden bei Stuttgart gibt es einige Workstations verschiedener Hersteller, die über TCP/IP gekoppelt sind. Die SNA-fähigen Workstations aber haben zusätzlich die Möglichkeit, direkt über das SNA-Netz zu den Hosts im SNA-Netz Verbindung aufzunehmen. Eine Workstation in Ottobrunn wird über das debis Backbone Netz auch mit TCP/IP in Leinfelden integriert. Zusätzlich ist ein Anschluß über Token Ring an die IBM 3090 in Ottobrunn vorgesehen.

Diese doppelte Vernetzung sorgt dafür, daß den Supercomputing Kunden ein optimaler Support und Service geboten werden kann. Der Kunde erreicht die Supercomputer heute entweder über SNA, TCP/IP oder DATEX-P. Die Berater in Stuttgart und Ottobrunn können zu Referenzzwecken alle Kopplungsmodi nachbilden, andererseits auch sehr schnell den Kunden in seiner Betriebsumgebung unterstützen. Auf der Basis dieses Netzes werden weitere Bausteine einer Benutzeroberfläche entwickelt, die den Anwender von Betriebssystemen, Netzwerkkenntnissen und Hardware unabhängiger macht.

Neben den beiden Supercomputern betreibt debis übrigens noch eine Convex C220 in Friedrichshafen. Im Daimler-Konzern findet man weiterhin eine Convex bei der Telefunken Systemtechnik in Hamburg und einen INTEL Hypercube i860 in Berlin.

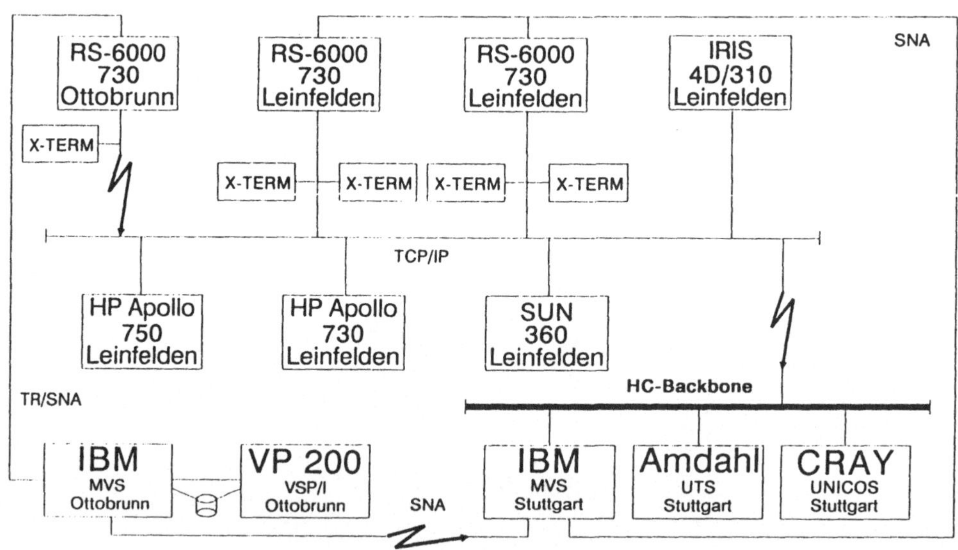

Abbildung 3:

Abteilungsnetz Stuttgart/Ottobrunn

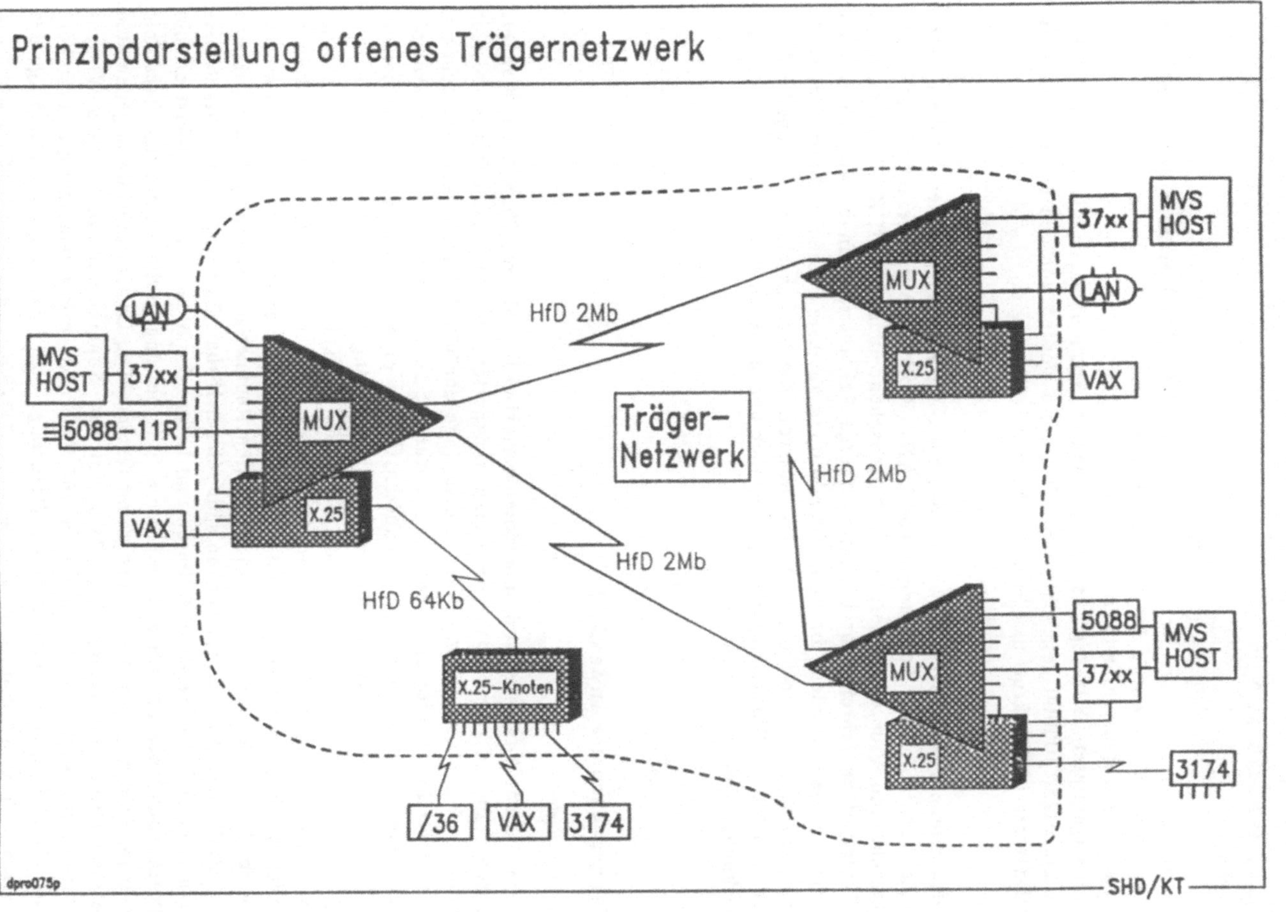

Abbildung 4: Prinzipiendarstellung offenes Trägernetzwerk

3 Das debis Backbone Netz

Auf der Basis der Netze der Unternehmensbereiche (DASA, Mercedes-Benz, AEG etc.) der Daimler-Benz AG wurde das debis Backbone-Netz gebildet. Es ist ein offenes Trägernetzwerk, das deutschlandweit konzipiert ist. Die 2 Mbit/s-Leitung wurde bei der Telecom angemietet. Alle regionalen und lokalen Rechenzentren dienen als Servicepunkte. Ungefähr 100000 angeschlossene Endgeräte werden von den beiden Netzwerkkontrollzentren in Frankfurt und Stuttgart betreut.

Über das offene Trägernetzwerk werden das SNA-Verbundnetz für den Konzern, überregionale Terminalnetze, Kopplungen von LANs, Workstations oder auch Übertragung von Sprache und Video realisiert. Es ist vorgesehen, über den MUX-Träger auch das X.25 Protokoll zu fahren. Durch leistungsfähige Paketvermittlungen können so auch Teilnehmer bedient werden, die keine Standleitung auslasten. Dies ist besonders wichtig für Supercomputer Services, da dieses Netzwerk die Voraussetzung für überregionales Arbeiten bietet. Workstations, Host-Rechner und Supercomputer können preisgünstig verbunden werden.

4 Was brauchen die Anwender?

Die Mehrzahl der Anwender von Supercomputern sind Ingenieure, Chemiker und andere Wissenschaftler und keine EDV- oder Netzwerkexperten. Der Anwender soll im Bereich Forschung und Entwicklung mit einem meist eingeschränkten Budget termingerecht mit dem Computer Problemlösungen erarbeiten. Auf der anderen Seite müssen die Anwender Hardware, Software und Netze benutzen, die in einem komplizierten Zusammenspiel arbeiten. In der Entwicklung einer Problemlösung ändert sich oft das Anforderungsprofil an Hardware und/oder Software. Zum Beispiel kann die Rechnung einer Turbinenschaufel mit der Rechnung an der ganzen Turbine kombiniert werden. Manchmal sollen die Ergebnisse abgesichert werden, indem eine andere Standardsoftware benutzt wird. Ist der Anwender mit einem lokalen Rechner (z. B. Workstation) auf sich allein gestellt, sind diese Dinge für ihn sehr schwer lösbar. Es ist nicht die Aufgabe des Ingenieurs, neue Software zu installieren und Lizenz-Probleme zu lösen. Meist erlaubt ein termingebundenes Projekt auch nicht die Einarbeitung in die Benutzung eines dem Benutzer bis dato nicht bekannten Programmsystems. Die Lösung der hier angedeuteten Problematik heißt "Supercomputing". Das Ziel des Supercomputing ist, dem Wissenschaftler und Ingenieur die Konzentration auf die effektive Problemlösung zu erlauben. Das Supercomputing stellt ihm dazu die Werkzeuge zur Verfügung. Die Grundlage des so verstandenen Supercomputings sind moderne Hochgeschwindigkeitsnetze. Denn nur mit diesen Netzen ist es möglich, die add-on Dienstleistungen für das Supercomputing zum Anwender zu bringen. Sie bestehen zu allererst aus Benutzeroberflächen, die dem Anwender erlauben, andere Hardware und Software mit einem Minimum an Aufwand zu nutzen.

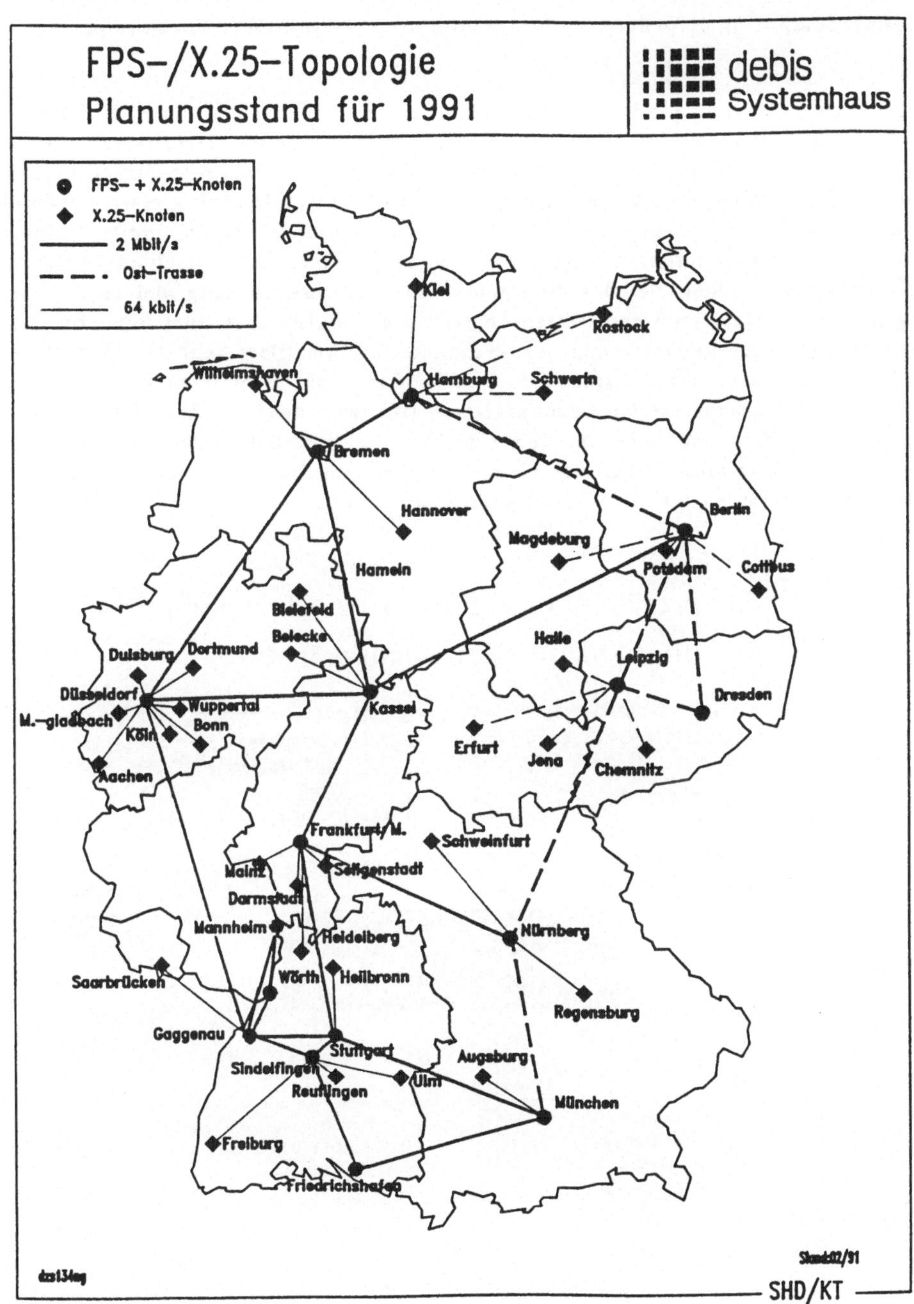

Abbildung 5:

Debis Backbone Netz FPS-/X.25-Topologie

5 Supercomputing erfordert die Bündelung interdisziplinärer Sachkompetenz.

Es gibt heute verschiedene Rechnerarchitekturen, wie Vektor-, Parallel-, RISC-Rechner und eine Mischung davon. Auf diese Architekturen müssen Algorithmen aus den Ingenieur- und Naturwissenschaften unterschiedlicher Bereiche, wie Strukturanalyse, Akustik, Thermodynamik, Strömungsmechanik, Molecular Modelling usw., abgebildet werden. Dabei werden numerische Verfahren wie Finite Elemente, Finite Volumen, Mehrgitter, Finite Differenzen, Boundary-Element-Verfahren und verschiedene iterative Algorithmen verwendet. Bei der Programmierung, der Installierung und der Optimierung dieser Software muß der Wissenschaftler die Schnittstellen zum Betriebssystem, die Architektur des Rechners und das Verhalten des Compilers kennen. Noch komplizierter wird es, wenn zum Beispiel eine Grafiksoftware auf einer Workstation über das Netz mit einem Computeserver kommunizieren soll, weil dann die Architektur und Topologie des Netzes und Schnittstellen zum Netzwerkprotokoll berücksichtigt werden müssen. Wenn alle diese Dinge von einem Ingenieur im Projekt berücksichtigt werden sollen, bleibt keine Kapazität für die eigentliche Aufgabe.

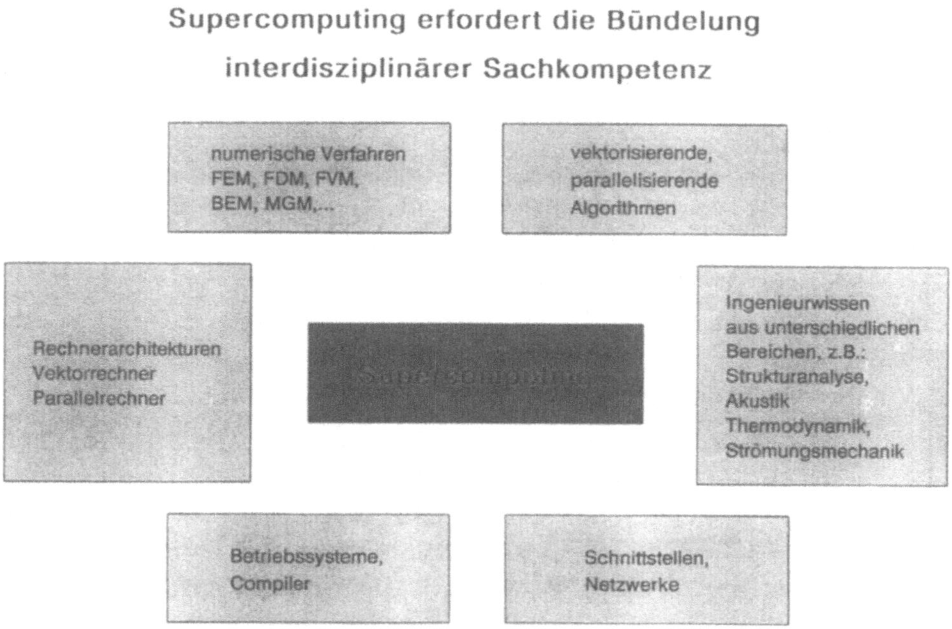

Abbildung 6:

Interdisziplinäre Sachkompetenz

6 Supercomputing ist der Value-Added-Service zur Ausschöpfung der vollen Leistungsfähigkeit von Superrechnern.

Im Rahmen des Supercomputing wird dem Anwender eine produktive Umgebung auf dem Rechner zur Verfügung gestellt. Der Anwender wird von administrativen Tätigkeiten, wie Verwaltung von Softwarelizenzen, entlastet. Er kann von dem Know-how der Supercomputing Gruppe profitieren und optimierte und lauffähige Software auf der Hardware seiner Wahl einsetzen. Unter Supercomputern werden hier nicht nur besonders schnelle Rechner eingeordnet, sondern alle Rechner, die für eine bestimmte Problemlösung besonders geeignet sind. Dies sind Hochleistungs-Graphikworkstations, Parallelrechner, Vektorrechner, massive parallele Systeme und Computer mit einem besonders leistungsstarken I/O-Subsystem, einem Fileserver. Es hat sich nämlich gezeigt, daß bei Benutzung von Rechnern mit großem Memory, großer Rechenkapazität und leistungsfähigen Graphikprozessoren auch sehr viel größere Datenmengen gehandhabt werden müssen.

Das debis Backbone-Netz und die im debis Systemhaus installierten Supercomputer bieten jedem Ingenieur die Möglichkeit, die von ihm geforderte Software und Computerpower an seinen Arbeitsplatz zu bringen. Es können die Ziele des Supercomputing erreicht werden.

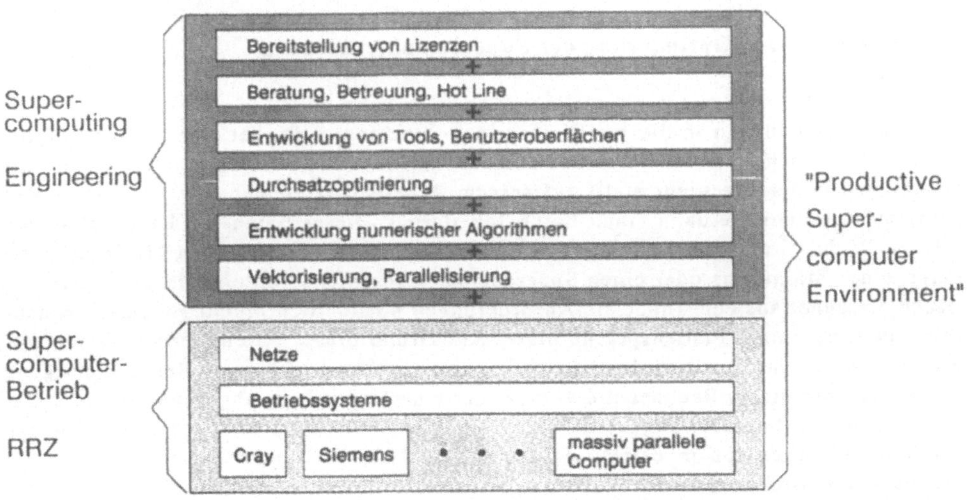

Abbildung 7:

Value Added Services

Die Zielsetzung des Supercomputing ist Steigerung der

Wirtschaftlichkeit
durch Minimierung des finanziellen Aufwandes für Rechnerleistung

---

Produktivität
durch kurze Antwortzeiten schnellere Erzeugung von Forschungsergebnissen

---

Innovationsfähigkeit
durch größeren Speicher, höhere Rechnerleistung und neue Algorithmen

---

Nutzbarkeit der Anwendungen
durch einheitliche Benutzer- und Datenschnittstellen

Rechnerzugang
durch Hochgeschwindigkeitsnetze

Abbildung 8:

Zielsetzung des Supercomputing

7 Oberflächen zur Optimierung der Supercomputernutzung

Ein wichtiger Baustein in diesem Konzept des Supercomputing ist eine leistungsfähige Benutzeroberfläche, die im debis Systemhaus zunächst für die Nastran-Anwender entwickelt wird. Der Ingenieur stellt auf seinem Arbeitsplatzrechner einen Nastran-Input zusammen und möchte dann einen Batch-Job starten. Dieser Batch-Job kann auf seinen lokalen Rechner, eine als Compute-Server dienende Workstation, einen Minisupercomputer, einen Mainframe oder einen Supercomputer geschickt werden. Die Benutzeroberfläche errechnet aus dem Input die Anforderungen hinsichtlich Memorybedarf, Rechenzeit und temporärem Plattenspeicherplatz. Auf Grund dieser Daten werden die entstehenden Kosten auf den einzelnen Rechnertypen bestimmt und unter Berücksichtigung der Auslastung dieser Rechner die voraussichtliche Verweilzeit abgeschätzt. Diese Daten werden dem Benutzer angezeigt, und er kann selbst entscheiden, welche Geldmenge und Zeit in diesen Job investiert werden sollen. Hat der Benutzer das entsprechende Menue ausgefüllt, wird automatisch der Filetransfer gestartet und die Job-Control für den gewählten Zielrechner erzeugt. Selbstverständlich gelangen die Ergebnisse und Logfiles automatisch zum Quellrechner zurück.

Diese Vorgehensweise impliziert, daß die Ergebnisse des Jobs auf jedem beliebigen Rechner weiterverarbeitet werden können. Das heißt, daß die Ergebnisse von der Zahlendarstellung der verschiedenen Rechnertypen unabhängig bleiben müssen. Dies wird durch die sogenannte Datenschiene gewährleistet, die Daten von spezieller Hard- und Software unabhängig macht.

Das OSI Schichtenmodell ordnet die siebente Schicht der Anwendung zu. Häufig wird als Anwendung bereits ein Filetransfer oder eine Dialoganwendung bezeichnet. Besser wäre es, als siebente Schicht Oberflächen anzustreben, bei denen der Filetransfer überhaupt nicht mehr in Erscheinung tritt und der Dialog auf fremden Rechnern überflüssig wird. Der Wissenschaftler möchte sich auf sein Problem konzentrieren und nicht in der EDV ertrinken. Was den Netzwerken fehlt, sind 7 Schichten in diesem Sinne.

8 Die Datenschiene

Bei der Konstruktion eines Autos, Flugzeugs oder Schiffs wird heute die sogenannte Prozeßkette eingesetzt. Zunächst wird das Objekt mit CAD-Methoden konstruiert. Auf Grund der im Rechner vorliegenden Konstruktionsdaten wird ein Berechnungsmodell erstellt und anschließend berechnet. Die Auswertung dieser Rechnung erfordert eventuell Konstruktionsänderungen, und die Prozeßkette beginnt von neuem. Sowohl für die Konstruktion als auch für die Berechnung wird die unterschiedlichste Software auf unterschiedlichen Hardwareplattformen benutzt. Die Konstruktion erfolgt beispielsweise mit CATIA, die Modellierung mit MEDINA, die Berechnung mit NASTRAN und die Auswertung mit DISCO oder ANIMA. Auswertung bedeutet dabei, daß zum Beispiel Spannungen in der Karosserie graphisch sichtbar gemacht werden oder Verformungen bei einer Crashrechnung in bewegten Bildern dargestellt werden. Jedes dieser Software-Produkte kann durch andere ersetzt werden. Dazu können experimentelle Daten kommen oder Daten aus technischen Datenbanken. Schreibt man für jedes sinnvolle Paar solcher Kettenglieder Kommunikationsinterfaces, wächst ihre Anzahl quadratisch. Die Erstellung und Wartung dieser Interface Programme sind sehr teuer. Um die Kosten zu senken, wurde im debis Systemhaus die Datenschiene entwickelt. Die Datenschiene ist ein hardwareunabhängiges offenes Binärformat. Für jede neu an die Datenschiene anzuschließende Software muß genau ein Interface geschrieben werden. Dieses Interface muß an alle Hardwareplattformen angepaßt werden, und schon können die Softwaremodule hardwareunabhängig miteinander kommunizieren.

Außerdem gehören zur Datenschiene Tools wie DSSHOW, DSCOPY und DSMERGE, um Daten betrachten, kopieren und mischen zu können. Die Datenschiene ist auch ein wesentlicher Bestandteil des Supercomputing. Sie ermöglicht nämlich die Benutzung des Netzes zum Datenaustausch zwischen unterschiedlicher Hardware und Software im binären Datenformat.

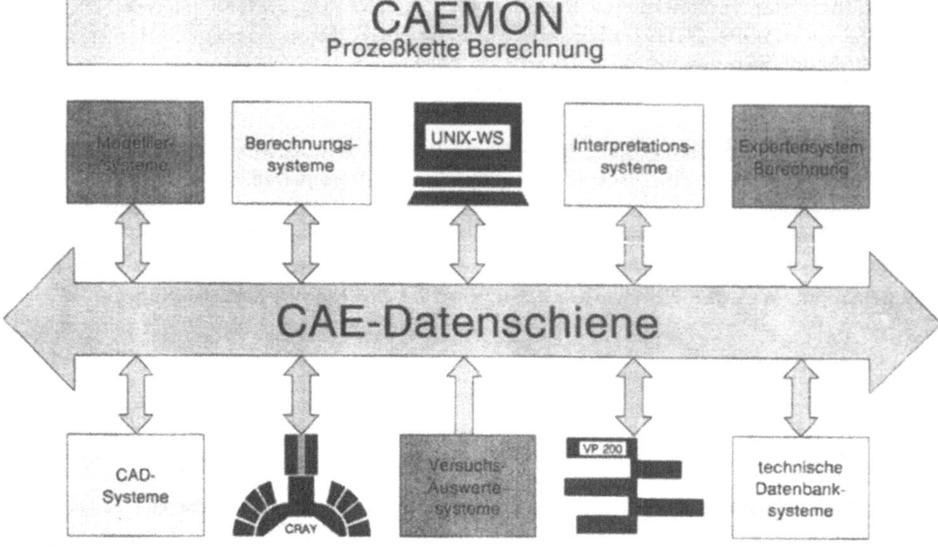

Abbildung 9:

CAE-Datenschiene

9 IVPON

Ein Problem moderner Computernetze sind die unterschiedlichen Betriebssysteme der angeschlossenen Rechner. Viele Computeranwender sind oft aus ideologischen oder Kapazitätsgründen genau auf ein Betriebssystem festgelegt. Dies ist für das effektive Arbeiten auf Computern auch wünschenswert, denn jeder Betriebssystemwechsel erfordert wieder Einarbeitungszeit in Befehlssprache, Filesystem, Editoren usw. Für die tägliche Arbeit wird häufig ein Abteilungsrechner, wie zum Beispiel eine VAX, benutzt. Wenn der Projektdruck wächst, reicht die Kapazität vorübergehend nicht aus. Rechner im Netz mit fremdem Betriebssystem können trotz freier Kapazitäten nicht eingesetzt werden, weil die Zeit für Einarbeitung auf Grund des Projektdrucks fehlt. Ein Nutzer von Standardsoftware braucht aber nur die Remote-Job-Entry und Filetransfermöglichkeiten. Allenfalls noch Tools, um Files zu pflegen. Nur der Benutzer, der auf dem Fremdrechner auch editieren muß, z. B. bei der Programmentwicklung, braucht den Dialogzugriff. Dieser Entwickler muß aber sowieso das Betriebssystem kennen. Um Benutzern von Standardsoftware, die aus der VMS-Welt kommen, die Benutzung der IBM Hosts im SNA-Netz und des SNI VP-200 zu ermöglichen, wurde eine Benutzeroberfläche namens IVPON entwickelt. Der VMS User kann seine gewöhnliche Arbeitsweise fortführen und kann menuegeführt Files auf seinen Zielrechner übertragen, Files pflegen, Remote-Jobs absetzen und den Status abfragen. Der Output findet automatisch vom SNA-Netz zum DECNET Knoten zurück. Files unter VMS mit derselben Extension werden unter MVS in einer PO-Bibliothek als Member abgelegt. Namenskonventionen werden automatisch eingehalten. Der Dateitransfer findet unter Berücksichtigung der unterschiedlichen Datenstrukturen statt. Die einheitliche Oberfläche ermöglicht es, die jeweiligen Fremdrechner in einem heterogenen Netzwerk mit MVS, VMS- und UNIX-Rechnern einfach zu nutzen. Das im IVPON enthaltene Filemanagementsystem ist vom Betriebssystem unabhängig. IVPON gehört zur Anwendungsschicht im OSI-Referenzmodell und setzt momentan auf BFX auf. Es erlaubt über einen HYPERchannel die Benutzung von MVS-Rechnern im SNA-Netz und von VMS-Rechnern im DECNET. Statt auf BFX kann IVPON auch auf FTP aufgesetzt werden, um UNIX-Usern auch MVS Systeme verfügbar zu machen, ohne UNIX zu verlassen.

Die modernen Computernetze sind vorhanden und können von Fachleuten benutzt werden. Die Hardware und Software übergreifenden Benutzeroberflächen, mit denen jedermann effektiv über Netze hinweg rechnen kann, sind in der Entwicklung. Für das Supercomputing sind Netze und ihre Benutzeroberflächen ein essentieller Bestandteil. Erst damit bringt man die gewaltige Leistung moderner Computer an den Arbeitsplatz des Ingenieurs.

Visualisierung von Supercomputerberechnungen am netzintegrierten Ingenieursarbeitsplatz

Ulrich Lang   Roland Rühle

Rechenzentrum der Universität Stuttgart
Allmandring 30
7000 Stuttgart 80
ulang@rus.uni-stuttgart.de

Zusammenfassung

Komplexe mehrdimensionale Berechnungen auf Höchstleistungsrechnern produzieren sehr große Datenmengen. Einsicht in die Zusammenhänge der Berechnungen ist meist nur noch durch Auswertung von visuellen Repräsentationen der produzierten Daten möglich. Moderne Workstations weisen spezielle Graphikhardware zur schnellen Umsetzung der Daten in geeignete Darstellungen auf. Die animierte Darstellung zeitabhängiger Simulationen erlaubt es, die menschlichen Fähigkeiten zur Erfassung von Bewegungen, Schwingungen usw. auszunutzen. Will man die spezifischen Eigenschaften von Supercomputern und Workstations nutzen, so ist deren Integration mit Hilfe schneller Netze notwendig. In diesem Artikel werden die Anforderungen betrachtet, die sich aus der Integration der Komponenten in eine homogene Softwareumgebung ergeben. Dazu werden verschiedene Methoden zur Verteilung von Anwendungen in Abhängigkeit von Problemkategorien diskutiert. Die derzeit am Rechenzentrum der Universität Stuttgart eingesetzten Methoden zur Verteilung von Anwendungen werden dargestellt.

1   Einleitung

Unsere Gesellschaft hat sich im Laufe der Jahre immer mehr zu einer Dienstleistungsgesellschaft gewandelt. Zum Funktionieren dieser Gesellschaft haben ganz wesentlich die verbesserten Kommunikationsmöglichkeiten beigetragen. Eine ähnliche Entwicklung zeichnet sich bei zunehmender Vernetzung von Rechnern ab. In Rechnernetzen werden spezielle Dienstleistungen in Form dedizierter Hardware oder Software zusammen mit Know How und Beratungstätigkeit angeboten. Serverfunktionalitäten sind z.B. Computeserver, Fileserver, Printserver, Plotserver, Informationserver etc. Wendet man das Prinzip der Verteilung spezieller Funktionen auf die Behandlung komplexer technisch-wissenschaftlicher Probleme an, so sollte für jeden Verarbeitungsschritt die dafür am besten geeignete Hardware eingesetzt werden. Supercomputer mit großem Hauptspeicher, schnellen vektorisierenden CPUs bzw. parallelen CPUs sowie schnellem und großvolumigem Plattenplatz sind besonders geeignet, komplexe Berechnungen durchzuführen. Workstations mit dedizierter Graphikhardware eignen sich besonders zur anschaulichen Darstellung umfangreicher Berechnungsinhalte. Da Höchstleistungsrechner zentral verfügbar gemacht werden, sind sie in zunehmendem Maße durch schnelle Netze mit den Workstations am Arbeitsplatz des Anwenders verbunden. Wenn man die Bearbeitung von Problemen über ein Rechnernetz verteilt, so ergeben sich bestimmte Anforderungen. Sie sollen zusammen mit verschiedenen Verarbeitungsmethodiken im Folgenden beschrieben werden.

1.1 Die Behandlung wissenschaftlicher Probleme

Die Visualisierung von Berechnungsergebnissen stellt lediglich einen Schritt in der Behandlung technisch-wissenschaftlicher Probleme auf Computern dar. Sie läßt sich am besten in den Gesamtprozeß der Problembehandlung einordnen, wenn dieser Prozeß in einzelne Schritte zerlegt wird. Ausgehend von einer physikalischen Realität wird durch Beobachtung ein physikalisches Modell erstellt. Dieses wird durch Anwendung mathematischer Gesetze in ein mathematisches Modell überführt. Durch Diskretisierung erhält man eine für Rechner geeignete Formulierung. Nach Definition von Anfangs- und Randbedingungen kann eine Simulation auf dem Rechner durchgeführt werden. Das erzeugte Berechnungsergebnis ist mit Hilfe passender Methoden auszuwerten. Abhängig vom Umfang der Berechnungen und von der Komplexität der Modelle ist eine sehr große Datenflut zu behandeln. Sie läßt sich nur noch mit Hilfe graphischer Repräsentationen der Ergebnisse und moderner Visualisierungsmethoden auswerten. Diese Visualisierungen repräsentieren eine Form der Informationsdarstellung zur Erfassung der Bedeutung bzw. des Inhalts der Simulation.

Eine genauere Betrachtung des Phasenmodells zur Simulation von Problemen auf Rechnern zeigt, daß verschiedene Teile zyklisch durchlaufen werden. Dies gilt auch für die Phasen des Datenauswertezyklus, von Datenauswahl und Filterung über Abbildung auf geometrische Primitive bis hin zur Bilderzeugung mit deren Darstellung [1]. Dies ist, wie in späteren Kapiteln noch dargestellt wird, insbesondere unter dem Aspekt der Verteilung über ein Rechnernetz zu betrachten.

1.2 Das Gleichgewicht der Verarbeitungsschritte

Bei Abstraktion der Verarbeitungsschritte während der Problembehandlung lassen sich vier Grundfunktionen herausarbeiten. Diese sind in Abbildung 1 dargestellt.

Während Berechnung und Transport von Daten sowie deren Speicherung in den letzten Jahren vom Fortschritt der Technologien wesentlich profitiert haben, ist die Auswertung von Daten nach wie vor durch die Auffassungsfähigkeiten des Menschen geprägt. Die Dauer des gesamten Problembehandlungszyklus wird vor allem durch das langsamste Glied in der Verarbeitungskette festgelegt. Bei Ausnutzung neuer Erkenntnisse über die Verarbeitung visueller Reize im menschlichen Gehirn lassen sich Visualisierungsmethodiken erarbeiten, die eine erheblich schnellere Informationserfassung durch den Menschen ermöglichen. Dabei werden vor allem unbewußte Verarbeitungsfähigkeiten genutzt, die keine intellektuelle Leistung erfordern.

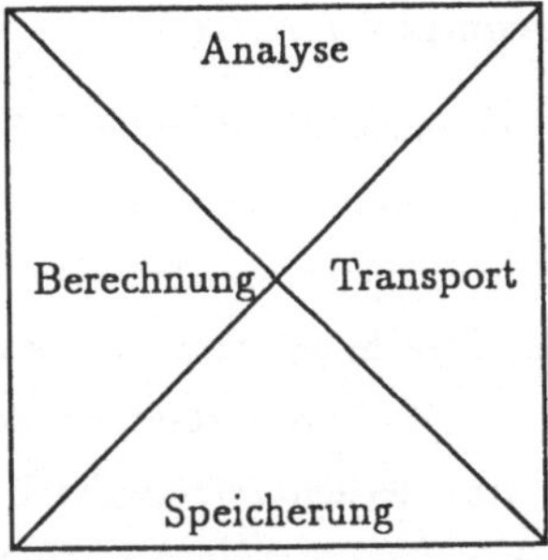

Abbildung 1: Das Gleichgewicht der Verarbeitungsschritte

1.3 Verarbeitungsfähigkeiten von Auge und Gehirn

Das Auge zusammen mit dem Gehirn stellt den Informationskanal mit der höchsten Übertragungsrate beim Menschen dar. Wir sind in der Lage, aus dem zweidimensionalen Bild auf der Netzhaut ein dreidimensionales Modell der Umwelt im Gehirn zu rekonstruieren. Dabei sind spezielle Fähigkeiten des Erkennens von Strukturen und Texturen vorhanden. Verschiedene Informationen, wie z.B. Hell-/Dunkelübergänge bei Beleuchtung von Objekten sowie Fluchtlinien bei perspektivischer Darstellung, werden unterbewußt in Tiefeninformationen umgesetzt. Bewegung sowie Bewegungszusammenhänge werden sehr schnell erfaßt. Periodische Vorgänge, wie z.B. Schwingungen, werden sofort erkannt und können bei örtlicher Verteilung schnell in Beziehung zueinander gesetzt werden. Strukturen ergeben sich oft erst durch Gruppierung von Dingen mit gemeinsamen Bewegungseigenschaften, wie z.B. Richtung oder Geschwindigkeit. Bei zeitlichen Vorgängen muß allerdings der Zeitmaßstab passend für die menschliche Zeitskala sein. Farbe stellt einen weiteren Informationskanal dar, auf den Daten abgebildet werden können.

1.4 Ziele der wissenschaftlichen Visualisierung

Primäres Ziel der Visualisierung wissenschaftlicher und technischer Daten ist es, Einsicht in die Zusammenhänge und in die Bedeutung der Simulation zu erhalten, die die Daten produziert hat. Dazu sollte die Visualisierung so eng wie möglich mit der Simulation gekoppelt werden. Der Idealzustand ist die direkte Visualisierung einer laufenden Simulation mit interaktiven Eingriffsmöglichkeiten über die graphischen Darstellungen. Durch direkte Integration der Visualisierung in den Simulationsablauf wird die Zeit reduziert, die zur Problembehandlung benötigt wird. Bei der Auslegung von Bauteilen kann dies z.B. den Produktentwicklungszyklus verkürzen und somit die Markteinführung eines Produktes beschleunigen.

1.5 Visualisierung am Supercomputerzentrum

Die vorausgegangenen Ausführungen machen deutlich, daß Forschung, Entwicklung und Einsatz von Visualisierungsmethodiken insbesondere im Umfeld von Höchstleistungsrechnern notwendig sind, da hier sehr große Datenmengen anfallen. Die zentrale Bedeutung der Visualisierung im Zusammenhang mit der Berechnung technisch-wissenschaftlicher Probleme wurde vor allem in den USA erkannt (siehe [2]). Daraus resultiert dort eine intensive Förderung der Forschung in den letzten Jahren. Am Rechenzentrum der Universität Stuttgart wird eigene Forschung und Entwicklung in diesem Bereich betrieben (siehe [3]). Visualisierungsaufgaben an einem Supercomputerzentrum gliedern sich in

- die Beratung und Unterstützung von Benutzern des Höchstleistungsrechners,

- Test, Vergleich und Bereitstellung von Visualisierungssoftware aus verschiedenen Quellen,

- den Betrieb von Visualisierungshardware, wie z.B. Einzelbildaufzeichnung, Videoproduktion, Diabelichter, Plotter, Scanner etc.,

- die Erforschung neuer Visualisierungstechniken,

- die Entwicklung und Integration von Software.

Einige typische Anwendungsbereiche sind u.a. Computational Fluid Dynamics, Strukturmechanik, Biotechnologie, Astrophysik, Meteorologie, Geowissenschaften, Molecular Design, Bildverarbeitung und Medizin.

2 Eigenschaften von Visualisierungspaketen

Im Laufe der letzten Jahre gab es Bestrebungen an verschiedenen Stellen, Visualisierungsmethodiken und -algorithmen in größeren Softwarepaketen zu integrieren. Hierbei sind Pakete wie z.B. Application Visualization System AVS [4], Animation Production Environment apE [5] oder Khoros [6] entstanden. Die Pakete zeichnen sich durch eine visuelle Programmierumgebung aus. D.h., in einer Windowumgebung kann mit Mauskontrolle die Verknüpfung und Reihenfolge von Modulausführungen interaktiv spezifiziert werden. Bei Ausführung dieser Netzwerke lassen sich die Moduln interaktiv kontrollieren. Sie werden meist asynchron parallel als unabhängige Prozesse ausgeführt. Somit können parallele Rechnerarchitekturen ausgenutzt sowie verteilte Rechnungen unter Einbeziehung von Supercomputer und Workstations leicht realisiert werden. Die verschiedenen Pakete unterscheiden sich u.a. in der Art der Steuerung des Modulablaufs, in den Datentypen und deren Strukturen, in der Einfachheit der Handhabung sowie im Funktionsumfang der vorhandenen Moduln.

Da Visualisierungspakete, wie der Name bereits ausdrückt, vor allem für den Visualisierungsbereich entwickelt wurden, weisen sie Schwachstellen bei der Kopplung zu den eigentlichen Simulationsrechnungen auf. So ist die visuelle Beschreibungsmethode eines Modulnetzwerkes zur Formulierung von Simulationsproblemen nicht gebräuchlich. Bisherige Netzwerkansätze haben Probleme bei der Formulierung von Schleifen bzw. Verzweigungen, bei der dynamischen Rekonfiguration von Netzwerken sowie der Rückwirkung aus der graphischen Darstellung in die Simulation. Diese Hilfsmittel sind aber notwendig, um eine Steuerung der Simulation zu ermöglichen.

Des weiteren enthält ein Teil der Pakete keine Möglichkeit zur Ablaufsteuerung mit Hilfe von Batchsequenzen sowie zur Erzeugung von Animationsskripten mit automatischer Umsetzung von Storyboards.

2.1 Das Programmsystem RSYST

Das am Rechenzentrum der Universität Stuttgart in der Entwicklung und im Einsatz befindliche Programmsystem RSYST [7] weist wesentliche Eigenschaften auf, die es von anderen Programmsystemen unterscheiden. Als zentrale Komponente enthält RSYST Datenbanken, die Datenobjekte bestimmten Typs speichern und verwalten können. Es ist möglich, beliebige eigene Datentypen einzuführen. Zur Manipulation von Daten, zu deren statistischer Auswertung sowie Visualisierung liegen Softwarebausteine, genannt RSYST-Moduln, vor. Die Kontrollsprache des RSYST-Monitors erlaubt flexibles Abarbeiten von Moduln mit Schleifenbildung, Verschachtelung, Rekursion, Abbruch und Neustart von Sequenzen etc. Vor allem liegt die gleiche Systemumgebung bei Simulation und Visualisierung vor. Dies macht die Rückwirkung aus der Visualisierung in die Simulation leicht möglich.

2.2 Die Visualisierungskomponente in RSYST

In den letzten Jahren wurde ein workstationorientierter Modul zur Visualisierung von technisch-wissenschaftlichen Daten in RSYST entwickelt. Er basiert auf der Graphiklibrary GL von Silicon Graphics bzw. dem internationalen Standard PHIGS. Der Modul erlaubt das einfache Zufügen von neuen Darstellungsformen in Form einzelner Prozessoren. Er weist Darstellungsmethoden für 2D-Skalar- und Vektorfelder, für 3D-Felder usw. auf. Ziel ist es, eine möglichst umfangreiche und flexible Sammlung von Bausteinen mit alternativen Darstellungsmethodiken zu erhalten (siehe Abbildung 2). Da zur Visualisierung eine möglichst flexible und interaktiv nutzbare Benutzeroberfläche gehört, wurde der Visualisierungsmodul mit einer entsprechenden Maus-/Windowoberfläche auf der Basis von Forms [8] versehen.

3 Verteilte Visualisierung zwischen Supercomputer und Workstation

Ein Teil der Verteilungsmethodiken ist durch die Infrastruktur des Rechenzentrums der Universität geprägt. Diese Infrastruktur wurde wesentlich für die Belange verteilter interaktiver Anwendungen aufgebaut.

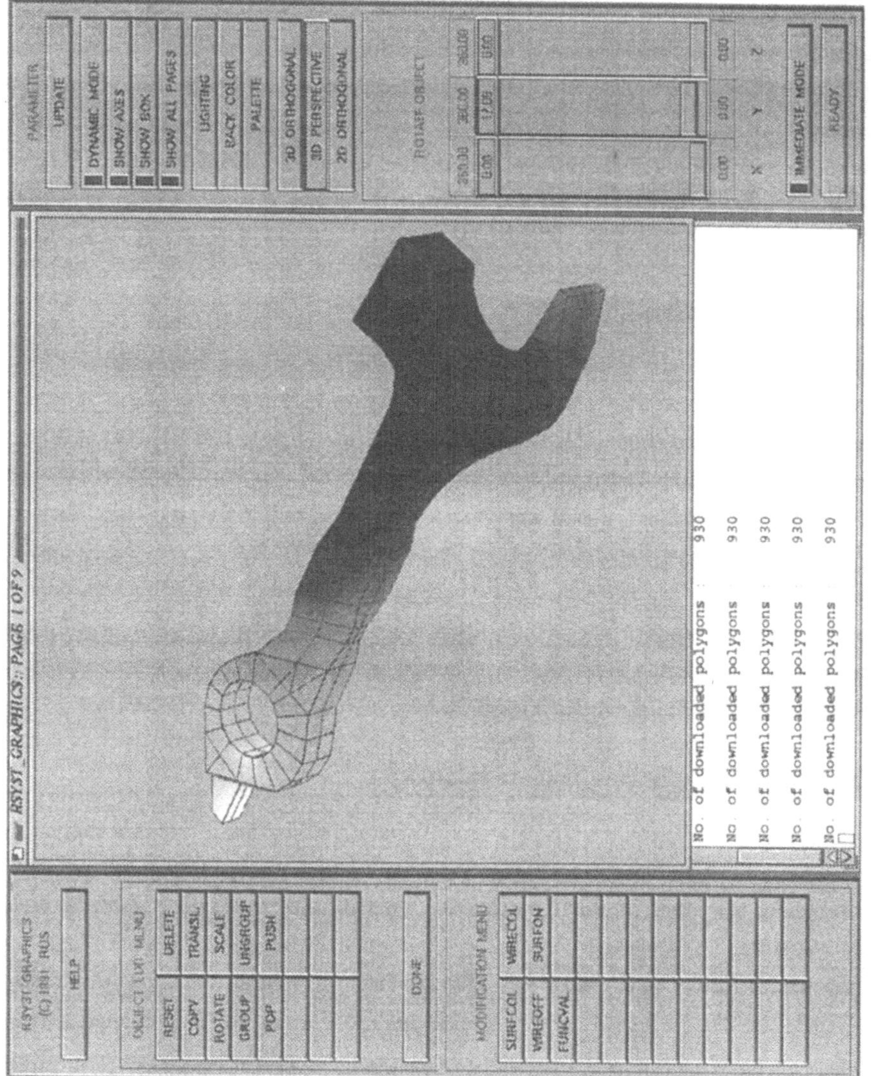

Abbildung 2. Graphik Modul in RSYST

3.1 Das Rechnernetz der Universität Stuttgart

Das Rechnernetz der Universität Stuttgart gliedert sich in drei Netzebenen mit unterschiedlicher Durchsatzleistung. Auf der untersten Ebene wird Ethernet als Kommunikationsmedium eingesetzt. Darüber befindet sich FDDI mit erhöhter Durchsatzleistung. Schließlich verbindet UltraNet bei höchster Leistung den Supercomputer CRAY-2 und den Fileserver CRAY-YMP sowie Mainframes und schnelle Workstations (siehe Abbildung 3).

3.2 Zeitliche Struktur des Bearbeitungsprozesses

Zur Verdeutlichung der weiteren Überlegungen wird die nachfolgende Strukturierung vorgeschlagen. Sie gliedert die Problembehandlung in Berechnung, Aufbereitung und Visualisieren. Abhängig von der Zeitspanne, die jeder der drei Schritte benötigt, ist eine interaktive Arbeitsweise möglich bzw. der Batchbetrieb notwendig.

3.2.1 Interaktive Simulation in Realzeit

Der hier gewählte Begriff Realzeit besagt nicht, daß die Simulation in der gleichen Zeit abläuft, die das physikalische Problem benötigt. Atomare Vorgänge laufen im Nanosekundenbereich ab, astrophysikalische Vorgänge können Jahrmillionen benötigen. Es kommt lediglich darauf an, den Simulationsablauf in einem solchen Zeitmaßstab darzustellen, daß er vom Menschen als dynamisch erfaßt werden kann.

Die interaktive Simulation in Realzeit läßt sich in zwei Arbeitsmethoden unterteilen.

- Bei zweidimensionalen Rechnungen mit stark variierenden Maschenweiten ist es sinnvoll, die Bilderzeugung direkt auf dem Supercomputer durchzuführen, da hier die Vorteile einer Graphikhardware, wie 3D-Koordinatentransformation, Ausblenden verdeckter Flächen usw., nicht ausgenutzt werden können. Die Ausgabe erfolgt auf den UltraNet Framebuffer, bzw. bei geringerer Auflösung in das X Window einer Workstation. Der UltraNet Framebuffer erlaubt auf Grund der hohen Übertragungsrate auch animierte Bildsequenzen in voller Auflösung von 1280*1024 mit 24 Bit Farbtiefe.

- Bei komplexen dreidimensionalen Berechnungen erscheint es sinnvoll, die Aufteilung der Arbeiten so vorzunehmen, daß jeder Rechner das tut, was er am besten kann. In unserem Fall wird die vektorisierende CRAY-2 zur Durchführung von Berechnungen sowie zur Zwischenpufferung großer Datenmengen eingesetzt, während die Fähigkeit der Graphik-Hardware in Hochleistungsworkstations zur 3D-Koordinatentransformation, Ausblenden verdeckter Flächen, Beleuchtungseffekte, Schattierung von Oberflächen usw. benutzt wird. In diesem Fall werden Informationen aus der Simulation auf die Workstation übertragen und dort in graphische Repräsentationen umgesetzt.

Da die graphischen Darstellungen parallel zur laufenden Simulationsrechnung stattfinden, ist es möglich, bei Fehlern in der Simulation die laufenden Berechnungen sofort abzubrechen, bzw. durch Änderung von Parametern den weiteren Verlauf direkt zu beeinflussen. Die direkte Darstellung der Auswirkungen einer Parametervariation läßt den Wissenschaftler ein Gefühl für das Systemverhalten bekommen, das mit anderen Methoden nicht zu erhalten wäre. Auf diesem Prinzip basieren Flug- und Fahrsimulatoren. Nur stellen sie spezielle Hard- und Softwareentwicklungen dar, während hier versucht werden soll, Supercomputer und Workstations mit einem Softwarekonzept über ein Rechnernetz zu integrieren.

3.2.2 Interaktive Auswertung von Berechnungsergebnissen

Benötigt die Simulation mehrere Stunden oder Tage, so wird sie im Batchmode durchgeführt. Ein dynamisches Verhalten ist bei direkter Visualisierung der laufenden Simulation nicht mehr feststellbar. Dennoch kann eine derartige Überwachung sinnvoll sein, um eine Berechnung bei falschem Verhalten vorzeitig abbrechen zu können. Während der Berechnung werden Daten auf dem Fileserver zur späteren Auswertung abgelegt.

Geht man davon aus, daß die darauffolgenden Schritte interaktiv durchführbar sind, so tritt wiederum die Unterscheidung zwischen Framebuffer- und Workstationausgabe auf. In diesem Fall beschränkt sich die Kontroll- und Rückwirkungsmöglichkeit auf den Auswertungsprozeß.

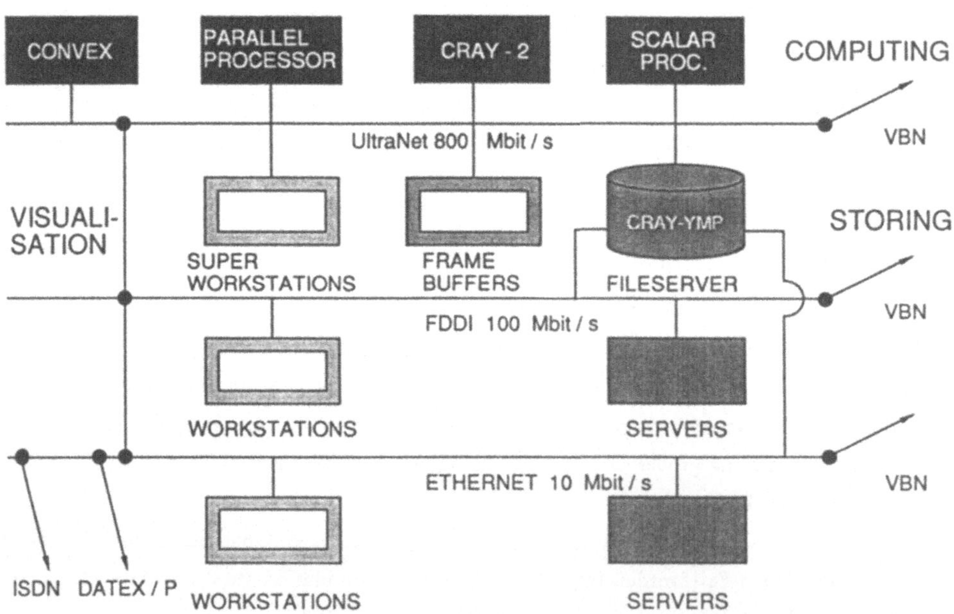

Abbildung 3: Rechner und Netzwerk der Universität Stuttgart

Da die eigentliche Simulation bereits viel früher durchgeführt wurde, ist es nicht mehr möglich darauf einzuwirken.

Trotz reduzierter Einflußmöglichkeit ist diese Verarbeitungsmethode derzeit noch am weitesten verbreitet, da sie keine Modifikation bei vorhandenen Simulationsprogrammen benötigt und eine große Variationsbreite in den Auswertungsmöglichkeiten bietet. Der Wissenschaftler oder Ingenieur ist in der Lage, die Darstellungsmethode zu wählen. Er kann Blickwinkel, Zoomfaktoren usw. bestimmen; er kann Teile auswählen, andere unterdrücken. Farbe zur Darstellung von Information kann beliebig gewählt werden. Außerdem ist es möglich, zeitabhängige Darstellungen in Zeitlupe, Zeitraffer, vor- oder rückwärts oder als Standbilder zu betrachten. Da die Berechnungsergebnisse noch vorliegen, ist es möglich, zusätzliche Auswertungsschritte nachzuschalten, um daraus die aufbereitete Darstellung zu erstellen. Diese Möglichkeiten reichen vielen Ingenieuren und Wissenschaftlern bereits.

3.2.3 Interaktive Bildfolgenauswertung in Realzeit

Geht man davon aus, daß sowohl die Berechnung als auch die graphische Darstellung nicht interaktiv durchführbar ist, z.B. weil die graphische Darstellung auch auf Höchstleistungsworkstations zu lange dauert, so wird auf Einzelbildaufzeichnungsverfahren übergegangen. Diese können entweder auf dem UltraNetwork mit dem schnellen Fileserver als Speichermedium und Framebuffer als Ausgabemedium oder mit einer Workstation als Ausgabemedium stattfinden.

Wie bei den vorherigen Fällen können alle Verarbeitungsschritte bis zur Bilderzeugung auf dem Supercomputer ablaufen. Dieser speichert die Bildfolge auf dem schnellen Fileserver, der in der Lage ist, Bilder ausreichend schnell auf den Framebuffer zu schicken. Bei einer Größe von über 3 MB pro Bild und mindestens 15 Bilder/Sekunde muß dabei eine Datenrate von mindestens 45 MB/s von den Magnetplatten über den Hauptspeicher auf das UltraNet übertragen werden. Der Benutzer ist dabei lediglich in der Lage, die Wiedergabegeschwindigkeit der Bildfolge zu beeinflussen.

Die zweite Arbeitsmethode verwendet ebenfalls den Höchstleistungsrechner zur Durchführung der Simulation. Berechnungsergebnisse werden auf dem Fileserver abgelegt. Die Generierung graphischer Darstellungen der Berechnungsergebnisse findet auf der Workstation unter Ausnutzung von Graphikhardware statt. Ist dieser Prozeß zu langsam, um dynamische Abläufe zu erfassen, so werden die einzelnen Bilder mit Hilfe von Videogeräten und Einzelbildaufzeichnungsverfahren gesammelt, um später als kontinuierlicher Film wiedergegeben zu werden. Diese Vorgehensweise wird immer häufiger gewählt, z.B. kann so auch mit billigen langsamen Workstations die Auswertung komplexer Simulationen vorgenommen werden. Da die Ausstattung zur Einzelbildaufzeichnung und weiteren Verarbeitung dieser Filme zentral am Rechenzentrum vorliegt, fallen hierfür keine Beschaffungskosten bei den Workstations an. Die Methode hat den Nachteil, daß die Auswertung der Filmanimation sich durch die Produktionszeit auf der zentralen Einrichtung nochmals verzögert.

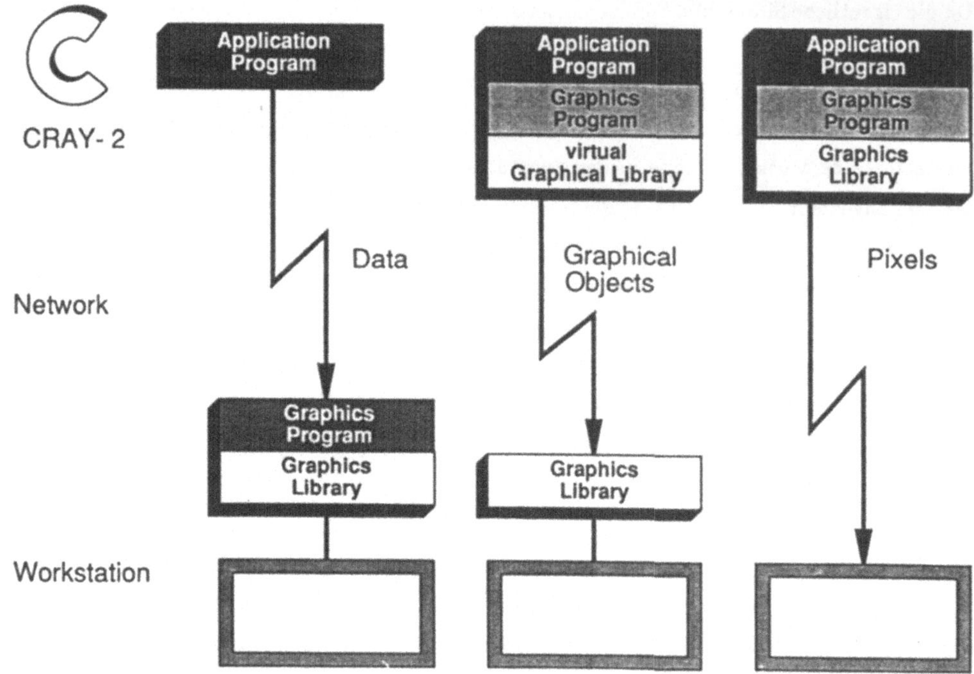

Abbildung 4: Informationsaustausch zur Visualisierung von Anwendungen

Anstatt Videoausstattung zur Einzelbildaufzeichnung zu verwenden, wird bei fallenden Hauptspeicherkosten in zunehmendem Maße das Sammeln der Einzelbilder im Hauptspeicher durchgeführt. Anschließend können diese Bilder durch schnelles Kopieren in den Videospeicher animiert betrachtet werden. Abhängig von der Leistungsfähigkeit der Workstation variiert die Bildgröße und Animationsgeschwindigkeit. Bei Verwendung von Kompressionsverfahren kann die Szenenlänge wesentlich vergrößert werden.

3.3 Verteilungsprinzipien bei der interaktiven Visualisierung

Abbildung 4 zeigt die verschiedenen Möglichkeiten, eine direkte interaktive Darstellung von laufenden Simulationen durchzuführen. Die gleichen Verteilungsmethoden lassen sich auch bei der Auswertung von gespeicherten Berechnungsergebnissen anwenden. Die zugrundeliegende Idee ist, daß für den Benutzer das Verhalten des Programmsystems lokal auf der Workstation oder verteilt zwischen Supercomputer und Workstation identisch sein soll. Mit der Ausnahme, daß die zusätzliche Rechenleistung des Supercomputers ausgenutzt wird. Der Benutzer erhält somit den Eindruck, seine Workstation sei mit der Leistungsfähigkeit eines Supercomputers ausgestattet.

Die Fallunterscheidung wird an Hand der Schnittstelle vorgenommen, an der Informationen zwischen Supercomputer bzw. Fileserver und Ausgabegerät über das Netzwerk verteilt wird. Wesentliches Kriterium zur Wahl einer bestimmten Verteilungsschnittstelle ist, die Menge der zu übertragenden Information zu minimieren.

3.3.1 Übertragung von Pixelimages

In diesem Fall wird die komplette Graphikpipeline auf dem Supercomputer implementiert. D.h., im Hauptspeicher werden die Pixelimages generiert und dann über ein Rechnernetz auf das Ausgabegerät übertragen. Als Ausgabegerät reicht ein Framebuffer aus. Es ist aber auch möglich, X Windows zur Verteilung von Pixelimages zu nutzen. Bei großem lokalem Speicher für den X Window Server lassen sich so ganze Bildsequenzen animieren.

Diese Verteilungsschnittstelle ist sinnvoll, wenn die Berechnungsergebnisse in bestimmten Bildbereichen so dicht liegen, daß mehrere Daten in einem Pixel zusammengefaßt werden. Somit wird im Pixelimage eine kleinere Datenmenge übertragen als in den Originaldaten vorliegt. Als weiteres Kriterium kann der Aufwand zur Berechnung des Bildes aufgeführt werden. Falls der Bildinhalt durch parallele bzw. vektorisierende Algorithmen erzeugt werden kann, ist es sinnvoll, die Bilder nicht durch eine Workstation erstellen zu lassen.

3.3.2 Übertragung von graphischen Objekten

Die Übertragung graphischer Objekte kann im einfachsten Fall durch die Implementierung von verbreiteten Graphikprogrammierschnittstellen wie z.B. PHIGS oder GL von Silicon Graphics auf der Basis von Remote Procedure Calls realisiert werden. Beide Schnittstellen wurden am RUS in Form von virtuellen Graphiklibraries implementiert. Das verteilte PHIGS basiert auf Grundsoftware, die im Rahmen eines DFN-Projektes [9] am Rechenzentrum der Universität Stuttgart entwickelt wurde. Das verteilte GL (DGL) basiert auf einer Quellversion von Silicon Graphics Inc., die zum Zwecke der Portierung verkauft wird. Die Portierung auf die CRAY-Umgebung wurde im wesentlichen vom National Center for Supercomputer Applications (NCSA) durchgeführt. Am RUS wurde die Fortran Schale erstellt. Abhängig von der jeweiligen Software gibt es unterschiedliche Objekttypen. Weder PHIGS noch DGL weisen höhere Graphikobjekte auf. PHIGS hat aber gegenüber dem üblichen Einsatz von GL den wesentlichen Vorteil, daß graphische Informationen in einem Strukturspeicher (Structure Storage) zwischengepuffert und erst später abgearbeitet werden. Eine wiederholte Abarbeitung unter geändertem Betrachtungswinkel bedeutet lediglich ein erneutes Abarbeiten des lokalen Strukturspeichers auf der Workstation bei geänderter Rotationsmatrix. D.h., die Durchsatzrate des Netzwerks beeinflußt vor allem die Übertragungsraten beim Laden des Strukturspeichers, hat aber keine Auswirkung auf die Rotationsgeschwindigkeit größerer Gebilde. Bei DGL ergibt sich ein anderes Bild. Da nicht alle Graphikoperationen in graphischen Objekten speicherbar sind, ist der „Immediate Mode" oft die einzige Möglichkeit zur graphischen Ausgabe. Hier wirkt sich die Netzübertragungsrate unmittelbar auf die Rotationsgeschwindigkeit von Objekten aus. Während das UltraNet mit seiner hohen Übertragungsrate noch für einen gewissen Ausgleich sorgt, treten bei der Verteilung über Ethernet im Vergleich zur lokalen Ausführung gravierende Unterschiede zutage.

Die Verteilung auf der Basis von DGL wird z.B. in der RSYST-Graphik eingesetzt. Um auf der SGI-Workstation die identische Umgebung wie lokal zu haben, wurde das Forms Paket ebenfalls auf die CRAY portiert.

3.3.3 Übertragung von Anwendungsobjekten

Oft liegt die Schnittstelle mit der minimalen zu übertragenden Datenmenge irgendwo im Anwendungsbereich. Ein einfaches Beispiel liegt in der Chemie vor. Bei Beschreibung der Atomoberfläche im Molekül als Folge vieler kleiner Dreiecke ist zwar eine anschauliche Darstellung durch Schattieren möglich, die benötigte Datenmenge ist jedoch hinreichend groß im Vergleich zu den bisherigen Darstellungen. Bei Einführung eines „Balls-and-Sticks" Modells reduziert sich die übertragene Datenmenge ganz wesentlich auf Atomtyp, Position im Raum, Durchmesser sowie Stablänge, Orientierung und Farbe.

Der wesentliche Nachteil dieser Vorgehensweise für den Anwendungsprogrammierer liegt in der Notwendigkeit, die Schnittstellen für die Verteilung jeder neuen Anwendung selbst zu erstellen. Bei Verwendung der am RUS entwickelten Libraries kann die Anpassung durch einfaches Dazuladen durchgeführt werden.

Ein Beispiel dieser Art der Verteilung ist in MPGS [10] realisiert. Hier werden Objekte, wie z.B. ganze Baugruppen, lokal gespeichert und wiederholt abgearbeitet, ohne erneut Informationen über das Netz zu übertragen.

4 Ausblick

Nachdem die Grundkonzepte zur Verteilung von Anwendungen erarbeitet und in einigen Anwendungen auch erfolgreich erprobt und im Einsatz sind, sollte die Entwicklung auf zukünftige Formen kooperativen Arbeitens in der oben beschriebenen Hardwareumgebung ausgeweitet werden. Neue Technologien, wie z.B. Multimedia, virtuelle Realitäten usw., bieten neue Möglichkeiten, das wissenschaftliche Arbeiten zu unterstützen. Forschung und Entwicklung in diesem Bereich werden bald zu neuen Formen von Workstations am Platz des Ingenieurs und Wissenschaftlers führen.

Literatur

[1] Craig Upson, Visualization of 2D and 3D Datasets, Siggraph 89 Workshop Boston 1989

[2] Special issue on Visualization in Scientific Computing; Computer Graphics Volume 21, Number 6, November 1987 ACM SIGGRAPH

[3] Ulrich Lang et al., Scientific Visualization in a Supercomputer Network, Eurographics Workshop on Visualization in Scientific Computing, Clamart, France, April 1990

[4] Craig Upson et al., The Application Visualization System: A Computational Environment for Scientific Visualization, IEEE Computer Graphics & Applications, July 1989

[5] D. Scott Dyer: apE Providing Visualization Tools for a statewide Supercomputing Network, Proceedings of the 24th Semi-Annual Cray Users Group Meeting

[6] Khoros Consortium: Khoros - A Common Environment for Software Exchange and Development, University of New Mexico 1991

[7] R. Rühle, RSYST an Integrated Modular System for Reactor and Shielding Calculations; Conference on Mathematical Models and Computational Techniques for Analysis of Nuclear Systems, Ann Arbor, USAEC Conf-730414-P2, April 1973

[8] Mark H. Overmars: Forms A Graphical User Interface Toolkit for Silicon Graphics Workstations, Version 1.5, Department of Computer Science, Utrecht University

[9] Rolf Rabenseifner, Distributed Applications between Workstations and Supercomputer using ISO/OSI Protocols, Cray User's Group 1991 Spring Proceedings

[10] Multi Purpose Graphics System MPGS, Cray Research Inc.

Supercomputer im Netz – Podiumsdiskussion

Hans–Werner Meuer

Rechenzentrum der Universität Mannheim

L 15,16

6800 Mannheim 1

Zusammenfassung

Zum Abschluß des Mannheimer Supercomputer–Tutoriums 1991 fand eine zweistündige Podiumsdiskussion unter meiner Leitung statt. An der Diskussion nahmen die Referenten des Tutoriums, die Herren **Grund** (GMD), **Iffert** (debis), **Johanni** (Cray), **Kroj** (Cray), **Kuse** (Alliant), **Lang** (Uni Stuttgart), **Paulisch** (Uni Karlsruhe), **Schmidt** (Ultra Network), **Winkens** (Uni Mannheim) teil. Für den erkrankten Referenten Baetke (Convex) sprang Herr **Erkens** (Convex) ein. In der Diskussion wurden 6 Themenkomplexe diskutiert, die sich im Verlauf des Tutoriums herauskristallisiert hatten. Im folgenden wird aus der Tonbandaufzeichnung ein ziemlich ausführlicher Extrakt der Podiumsdiskussion, an der sich auch Teilnehmer aus dem Auditorium beteiligten, wiedergegeben.

Folgende Themenkomplexe wurden diskutiert:

1. Können Workstations, die durch ein Netz lose gekoppelt sind, eine Konkurrenz zu Vektor– und Parallelrechnern darstellen?

2. Ist eine CRAY Y–MP wirklich als Fileserver notwendig?

3. Wie ist der Stand der Hochgeschwindigkeitsnetze sowie der kooperativen Datenverarbeitung zwischen Supercomputer und Hochleistungsworkstations?

4. Auf welche Standards im Netzbereich soll man setzen?

5. Ist Supercomputing einfach genug für den Endanwender?

6. Wie muß man Applikationen strukturieren, um sie optimal im Netz zu verteilen?

1. **Themenkomplex:** Können Workstations, die durch ein Netz lose gekoppelt sind, eine Konkurrenz zu Vektor– und Parallelrechnern darstellen?

Meuer: Stefan Paulisch hat in seinem Vortrag am ersten Tag des Tutoriums die provozierende These aufgestellt, daß die gestellte Frage hier mit ja zu beantworten ist. An der Universität Karlsruhe hat man ja bereits praktische Erfahrungen im

Einsatz von vielen miteinander gekoppelten SUN-Workstations, die gemeinsam an einem Problem gearbeitet haben. So wurde z.B. der bekannte Film von Alfred Schmidt (Occursus cum novo) in der Nacht durch Hunderte von SUN-Rechenstunden erzeugt, also zu einer Zeit, da diese Workstations sowieso brach liegen und von keinem Wissenschaftler benutzt werden. Ich bitte zunächst mal die Podiumsteilnehmer um ihre Meinung.

Kroj: Ich habe in meinem Vortrag während des Seminars schon darauf hingewiesen, daß aus Sicht der Firma Cray solche gekoppelten Workstations keine Konkurrenz zu Supercomputern darstellen. Es ist eine sinnvolle Ergänzung. Natürlich wird es Anwendungen geben, die heute auf Vektorrechnern laufen und die in Zukunft auf Workstations laufen können. Aber auch umgekehrt wird es vorkommen, daß Leute, die bisher mit der Leistung einer Workstation zufrieden waren, plötzlich sehen, daß sie größere Probleme in Angriff nehmen wollen und dann auf den Vektorrechner migrieren; ich halte es für eine sehr gute Entwicklung, vor allen Dingen für den Anwender. Konkurrenz zu den Vektorrechnern sehe ich nicht.

Erkens: Zu verteilten Anwendungen auf Workstations möchte ich uneingeschränkt ja sagen, wir kennen solche Beispiele aus der Praxis, wo man das mit leistungsfähigen Workstations tun kann. Man hat dann allerdings eine grobgranulare Parallelität in den Problemstellungen, so daß das machbar ist. Im Supercomputerseminar in Mannheim letzte Woche haben wir allerdings gelernt, daß solche grobgranularen Probleme noch gar nicht so oft in der Praxis vorzufinden sind. Konkurrenz zu Vektorrechnern sehe ich im Moment auch nicht, aber das wird sich sicherlich in den nächsten 5 bis 10 Jahren ändern.

Grund: Ob man jetzt mit solchen Konfigurationen wirklich Höchstleistungen erreichen kann, bezweifle ich ein wenig, weil ja da das Problem der hohen Start up-Zeit reingeht. Aber bei vielen Anwendungen ist ein solcher Ansatz sinnvoll, mir ist auch Software bekannt, die diese verteilte Verarbeitung mit Workstations unterstützt: Für SUN-Systeme, für Transputersysteme und für RS/6000-Systeme gibt es solche Software.

Meuer: Was Herr Grund sagt, kann ich unterstreichen, auch ich kenne hier zumindest für den homogenen Workstationverbund Software, die vorhanden ist. Bei der BASF in Ludwigshafen hat man Molecular Design auf der Basis von Parallelverarbeitung mit Workstations des IBM RS/6000 Systems durchgeführt.

Iffert: Man sollte die Frage allgemeiner diskutieren, sich also nicht nur auf Workstations konzentrieren, sondern auf Rechner im Netz allgemein. Es macht durchaus Sinn, sowohl eine Workstation als auch eine CRAY, als auch eine Convex durch eine Applikation gemeinsam zu nutzen, wenn Kapazitäten frei sind. Aber im letzten Themenkomplex werden wir da ja wohl noch drauf zu sprechen kommen.

Schmidt: Leute, die keinen Supercomputer haben, haben natürlich sehr wohl auch das Recht, mit den zur Verfügung stehenden Mitteln das zu versuchen, und da gibt es sicher gute Ansätze, von denen mir insbesondere sehr ernstzunehmende Versuche mit der RS6000 von IBM bekannt sind.

Paulisch: Ich möchte eigentlich die These, die ich aufgestellt hatte, noch ein bißchen erweitern. Sie haben ja in dem Vortrag von Herrn Kuse von Alliant gehört, daß man sich Gedanken über ein ABI (Application Binary Interface) macht. Aber das gilt nicht nur für die Intel i860-Seite, sondern SUN hat so etwas Entsprechendes auch schon vorgeschlagen, so daß eigentlich von der Softwareseite es in Zukunft möglich sein wird, Programme auf jeder beliebigen Rechnerarchitektur laufen zu lassen. Dann hat man natürlich auch die Möglichkeit, jede Software beliebig zu verteilen. Und das bedeutet natürlich, wenn ich heute an den Vortrag von Herrn Kuse denke, daß sich doch der Benutzer eigentlich die kostengünstigste Ressource aussucht – gerade wenn er mit Geld rechnen muß.

Kuse: Ich denke, man sollte die Applikation, die von der Größe her auf eine Workstation paßt, auch auf der Workstation bearbeiten. Ein Fall, der auf einen Mini-Supercomputer paßt, sollte man auf dieser Klasse von Maschinen rechnen und eben die ganz großen Fälle, die ganz großen Modelle, auf einem ganz großen Rechner, wie etwa auf einer Cray beispielsweise in Angriff nehmen.

2. Themenkomplex: Ist eine CRAY Y–MP wirklich als Fileserver notwendig?

Meuer: Bekanntlich hat das Rechenzentrum der Universität Stuttgart, das ja schon seit einigen Jahren eine CRAY 2 betreibt, kürzlich eine CRAY Y–MP (1 Prozessor) als Fileserver in ihr Netz integriert. Es geht hier also um einen Hochleistungsrechner, ob man den nun wirklich umfunktionieren soll zu einem Fileserver. Wann ist das sinnvoll? Wann ist das eine wirtschaftliche Lösung? Da ist natürlich sofort Herr Lang aus Stuttgart gefragt.

Lang: Ich denke, es ist in der Zwischenzeit allgemein akzeptiert, daß man Serverkonzepte verfolgt im Netz, dedizierte, spezifische Hardware für bestimmte Funktionalitäten einsetzt: Printserver, Plotserver, in dem Sinne gibt es auch die Computeserver, und dann sollte man wohl auch Fileserver einsetzen. Fileserver gibt es in den meisten Instituten in der Zwischenzeit, da ist es wohl akzeptiert. D.h. der Begriff des Fileserver ist nicht das Problem. Wenn ich nun in die obere Klasse gehe und überlege, wenn ich nun schon so einen Numbercruncher habe und den entlasten möchte, dann ist doch wohl der erste Punkt, daß ich einen Fileserver in einer adäquaten Klasse bekomme, damit der Numbercruncher seine eigentliche Arbeit tun kann. D.h. der Fileserver darf diesen Numbercruncher nicht ausbremsen. Der darf nicht so langsam sein, daß die CRAY 2 – um jetzt auf Stuttgart zu sprechen zu kommen – ihre Daten nicht schnell genug rauskriegt. Nun können Sie fragen, warum statten Sie Ihre CRAY 2 nicht mit entsprechend großen Platten aus. Aber wir in Stuttgart halten das Prinzip des Entkoppelns für besser geeignet. Nach einigen Jahren ist der Numbercruncher zu ersetzen durch ein Nachfolgemodell, was machen Sie da? Sie werfen Ihre Platten alle mit weg, weil Sie auf einen anderen Hersteller umsteigen? Wenn Sie aber entkoppeln, wenn Sie dedizierte Fileserver haben, dedizierte Computeserver, dann können Sie den Computeserver ersetzen und den Fileserver erhalten, solange Sie die entsprechenden Konzepte im Netz haben, d.h. die einzelnen Komponenten miteinander arbeiten können. D.h. mit Entkopplung kommen Sie ziemlich weit.

Ein weiterer Punkt ist bei uns die Sicherheit, Security. Security macht sehr viel aus und Sie können, wenn Sie entkoppeln, dedizierte separate Maschinen haben, d.h. ein Security-Problem auf der einen Maschine muß die andere Maschine noch nicht tangieren. Wenn Sie aber Funktionalitäten zusammenfassen, dann haben Sie sofort ein ernstes Security-Problem, das sich von einer Maschine auf die andere Maschine überträgt.

Paulisch: Mich selbst hat es doch sehr stark verwundert, wie viele Vektorrechnerhersteller das Fileserverkonzept einfach für ihre Maschinen übernommen haben. Also, ich finde das schon mit Kanonen auf Spatzen geschossen. Insbesondere wenn ich mal so einige – und ich komme aus der Leistungsanalyse-Ecke – einige Meßdaten so anschaue. Bei unserem SUN4-Fileserver im Informatikrechenzentrum in Karlsruhe haben wir gerade mal eine Auslastung von etwa 30%. D.h. wenn man da nicht noch irgendeine Simulation drauf laufen läßt, dann kann man die CPU gar nicht richtig auslasten. Man verschwendet sonst, ganz extrem ausgedrückt, wirklich Rechenkapazität.

Lang: Die Begründung in Stuttgart war, wenn es einen Hersteller gibt, der ausreichende Durchsatzraten für die Fileserverfunktionalität bieten kann, aber keine Vektorisierungseigenschaft in der CPU hat, dann kaufen wir natürlich so eine Maschine. Wir brauchen nicht die Vektorisierung, bloß, die können die nicht rausnehmen. Die ist Bestandteil der Maschine. Wir wollten einen Fileserver, wir wollten keine Maschine, die vektorisieren kann. Sie bekommen heute nur Maschinen mit dieser geforderten Durchsatzleistung, wenn die Notwendigkeit vom Hersteller her erkannt wurde, daß die die haben muß, und die ist normalerweise nur dann vorhanden, wenn die Maschine vektorisiert oder eine Hochleistungs-CPU hat. Wenn Sie mir eine SUN anbieten würden, die mit 20 MB/s Datenübertragungsrate sustained aus dem Netz rausgeht, würden wir die sofort nehmen können.

Meuer: Es kommt immer darauf an, wie die Anwendungen aussehen. Eine CRAY als Fileserver für SUNs betrachte ich als wenig sinnvoll. Da kommt man wirklich mit wesentlich geringerer Kapazität aus.

Lang: So wie der Fileserver bei uns in Stuttgart drinhängt, soll der Fileserver in der Lage sein, von einem Supercomputer mit adäquater Geschwindigkeit Daten abzunehmen. Wenn der CPU-Server mit 20 MB/s schreiben will und der Fileserver nimmt nur mit einem halben MB/s ab, dann bremst er den Computeserver aus. Compute- und Fileserver müssen eine adäquate Klasse haben.

Kroj: Vielleicht ist es auch ein bißchen der falsche Blickwinkel, auf die ganze Sache draufzugucken und sich zunächst zu fragen, wieso brauche ich einen Supercomputer als Fileserver. Zunächst muß man die Anforderungen spezifizieren, die haben was mit den Netzmöglichkeiten und den Durchsatzraten zu tun. Die haben vor allen Dingen aber auch etwas mit Software zu tun, als Fileserver verstehe ich schon mehr als einfach eine NFS-Fähigkeit. Übrigens ist es schon versucht worden, eine Gruppe von SUNs als Fileserver für die CRAY fungieren zu lassen, das hat Herr Gottschewski beim ZIB in Berlin probiert, der kann das nicht mehr empfehlen. Ich glaube auch, wir diskutieren hier so ein bißchen nach dem Motto: Muß ein kinderloses Ehepaar ohne Verwandtschaft ein Auto mit vier Türen haben; ich meine, es sind halt die Hecktüren dabei, aber so sollte man es nicht sehen. Sondern man sollte es von den Anforderungen her definieren, und da kommt halt ein Rechner in diesem Leistungsbereich heraus.

Kuse: Wir haben bei unserer FX/2800-Architektur und sehr preiswerten I/O-Modulen außerordentlich hohe Übertragungsraten gemessen, damals beim RUS waren es ungefähr 19 MB/s. Mittlerweile sind die Platten schneller und die Software besser geworden. Ich denke, daß schnelle Skalarprozessoren hier eine preiswerte Alternative zu Cray bieten können.

Erkens: Ich glaube, wenn man die Frage stellt, braucht man eine CRAY Y-MP als Fileserver, dann könnte man genauso gut fragen, braucht man eine CRAY Y-MP zum Rechnen. Beide Fragen sind teilweise mit ja zu beantworten. Mir scheint der Begriff Fileserving auch nicht klar genug definiert zu sein. Tatsache ist allerdings, daß man für sehr große Datenübertragungsraten heute die klassischen Vektorrechner als die besten Fileserver braucht.

Schmidt: Nach meiner Kenntnis hat das RUS in Stuttgart einen relativ kostengünstigen Preis für die Y-MP als Fileserver gezahlt, und wenn das Argument Geld wegfällt, ist eigentlich alles andere schon gesagt worden.

Meuer: Also, Sie meinen, Herr Schmidt, eine CRAY Y-MP, die ich geschenkt bekomme, ist auch als Fileserver recht, oder wie?

Schmidt: Genau. Das klingt natürlich jetzt ein bißchen polemisch, aber so ist es nicht gemeint gewesen.

Kroj: Ich glaube, daß da Herr Schmidt nicht ganz auf dem laufenden ist, was die Preisgestaltung in Stuttgart betrifft.

3. **Themenkomplex:** Wie ist der Stand der Hochgeschwindigkeitsnetze sowie der kooperativen Datenverarbeitung zwischen Supercomputer und Hochleistungsworkstations?

Meuer: Beim Vortrag von Herrn Kroj wurde geschildert, wie eine Silicon Graphics Star Workstation über ein Hochleistungsnetz mit einer CRAY verbunden war. Wer kann sich das erlauben? Wo ist das gerechtfertigt? Wer kann sich überhaupt Hochgeschwindigkeitsnetze erlauben?

Paulisch: Wenn man Analysen von der Gardner Group glauben darf, dann heißt es ja, daß Mitte der 90er Jahre FDDI-Komponenten so billig werden wie heutzutage ETHERNET-Komponenten. Und dann stellt sich mir ein bißchen die Frage nach Hoch-/Höchstgeschwindigkeitsnetzen in der Form von FDDI als wohl zukünftigem Standard für High Speed LAN; die Frage nach dem Preis stellt sich nicht mehr so sehr.

Johanni: Ich möchte dazu die Bemerkung machen, daß Sie für die ganze Sache eigentlich keine Hochgeschwindigkeitsnetze brauchen. Nach meiner Erfahrung läuft das alles hervorragend jetzt schon mit ETHERNET. Wir haben den ganzen Film, den Sie gesehen haben, über eine 40 KBit-Leitung in die USA gemacht. Es ist die Frage, wie Sie Ihre Daten strukturieren. Aber ein ausgesprochener Bedarf für Hochgeschwindigkeitsnetze ist da nicht unbedingt vorhanden, wenn Sie Pre/Postprocessing auf der Workstation machen und das dann per Knopfdruck auf einen Supercomputer schicken.

Lang: Wenn Sie mit der Rechenleistung hochgehen, sollten Sie die Daten, die Sie produzieren, auch adäquat weiterverarbeiten können, und Sie sollten sie speichern können. Sie können natürlich argumentieren, ich nehme ein Netz, das ist bloß ein Zehntel so schnell, dann brauche ich halt zehnmal so lang, um die Daten durchzukriegen. Man kann bei Supercomputern ähnlich argumentieren, ich nehme eine halb so schnelle CPU, dann warte ich halt doppelt so lang. Warum rechnen Sie so schnell? Warum mache ich überhaupt Supercomputing? Wenn ich das akzeptiert habe, dann muß ich auch weiter überlegen, jetzt habe ich die Riesendatenmengen produziert. Es gibt bestimmt Probleme, da wird aus den Zwischendatenmengen ein einfaches Bild und dann habe ich alle Informationen, die ich brauche. Da muß ich nicht viel rausschaffen. Es gibt aber bestimmt andere Fälle, wo Sie halt sehr große Datenmengen weiterverarbeiten, rausschaffen müssen, um sie weiter zu verarbeiten: also z.B. als grafische Repräsentationsübertragung oder z.B. Auslagerung auf den Fileserver. Wenn wir dieses Konzept haben, wie vorhin erläutert, den Compute- und Fileserver in Stuttgart, dann brauche ich ein schnelles Netz dazwischen, sonst nützt mir der Fileserver nichts. Wenn Sie schon einen schnellen Computeserver und einen schnellen Fileserver haben, dann müssen Sie auch ein schnelles Netz dazwischen akzeptieren.

Schmidt: Wenn man Supercomputing macht, und da gebe ich Herrn Lang zu 100% recht, dann müssen wir es auch mit allen Komponenten des Standbeins tun. Der Hocker mit drei Stühlen, der steht nicht. Natürlich ist Ultra nicht geschaffen worden, um telnet schnell zu machen. Mit Gigabit/s tippen auch die wenigsten, das ist ja nicht die Anwendung.

Kroj: Wir wollen von Cray nicht die Existenzberechtigung schneller Netzwerke in Frage stellen. Im Gegenteil, Herr Johanni hat das vorhin so nicht ausdrücken wollen. Auf die Frage: "Braucht man ein superschnelles Netzwerk, um überhaupt in die kooperative Datenverarbeitung Workstation/Supercomputer einzusteigen?" heißt die Antwort: "Das hängt vom Problem ab". Zunächst mal ist natürlich die Frage, welche Netzinfrastruktur hat man schon? Ich sehe da ein großes Potential im ISDN. Es gibt heute schon Router, die heute wirklich 128 KB/s daraus machen. Dann braucht man sicherlich zusätzliche Infrastruktur. Schließlich ist auch der Druck der Anwender auf die Telekom durchaus sinnvoll. Zum Ausprobieren mag ja Datex P langen, aber für den vollen Filetransfer brauche ich schon die Leistung, wie sie etwa das VBN bietet.

Winkens: Ich möchte direkt an meinen Vorredner anschließen: Wenn die Post ein High Speed Network kurzfristig tarifiert zur Verfügung stellen kann, also mit Tarifierungsbereichen im Sekundenbereich, könnte ich mir vorstellen, daß das dann die Anwendung wäre, die gerade die Universitäten im Zugriff auf Supercomputer gebrauchen können.

Iffert: Vielleicht noch eine kleine Bemerkung dazu. Ich glaube, als die Leute noch kein Telefon hatten, nur Trommeln, dann haben sie auch das Telefon nicht vermißt, weil sie es nicht kannten. Ich glaube, das kann man auf die Hochgeschwindigkeitsnetze übertragen. Denn ich meine, ISDN zeigt gerade, daß die Leute etwas mehr wollen, als nur telefonieren. Ich glaube, wenn man Hochgeschwindigkeitsnetze hat, dann kann man damit sehr viel mehr machen als nur auf Supercomputer zugreifen. Ich denke, die braucht man schlichtweg, um mit anderen Institutionen, mit anderen Wissenschaftlern kommunizieren zu können. Der Supercomputerzugriff spielt vielleicht nur eine Vorreiterrolle.

Lang: Es läuft genau in die gleiche Richtung, was ich sagen wollte. Sie können das Szenario für die Zukunft konstruieren, wo da nicht bloß diese Computeserver im Netz hängen, sondern große Datenbankserver, die Zugriffe auf große Datenmengen anbieten. Sie können sich kooperative Projekte europaweit vorstellen, wo Wissenschaftler meinetwegen in Paris, Berlin, Rom oder sonstwo, auch auf dem Land meinetwegen, in kleinen Forschungszentren sitzen und die kooperativ miteinander arbeiten. Wenn zwei Wissenschaftler gemeinsam eine Strömungssimulation durchgehen und diskutieren wollen, dann sollten die beiden auf ihren Workstations sehen, was da passiert, also dynamisch, wenn es auf die Dynamik ankommt. D.h. sie müssen die entsprechenden Informationsmengen mit ausreichender Geschwindigkeit austauschen, daß sie die Verzögerungszeiten draushaben, damit sie das gemeinsam durchsprechen können. Sie müssen schnell genug auf Datenbankserver zugreifen können, wo diese ganzen Ergebnisse gespeichert sind, so daß sie Zugriff haben auf Berechnungsergebnisse, die lange gelaufen sind auf irgendwelchen Computeservern, die auch im Netz hängen. Sie können sich da wirklich Infrastrukturen für die Zukunft vorstellen, die auch sehr realistisch sind. Momentan denkt keiner daran, derart kooperative Projekte zu machen, einfach weil die machbare Infrastruktur fehlt.

Iffert: Ich unterstreiche das voll, ich meine, gerade in der Industrie ist eigentlich Bedarf da, z.B. bei ESA-Projekten, die europaweit laufen. Nur ist das im Moment alles nicht finanzierbar. Denn man muß sehen, der Bereich, der hier in der Industrie angesprochen ist, das ist Forschung und Entwicklung. Und Forschung und Entwicklung hat normalerweise nicht das dicke Portemonnaie, das normalerweise die kommerzielle Datenverarbeitung hat. Ja, ich befürchte, daß man schlichtweg von der Entwicklung in der kommerziellen Datenverarbeitung abhängig ist.

Kroj: Ich glaube, gerade im Bereich Kommunikation könnte man europaweit sehr viel machen. Kommunikation heißt auch, schnelle Kommunikation über Ländergrenzen hinweg zu betreiben, damit geballtes europäisches Know-how an einem einzigen Problem gemeinsam arbeiten kann. Nur irgendwer muß Druck machen. Wenn sich also jeder mit dem Mißstand abfindet, dann kommen wir nicht weiter. Ich glaube gerade, daß die Universitäten und Großforschungseinrichtungen vorne dran sein sollten.

Paulisch: Die Herausforderung stellt sich allerdings nicht im lokalen Bereich, da gibt es ja viele Lösungen: FDDI, DQDB, Ultranet. Die Herausforderung stellt sich eigentlich mehr an die PTTs, d.h. an die öffentlichen Kommunikationsbetreiber.

Meuer: Das ist vollkommen klar, daß sich hier die Monopolstellung beispielsweise der Telekom in mancher Hinsicht für uns Anwender negativ auswirkt. So leiden wir etwa in Mannheim darunter, daß wir als Nichtcampusuniversität Postausgleichsgebühren zahlen müssen, also dafür bestraft werden, daß wir hier in Mannheim die gewachsene Situation mit dem zugegebenerweise sehr schönen alten und größten existierenden Barockschloß haben.

Lang: Vielleicht kann Herr Kroj mehr dazu sagen. Es gibt in USA diese Gigabit-Initiative, die sehr stark darauf rausläuft, die großen Forschungszentren zu vernetzen, im Gigabit-Bereich, das läuft genau dort hin, wo wir momentan viel zu langsam hingehen.

Kroj: Gut, ich muß also sagen, es gibt mehrere Gigabit-Initiativen und Gigabit-Projekte, ich bin auch sehr stolz darauf, daß die alle noch im Projektstatus waren, während wir hier in Stuttgart das erste Gigabit Network weltweit gezeigt haben; es ist aber sicherlich Handlungsbedarf vorhanden. Cray würde sich sicherlich gerne an so was beteiligen, nur, wir können nicht die Initialzünder für so etwas sein.

Paulisch: Es geht sicher sehr viel Forschungsgeld in der nächsten Zeit in diese Initiativen in den USA. Auch hier in Europa gibt es ja Ansatzpunkte, z.B. der berühmte Rubbia-Report von CERN, in dem die High Speed Vernetzung von Industrie und Forschung europaweit spezifiziert wird. Dieses ist eine wesentliche Initiative. Nur, das muß halt vorangetrieben werden.

Meuer: Zum Aspekt Hochgeschwindigkeitsnetze würde mich jetzt abschließend auch die Meinung des Auditoriums interessieren. Wie sind Ihre Planungen zu Hause? Ist das alles noch in ganz ferner Zukunft oder sind Sie da auch kräftig involviert?

Franz (Bundesamt für Seeschiffahrt und Hydrographie, Hamburg):

Wir haben sehr große Modelle laufen. Wir sind vielleicht ein gar nicht so untypischer Anwender. Wir haben ein relativ kleines, vor allem personell klein besetztes Rechenzentrum, ich selber komme aus dem Rechenzentrum. Wir sind alle aus den Angewandten Wissenschaften. Wir sind Physiker, Ozeanographen usw. Wir haben kaum Informatiker. Wir planen derzeit den Einstieg in das Supercomputing. Für uns sind Hochgeschwindigkeitsnetze kaum das Thema. Ich habe überhaupt den Eindruck, daß es bei diesem Tutorium zwei Gruppen von Anwendern gibt, auf der einen Seite die großen Universitätsrechenzentren mit hohen Leistungsanforderungen, auf der anderen Seite kleinere Gruppen, die erst am Beginn stehen. Zu dieser zweiten Gruppe gehören auch wir, und dazwischen liegen Welten. Für diese zweite Gruppe bewegt sich die Diskussion eigentlich auf einem Level, der zwar sehr interessant für uns ist, wovon wir selbst aber erst in weiterer Zukunft werden Nutzen ziehen können.

Lang: Ich möchte etwas dazu sagen. Ich glaube, der ganze Bereich ist wie die ganze Datenverarbeitung sehr dynamisch. D.h., wenn Sie in Hamburg in einigen Jahren so weit sind, um diese Dinge wie wir in Stuttgart einzusetzen, sieht die Welt wahrscheinlich ganz anders aus. Auch wir in Stuttgart haben ständig mit Änderungen zu kämpfen. Wir hatten Spezifikationen, wir haben gemessen. Die gemessenen Dinge wurden nicht eingehalten. Ich will keine Zahl nennen oder ähnliches. Messungen, ein paar Monate danach, verhielten sich wieder ganz anders. Preise ändern sich, d.h., wenn Sie eine Entscheidung zu einem bestimmten Zeitpunkt fällen, dann ist es die Entscheidung zu dem Zeitpunkt. Wenn Sie noch mal ein Jahr warten, kriegen Sie sehr schnelle Platten, direkt an den HIPPI-Kanal dran. Da können Sie dann möglicherweise Fileserverfunktionalitäten ganz anders realisieren. Wenn Sie noch mal drei Jahre warten, haben Sie optische Speichermethodiken, die ganz anders funktionieren, mit Faktoren in Zehnerpotenzen höherer Speicherdichte. Dann würden Sie wieder ganz anders vorgehen. Wenn jetzt eine CRAY Y-MP als Fileserver genommen wurde, heißt das noch lange nicht, daß wir in fünf Jahren eine ähnliche Entscheidung treffen werden.

4. Themenkomplex: Auf welche Standards im Netzbereich soll man setzen?

Meuer:
Ich habe hier auf meiner Folie exemplarisch FDDI, HIPPI, DQDB hingeschrieben. Ich möchte aber auch andere Standards, die im Laufe des Tutoriums genannt wurden, mit einbeziehen, d.h. also auch Standards wie das IEEE-Datenformat und vor allem auch TCP/IP, der sich ja als De-facto-Standard quasi weltweit durchgesetzt hat. So wurde von Herrn Grund, GMD, erwähnt, daß in dieser Einrichtung die TCP/IP-Nutzung von 40% im Jahre 1987 auf jetzt 90% angestiegen ist. Diesen ganzen Komplex möchte ich jetzt diskutieren lassen, auch Fragen behandelt wissen wie z.B. "Wo hapert es bei den Standardisierungen?", "Ist denn die ganze Normierung und die Standardisierung hinter der Technik, die machbar ist, immer hinterher?" Auch Fragen wie "ISO/OSI" könnten wir hier durchaus nochmal aufgreifen.

Erkens:
Wenn man die Frage stellt, auf welchen Standard soll man setzen, dann ist darin natürlich auch die Frage enthalten, was ist überhaupt ein Standard? Das ist natürlich für die Hersteller relativ schwierig. Wir bei Convex sind ja dafür bekannt, daß wir für die Standards, die sich durchgesetzt haben, oder für Industriestandards, eine ganz gute Nase gehabt haben, das ist sicherlich auch Teil unseres Erfolges. Dennoch möchte ich herausheben, daß man sich mit vielen Standards sehr schwer tut, wo man einfach nicht weiß, ist es ein Standard oder nicht. Beispielsweise, was ist der FDDI-Standard, wie sieht der HIPPI-Standard aus und über DQDB ist ja noch nicht sehr viel bekannt?

Meuer:
Vielleicht sollte Herr Winkens uns allen mal näher erklären, was eigentlich DQDB ist und wie der Stand ausschaut.

Winkens:
DQDB ist ein Übertragungsverfahren, das hat Herr Grund kurz hier aufgezeigt. Es laufen da z.Zt. Pilotprojekte sowohl in München als auch in Hannover und Stuttgart mit diesem DQDB. DQDB ist eine viel aufwendigere Technik als FDDI und kommt vorerst, jedenfalls im lokalen Netzbereich, überhaupt nicht zum Tragen, also überhaupt nicht in Frage. Jetzt möchte ich aber Stellung zu der Frage nehmen, was überhaupt Standards sind. Ich würde sagen, man merkt eigentlich einem Standard an, daß es wirklich ein richtiger Standard ist, in dem Moment, wo man auf diesem Standard basierende Geräte billig einkaufen kann. Ich möchte das so provokant sagen, weil ich da eigentlich die Erfahrung gerade speziell im TCP/IP-Bereich gemacht habe. Man hat eigentlich vor drei, vier Jahren, als ich in dem Bereich angefangen habe, gesagt, TCP/IP, na, noch zwei, drei Jahre kann man das betreiben, aber dann kommt ISO/OSI. Warum ist TCP/IP jetzt im Endeffekt als Quasi-Standard so stark, und warum laufen auch alle Applikationen unter TCP/IP? Ich denke in diesem Zusammenhang gerade auch an das SNMP- Management, was sich praktisch auch lawinenartig im letzten Jahr ausgebreitet hat in der Produktwelt und was zum Standard geworden ist. Nun, TCP/IP ist ganz einfach deshalb der Standard, **weil er mit jedem Unix-Host kostenlos daherkommt.** Weil TCP/IP im PC praktisch als Public Domain Software zu haben ist, und weil die entsprechende Technik dazu, nämlich die ETHERNET-Technik, auch viel preisgünstiger zu haben ist als jede andere Technik, die eigentlich vom Aufwand her nicht so aufwendig ist und deswegen viel günstiger sein müßte. Wenn ein Quasi-Standard wie TCP/IP sich deutlich als der Standard zu erkennen gibt und

der Anwender entsprechende Produkte am Markt günstig erwerben kann, dann kann es dem Anwender nur recht sein. Der Blick auf Standards ist eigentlich dort am wichtigsten, wo die Infrastruktur nicht einfach in beliebiger Zeit ausgetauscht werden kann. Der Markt ist schnellebig, die Protokolle sind auch sehr schnellebig, aber z.B. bei der Kabelinfrastruktur kann ich nicht so einfach alle fünf Jahre austauschen. Da muß man sich wirklich am sorgfältigsten umsehen, was da im Moment der Standard ist, wo der Weg hinläuft. D.h. im konkreten Fall, man installiere zunächst erst einmal ein Glasfaserkabel. Wenn ich ein Standardkabel benutze, dann kann ich zunächst erst einmal preisgünstig ETHERNET fahren und den FDDI-Ring erst dann betreiben, wenn ich mir FDDI auch wirklich erlauben kann. D.h. wir in Mannheim haben die Erfahrung gemacht, daß man insbesondere an den Stellen, wo man wirklich nicht alle paar Jahre einfach mit preisgünstigen Maßnahmen austauschen kann, besonders darauf achten muß, welche Standards verwendet werden sollen.

Kuse: Es waren ja die Punkte HIPPI, FDDI gefallen und auch ETHERNET. Ich denke, genau wie bei künftigen Rechnerhierarchien in einem heterogenen Client/Server-Modell muß man auch die Netze sinnvoll einsetzen. Workstations eben mit langsamen Netzen untereinander verbinden, dann die Workstation hin zu mittelgroßen Compute- und Fileservern über schnellere Netze und die großen Rechner mit der mittleren Schiene über schnelle Netze, um hier sowohl Filetransfer machen zu können als auch letztlich der Rechengeschwindigkeit der großen Systeme Rechnung zu tragen. Letztlich regelt das ganze der Preis, den die jeweilige Hierarchieebene kosten wird.

Schmidt: Bei Standards sind natürlich immer die eigenen die besten. Und auch das Wort Standard hat einen unheimlich guten Ruf, ähnlich dem Biobrot oder den Bioprodukten, das ist auch ein Etikett, was einfach besser klingt als eine nackte Zahl. Wenn wir z.B. Unix als Standard nehmen, unterscheidet sich ein Unix-System teilweise so gravierend vom anderen, daß man eigentlich nicht von Standard reden soll. Um es noch mehr zu verwirren, sage ich mal FDDI 2, nur mal das Schlagwort. Wenn also FDDI Standard ist, dann ist FDDI 2 doch ein würdiger Nachfolger? Dabei ist es ein völlig totes Produkt, was wahrscheinlich nur wenige Leute kennen. Ich sehe in der Netzwerkwelt, darauf haben wir uns ja hier beschränkt, einen triadischen Ansatz, also unten ist ETHERNET, und das wird es auch noch sehr lange geben, dann gibt es das FDDI in der Mittelschicht und – hoffentlich – Ultra in der Oberklasse mit vielleicht noch einem HIPPI Switch als lokalem Switch Network.

Meuer: Ich möchte hier hervorheben, daß ein Standard immer zwei Phasen hat. Die erste Phase ist der Zeitpunkt, zu dem der Standard niedergeschrieben wird, und die zweite Phase, wenn er vom Benutzer wirklich akzeptiert wird.

Kroj: Ich stimme dieser Sichtweise zu. Es gibt wirklich viele Standards, die wieder in der Schublade verschwinden, nämlich dann, wenn der Benutzer sie nicht akzeptiert. Bei TCP/IP gab es ganz einfach Leute, die sich vernetzen wollten, die also ein Netz betreiben wollten und die etwas machen mußten. Bei ISO hat man sich leider am grünen Tisch hingesetzt. Durchaus waren da auch Leute dabei, die vom Betreiben eines Netzes nicht unbedingt viel Ahnung hatten, und die haben dann versucht, einen Standard zu definieren. Jetzt gibt es soundsoviele europäische und internationale Gremien, die das auch jetzt noch harmonisieren wollen. Aber es gibt niemanden, der wirklich konsequent hingeht und z.B. ETHERNET weiter aufbaut. Der DFN hat das versucht, aber jetzt bin ich mir nicht mehr so sicher, daß die das auch weiter verfolgen werden.

Weisz (Universität Wien):

Wer einmal in einem Normierungsgremium mitgearbeitet hat, weiß, daß ein Standard, der von dort herkommt, immer sehr lange dauert, denn es gibt viel zu viele Leute, die mitreden wollen. Man muß aber auch mal etwas Positives dazu sagen: Bei diesen Standardisierungen wird immer versucht, die neuesten theoretischen Erkenntnisse so mit einzubauen, daß der Standard nicht morgen obsolet ist. Das ist sicher mit einer der Hauptgründe, warum es bei den offenen Systemen nur so schleppend weitergeht. Für einen Benutzer trifft wahrscheinlich genau das zu, was Herr Lang vorhin gesagt hat, er bestellt zu einem bestimmten Zeitpunkt ein Produkt, schaut sich halt schnell um, ob er das in seiner Umgebung so einsetzen kann und setzt es ein. Ich glaube, mehr ist nicht drin. Denn das Warten auf eine formale Norm, gerade in der Datenverarbeitung, ist in vielen Fällen einfach nicht möglich. Die kommt dann, wenn das Produkt schon veraltet ist, das nach dieser Norm eingesetzt werden soll.

van Eimeren (Siemens Nixdorf):

Ich denke, daß Standards absolut wichtig sind, und zwar aus einem ganz simplen Grund. Standards sind die Hoffnungen des Anwenders, sich sein Leben leichter zu machen. Das ist vollkommen unabhängig davon, ob das ein De–facto–Standard ist wie TCP/IP, oder ob es ISO ist. Es ist einfach die Hoffnung, daß gewisse Dinge wie z.B. Portierungen einfacher werden, sei es in einer standardisierten Programmiersprache wie z.B. FORTRAN77 oder PASCAL oder ADA, wie auch immer, die eben nicht hundert Prozent übertragbar sind. Aber sie sind es zu 99,9%. Und mir sind eben nur zwei Tage Arbeit wichtiger als zwei Monate Arbeit. Das ist es, was wichtig an einem Standard ist.

Lang: Ich glaube, wir hätten gar nicht den Begriff Standard nehmen sollen, sondern den Begriff "breiter verfügbar". Man redet von Quasi–Standards, sobald etwas breiter verfügbar ist. Warum hat Unix einen so Riesendrive? Unix ist nicht gleich Unix, aber es ist ausreichend gleich Unix.

van Eimeren: Na gut, das kommt drauf an. Wie gesagt, wenn ich reine Anwendungsprogramme mache, und nur die absoluten Standardmechanismen wie Pipe- und Dateiumlenkung benutze, dann habe ich kein Problem. Wenn ich natürlich hingehe und setze shared memory ein und jetzt mit System V Release 4 Memory Map Files usw., dann habe ich Probleme, denn es ist auf älteren Versionen einfach nicht in dem Maße verfügbar.

Iffert: Das Problem bei debis ist, daß debis über das gesamte Bundesgebiet verteilt ist und darüber hinaus die unterschiedlichsten Rechnerarchitekturen einsetzt. Ich denke, was die Hersteller im Moment machen können, ist, daß sie Standards unterstützen. Also, auch wir bei debis sind natürlich für Standards. Aber ich glaube nicht, daß ein Supercomputerhersteller oder ein Hochgeschwindigkeits- netzhersteller im Moment in der Lage ist zu sagen, ich habe jetzt ein Konzept für euch, debis, und verkabele euch die ganze Bundesrepublik, indem ich Lichtfaserleitungen miete und bringe euch alle Protokolle da drauf, die ihr braucht. Es ist mein Eindruck, daß aus unseren Gegebenheiten heraus wir im Moment alles selbst machen müssen und vielleicht sogar von dem Know-how, was wir dabei gewinnen, demnächst auch wieder profitieren können.

5. Themenkomplex: Ist Supercomputing einfach genug für den Endanwender?

Meuer: Die Frage, die sich stellt, lautet, anders formuliert: "Sind wir mit unserem Supercomputing heute schon so weit, daß ein "normaler" Chemiker, Physiker, Biologe oder Ingenieur mit FORTRAN-Kenntnissen sich dieser für ihn so wichtigen Werkzeuge bedienen kann?" Oder müssen wir ihm vom Rechenzentrum z.B. her eine Art Konsultation in Vektorisierung, Parallelisierung, Animation usw. vorhalten, d.h. brauchen wir Spezialistenteams, die als Interface zum Endanwender eingesetzt werden? Auf Glanzprospekten versuchen die Hersteller von z.B. Parallelrechnern ja immer wieder darzustellen, wie einfach die Parallelisierung doch eigentlich ist. Jedes Kind ist schließlich dazu in der Lage, das durchzuziehen.

Weisz: Die meisten Supercomputerhersteller bieten heute schon Tools an, autovektorisierende Compiler, Compilerdirektiven, Laufzeitsysteme usw., die auch immer besser geworden sind und die es dem Wissenschaftler ermöglichen, in recht einfacher Weise sein FORTRAN-Programm zumindest auf Vektorrechner zu portieren. Um allerdings wirklich effizient Leistung aus dem Supercomputer herauszubekommen, dann, wenn ich mich am oberen Ende des Leistungsbereichs bewegen möchte, dann ist es unumgänglich, daß es dann nur durch eine sehr enge und intensive Zusammenarbeit des Fachwissenschaftlers mit den entsprechenden EDV- bzw. Supercomputerspezialisten zu bewerkstelligen ist.

Lang: Also, wenn ich zurückdenke an die Anfangszeit, wo ich noch mit Lochkarten gearbeitet habe und mit Hexadezimalcode irgendwelche Fehler im Programm gesucht habe, so glaube ich, aus dieser Perspektive heraus hat sich einiges getan. Sie bekommen inzwischen auf Supercomputern Oberflächen wie X-Windows und andere, die, wenn Sie nicht programmieren müssen, gut zu verwenden sind. Wenn die Anwender allerdings versuchen zu programmieren, dann rennen sie schnell in eine Komplexität hinein, so daß sie nicht ohne Spezialisten auf diesem Gebiet auskommen werden. Also, die Grundtechniken, Compiler, Arbeitsmethodiken haben sich stark verbessert, alles aber, was jetzt neu hinzugekommen ist, ist immer dann recht komplex, wenn man programmieren will.

Iffert: Jeder Benutzer, der etwa eine Hochschulausbildung hat, kann heute Supercomputer nutzen. Das ist so einfach, daß er sich dort einarbeiten kann. Aber ich glaube, daß die Leute, die wissenschaftlich arbeiten, sich nicht einarbeiten sollten, weil ihnen das einfach zu viel wertvolle Zeit für ihre eigentlichen Aufgaben nimmt. Ich glaube, es ist besser, daß man in einem Team zusammenarbeitet, wobei man sich als Wissenschaftler all die Dinge von Spezialisten abnehmen läßt, die mit Rechnerarchitektur und besonderen Methodiken zusammenhängen. Dann kann man sich wesentlich mehr der Wissenschaft widmen und effektiver arbeiten.

Lang: Ganz kurz bloß direkt dazu. Das ist so die Frage, fahre ich nur Taxi oder habe ich meinen Führerschein gemacht, damit ich zumindest ein paar Grundfunktionalitäten machen kann und wo, wo ist die Schnittstelle? Wie weit gehe ich? Mache ich es mir ganz einfach oder brauche ich ein paar Grundfunktionalitäten, gewinne dadurch aber auch sehr viel?

Iffert: Ja, ich glaube, dieses Beispiel trifft nicht so ganz, denn ich kann ja den Führerschein machen und trotzdem den ICE benutzen.

Meuer: Gilt Ihre These noch, Herr Lang, daß es heute so einfach ist, wenn Sie jetzt Parallelrechner mit einbeziehen? Sind wir dann auch schon so weit?

Lang: Da bin ich wahrscheinlich der falsche Ansprechpartner. Ich habe es mir bloß einfach gemacht und mich mehr auf Vektorisierung konzentriert und mich zu wenig um Parallelisierung gekümmert, um dazu wirklich relevant etwas sagen zu können.

Meuer: Der Erfolg der Vektorrechner kam ja zu dem Zeitpunkt in der Industrie, als man über hervorragende selbstvektorisierende Compiler verfügte. Das war etwa Mitte der 80er Jahre der Fall und heute, kann man sagen, ist es Stand der Technik, ob das Convex oder Cray oder die japanischen Hersteller bzw. Alliant sind. Heute verfügen alle diese Hersteller über gleich gut ausgereifte Produkte, weil die Grundideen von Leuten wie Kuck, Polychronopoulos, Kennedy und Mitarbeitern stammen. Dieses Problem ist also mehr oder weniger gut gelöst, soweit es überhaupt automatisch lösbar ist. Heute braucht also keiner mehr mit der Hand zu vektorisieren, es sei denn, er will nun wirklich die allerletzte Leistung aus seinem Vektorrechner herauskitzeln. Aber bei Parallelrechnern sind wir von diesem Stand noch ein ganzes Stück entfernt.

Grund: Ja, das kann ich unterstreichen, was die Parallelrechner betrifft. Es hängt auch ganz wesentlich vom Typ des Parallelrechners ab. Wenn man die Alliant z.B. sieht, die mit shared memory arbeitet, dann gibt es überhaupt kein Problem, um irgendein x-beliebiges Programm zu nehmen und unter FORTRAN laufen zu lassen. Ein Problem ist es natürlich schon, wenn man eine hohe Leistung will, d.h. in diesem Fall muß man sich schon mit den Optimierungstechniken auseinandersetzen. Das gleiche gilt im Prinzip auch für die Connection Machine, einen SIMD-Rechner, worauf man auch sehr leicht bestehende Programme laufen lassen kann. Für die Optimierung muß ich mir aber auch bei der CM2 von Thinking Machines schon eine Menge einfallen lassen. Das eigentliche Problem sind aber die local memory MIMD-Rechner wie z.B. die Transputerrechner von Parsytec oder der Suprenumrechner, wo man im Grunde genommen das gesamte Programm von Anfang an neu entwickeln muß und einen unglaublichen Testaufwand hat. Hier gibt es auch keine vernünftige Unterstützung.

Meuer: Also, die Meinung von Herrn Grund geht in die Richtung, so glaube ich, bei shared memory-Konzepten ist es relativ einfach zu parallelisieren; Alliant, Cray und auch Convex bieten hier autoparallelisierende Compiler an, die zumindest auf Loop-Level parallelisieren. Bei local memory-Systemen muß ich eben größere Granularität haben, hier wird die Sache kompliziert, mit der Portierung bestehender Programme ist es hier automatisch fast nicht mehr möglich. Der probleminhärente Parallelismus kann de facto nicht automatisch erkannt werden.

Weisz: Hier kann kein Compiler helfen, sondern da brauchen wir einen Spezialisten, eben einen Mathematiker, Algorithmiker allgemein, und das ist sicherlich nicht im allgemeinen der Fachwissenschaftler, denn der sieht ja das Problem von seinem Arbeitsgebiet durchaus in einem viel größeren Umfeld. Dieser Fachwissenschaftler wird sich also üblicherweise einen Mathematiker mit entsprechender Kenntnis über Rechnerarchitektur holen und ich glaube, die schöne heile Welt mit "na, unsere Compiler tun alles" ist sicherlich nicht die Lösung.

Erkens: Die Compiler können und sollen auch nicht alles tun, sondern da müssen natürlich die Spezialisten ran, wo immer es geht. Nur, nicht jeder hat immer einen Spezialisten direkt zur Hand. Deswegen muß man möglichst viel automatisch machen können.

Franz: Ich möchte noch einmal auf die Compiler zurückkommen. Herr Meuer hat schon gesagt, daß eigentlich die Vektorisierung heutzutage abgehakt ist, also Stand der Technik ist. Also, wenn ich das Supercomputing, was heute so angesprochen wird, mal aufteile in Parallelverarbeitung und Vektorverarbeitung, mich nur mal auf den Vektorteil konzentriere, dann stimmt es zwar im Prinzip, daß man sagt, der Stand der Vektorisierung ist sehr hoch, verglichen mit der Zeit, wo ich zum erstenmal die Vektorprogramme habe laufen lassen, beispielsweise auf einer Cyber205, dennoch gibt es auch heute große Unterschiede zwischen der qualitativen Vektorisierung, also wo der Compiler sagt "fully vectorized" und dem was quantitativ, relativ zur Peak Performance der Maschine wirklich unter dem Strich herauskommt. Ich denke, daß es da noch viel zu tun gibt, daß es da auch noch Unterschiede zwischen unterschiedlichen Architekturen gibt, wie gut oder wie schlecht im Sinne der Effizienz die Vektorisierung auf der Maschine realisiert ist.

Kroj: Ich wollte noch einmal an die Ausgangsfrage erinnern: "Ist Supercomputing einfach genug?", und ich würde sagen "nein". Ich glaube auch, daß da noch sehr viel zu machen ist. Die erste CRAY wurde ohne Betriebssystem und ohne Compiler gekauft. Diese Technologie haben wir jetzt abgehakt. Aber ich sehe jetzt durchaus neue Aufgaben für ein Rechenzentrum. Herr Lang hat das, glaube ich, schon sehr gut geschildert, daß man eben eine Gruppe von Spezialisten hat, die zusätzliche Services jetzt dem Benutzer bringen wie z.B. Visualisierungs-Service o.ä. Es ist ja auch so, daß die Akzeptanz von Supercomputern in der Industrie nicht nur durch autovektorisierende Compiler gekommen ist. Das ist sicherlich ein wichtiger Faktor, aber ich glaube nicht, daß beispielsweise die Mercedes-Benz AG einen Supercomputer gekauft hat, weil so ein toller autovektorisierender Compiler drauf war, sondern da ging es darum: Wie schnell könnt ihr unsere Applikationen lösen? Und da war NASTRAN, und da war unser Zukunftspotential. Wer glaubt, man hätte nichts mehr zu tun, um Supercomputing einfach zu machen, der entzieht sich der Realität.

Iffert: Ich glaube, das Supercomputing ist schon im Moment einfach zu nutzen. Ich habe die Aufgabe, bei debis reale Codes auf die Maschine zu bringen. Dabei stelle ich immer wieder fest, daß eigentlich gerade der Stand der kommerziellen Software, aber auch von Hochschulsoftware überhaupt, nicht so ist, wie der sein könnte. Es gibt sehr viel Software heute, die überhaupt nicht vernünftig vektorisiert ist, obwohl man sie von den Algorithmen her sehr gut vektorisieren könnte. Es liegt eben natürlich einfach daran, daß die Wissenschaftler häufig gar keine Zeit haben, ihre Codes auf Vektoralgebra umzuschreiben. Was ich aber heute sagen kann, ist, daß ich mit den Tools, die ich von den Herstellern bekomme, um Analysen zu fahren für Optimierungen auf Vektorrechnern, daß die zufriedenstellend oder teilweise recht gut sind. Aber, ich glaube, das ist der Stand der Technik und man müßte eigentlich erst noch einmal zehn Jahre vektorisieren, bevor man wirklich anfängt, richtig zu parallelisieren.

6. Themenkomplex: Wie muß man Applikationen strukturieren, um sie optimal im Netz zu verteilen?

Meuer: Wir kommen hier im sechsten und letzten Themenkomplex auf die Fragestellung zurück, die wir bereits im ersten Themenkomplex behandelt haben. Jetzt wollen wir aber die Frage nicht unter dem Aspekt eines durch ein Netz verbundenen homogenen Systems von Knotenrechnern betrachten, sondern allgemeiner davon ausgehen, daß in einem Netz Supercomputer, Mainframes, Workstations usw. lose gekoppelt sind.

Paulisch: Ich denke, daß es ganz sinnvoll ist, wenn man von den Applikationen selber ausgeht, also insbesondere, welche Ressourcen sie benötigen. Wenn ich also hohe CPU-Leistung benötige, dann müssen eben die Rechner rausgesucht werden, die hohe CPU-Leistung zur Verfügung stellen. Ein anderes Kriterium ist etwa die Verfügbarkeit des Hauptspeichers usw. Schön wäre es, wenn man die Anforderungen in der Applikation selbst fixieren könnte, also so etwas wie Compilerdirektiven einbauen könnte. Dann müßte man bezüglich dieser speziellen Attribute die ganze Anwendung im Netz optimieren.

Kroj: Zunächst einmal, glaube ich, muß schon ein Anreiz vorhanden sein, eine Applikation zu verteilen. Denn wenn das Ganze etwa auf meiner Workstation auf dem Tisch geht, sehe ich nicht ein, warum ich diese ganzen Netzkosten und was da alles mit zusammenhängt auch noch tragen soll. Dann kommt es sehr darauf an, daß entsprechende Tools vorhanden sind, die mir überhaupt eine Analyse des Laufzeitverhaltens meines Programmes, etwa bezüglich des potentiellen Parallelisierungsgrads, des Vektorisierungsgrads usw., zur Verfügung stellen, so daß ich also mehr oder weniger mit der Nase darauf gestoßen werde, das und das sind die Subroutine oder die Schleifen, die sich sehr gut parallelisieren, vektorisieren etc. lassen, und daß man dann eine Softwaretechnologie hat, die es erlaubt, solche Routinen auszulagern.

Kuse: Also, man sollte Anwendungen heute grundsätzlich auf Netzwerktopologien abbilden und modular aufbauen, d.h. also den Numbercrunchinganteil, der stand alone auf dem Computeserver rechnen kann, vernünftig mit Daten versorgen, dem Computeserver übergeben und andererseits die Module z.B. auf der Workstation belassen, die vernünftigerweise dort laufen können. Die Module müssen miteinander kommunizieren, müssen einfach bedienbar sein und die Daten auch möglichst durch ein Visualisierungstool entsprechend grafisch aufbereitet werden können.

Emmen (SARA, Universität Amsterdam):

Im Seminar wurde in der letzten Woche der Supercup verliehen und da war auch eine Verteilte Anwendung auf einer Connection Machine CM2 und einer CRAY Y–MP. War das nun nur ein Spielzeug oder ist das auch Teil einer vernünftigen Verteilten Anwendung?

Meuer: Ja, man sollte das vielleicht kurz denjenigen erläutern, die nicht im Seminar dabei waren und damit auch nicht bei der Preisverleihung. Es war also in diesem Jahr erstmalig der Mannheim SuParCup '91 ausgelobt worden, die Beteiligung war erfreulich hoch mit 27 Arbeiten und 54 Teilnehmern. Mit dem dritten Preis wurde eine Arbeit eines Teams aus Pittsburgh ausgezeichnet vom internationalen Preisverleihungskomitee, die, und hierauf hat Herr Emmen eben angespielt, eine Verteilte Anwendung auf einer Thinking Machines CM2 und einer Y–MP von Cray mit 8 Prozessoren zur Grundlage hatte. Wenn Sie so wollen, wurde bei dieser Arbeit ein Synergieeffekt zwischen der CM2 und der CRAY Y–MP erzielt, indem die besten Eigenschaften beider Architekturen in hervorragender Weise ausgenutzt wurden. Jetzt aber zur Frage von Herrn Emmen, die ich gerne an Herrn Kroj weitergeben möchte, weil ja seine Firma zumindest zu einem erheblichen Teil an der Geschichte beteiligt war. Sehen Sie, Herr Kroj, hier eine Zukunft für solche Verteilten Anwendungen, es ist ja, unter uns gesagt, keine ganz billige Lösung?

Kroj: Ja, ich glaube, wir sehen da direkt eine Zukunft, denn ich habe das ja auch in meinem Tutoriumsbeitrag vorgestellt als die Cray-Strategie, um jetzt auf Teraflops Performance zu kommen. Insbesondere habe ich auch ausgeführt, daß man das nur in einer Kopplung eines General Purpose Supercomputers, wie des CRAY Y–MP beziehungsweise seines Nachfolgers, C90, und eines Massiv Parallel Systems wird schaffen können. Im Moment ist das Ganze natürlich auch bei Cray noch reiner Forschungsbereich. Also, wir haben das Projekt, das Sie eben angesprochen haben, aus Pittsburgh, stark unterstützt, wir haben da keine Berührungsängste. Da muß nur noch viel Arbeit geleistet werden. Es ist schon der richtige Weg, aber wir sind noch lange nicht da.

Emmen: Für mich war das Beispiel aus Pittsburgh jetzt eigentlich der erste Fall einer hochinteressanten Verteilung eines Problems auf zwei völlig verschiedene Supercomputerarchitekturen. Eine Frage an Herrn Kroj: Wird es das in Zukunft noch mehr geben, ich denke dabei nicht nur an Crays und Connection Machines, sondern z.B. auch an nCube's, iPSCs und was noch dazu gehört. Oder ist das zu schwierig?

Kroj: Ja, ich glaube schon, daß man so etwas machen muß, um zu sehen, welche Probleme da auftreten. Auch wir bei Cray haben eine solche Sache mit mehreren Cray-Systemen gemacht, das habe ich ja während des Tutoriums vorgestellt. Mit 28 CPUs, die nicht alle direkt als homogen zu bezeichnen waren, hat das sehr gut geklappt. Da gehörte ja auch ein Stück Software dazu, um so etwas zu tun. Ich würde also jetzt keine direkte Aussage wagen, ob das mit wirklich völlig heterogenen Systemen sinnvollerweise ganz dynamisch irgendwann mal 1995 geht. Aber es ist sicherlich ein Gebiet, mit dem es lohnt, sich zu beschäftigen und auch entsprechende Pilotversuche zu machen.

Meuer: Soweit ich Ihr MPP-Projekt bei Cray verstehe, handelt es sich allerdings nicht um eine lose Kopplung zu Ihrem General Purpose Supercomputer, sondern um eine eher enge Kopplung über sehr schnelle Kanäle. Es ist ja von einem Gigabyte pro Sekunde die Rede.

Kroj: Richtig. Also zunächst mal, glaube ich, braucht man so eine Autobahn, um die Kommunikation nicht zum Bottleneck werden zu lassen, das hat man ja auch bei diesen Attached Array–Prozessoren gesehen, da war die Kommunikation das Problem, aber jetzt hat man, basierend auf Standards wie z.B. HIPPI und Ultranet, die Basis, um die Softwaretechnologie implementieren zu können, und das machen ja auch die meisten Firmen, die so etwas vorhaben, um nachher diese Autobahn auszunutzen.

van Eimeren: Ich sehe in diesem gesamten Komplex eine große Herausforderung an die Softwaretechnologie. Denn nur durch Softwaretechnologie kann ich die Ressourcen, die mir da zur Verfügung gestellt werden, auch vernünftig nutzen. Das ganze Serverkonzept nutzt mir nichts, wenn ich die Softwaretechnologie dazu nicht habe.

Meuer: Meine Damen und Herren, die für die Diskussion vorgesehenen zwei Stunden sind abgelaufen, sicherlich hätten wir die interessante Diskussion beliebig weiterführen können. Ich danke Ihnen, den Podiumsteilnehmern, für Ihre Beiträge, aber auch Ihnen, meine Damen und Herren im Auditorium, für Ihre Aufmerksamkeit, besonders aber auch für Ihre aktive Beteiligung.

Autorenverzeichnis

Baetke, Frank ist Leiter des Bereichs Software und Systemanalyse der CONVEX-Computer GmbH, in die er 1987 eintrat. Er war vorher als Akademischer Rat an der TU München tätig und promovierte dort 1985 mit einem Thema aus der numerischen Strömungsmechanik.

Grund, Helmut ist stellvertretender Abteilungsleiter der GMD-Abteilung 'Höchstleistungsrechner'. Von 1979 bis 1989 war er bei der GMD Leiter der Systemgruppe 'BS2000 und PDN'. Er hat ein Studium in Mathematik, Physik und Informatik an der Universität Bonn absolviert.

Iffert, Rüdiger ist seit 1990 Anwendungsberater für 'Supercomputing in der Chemie' beim debis Systemhaus in Ottobrunn. Studiert hat er theoretische Chemie mit Promotion in Hannover 1985. Er wechselte 1987 in die Industrie (IABG) und war bereits dort als Anwendungsberater tätig.

Johanni, Rainer ist seit 1988 bei Cray Research GmbH tätig und dort mit der Unterstützung und Optimierung von Supercomputeranwendungen im CAD/CAE-Bereich beschäftigt. Er hat an der TU München Maschinenbau studiert und dort promoviert.

Kroj, Wolfgang ist Leiter des Bereichs 'Marketing und Vertriebsunterstützung' der Cray Research GmbH. Nach dem Studium der Mathematik und Physik an der Universität Mainz ging er 1982 zu Cray, hier lag zunächst sein Arbeitsschwerpunkt im Bereich des Networking.

Kuse, Kolja ist seit Herbst 1991 bei Cray Research GmbH. Er studierte Elektrotechnik an der RWTH Aachen und legte dort sein Diplom ab. Nach verschiedenen Tätigkeiten bei DATA GENERAL von 1985 – 1988 war er bei Alliant Computer Systems GmbH von 1988 – 1991 als Vertriebsleiter tätig.

Lang, Ulrich ist zuständig für wissenschaftliche Visualisierung am Rechenzentrum der Universität Stuttgart. Seit 1991 leitet er ein institutsübergreifendes Visualisierungsprojekt. Sein Interesse gilt der verteilten interaktiven Visualisierung wissenschaftlicher Daten unter Einbeziehung von Höchstleistungsrechnern. Er hat Verfahrenstechnik an der Universität Stuttgart studiert und im Bereich Energietechnik promoviert.

Meinelt, Klaus ist seit 1991 bei der Alliant Computer Systems GmbH als Regionalmanager in Berlin tätig. Er hat an der Universität Leipzig Mathematik studiert und promovierte dort auf dem Gebiet der Funktionalanalysis und Numerischen Mathematik. Mit computergestützten Wissenschaftsergebnissen zu Lernstrategien promovierte er später zum Doktor der Pädagogik. Sein jetziges Spezialgebiet ist Image Processing.

154

Meuer, Hans-Werner ist Direktor des Rechenzentrums und Honorarprofessor der Universität Mannheim. Er promovierte 1972 an der RWTH Aachen in Angewandter Mathematik. Zu dieser Zeit war er Gruppenleiter 'Time Sharing Datenverarbeitung' der KFA Jülich. Sein Interesse gilt der Verteilten Datenverarbeitung und seit vielen Jahren den Höchstleistungsrechnern.

Paulisch, Stephan ist wissenschaftlicher Mitarbeiter der Fakultät für Informatik der Universität Karlsruhe. Studiert hat er Informatik in Karlsruhe, seine wissenschaftlichen Interessen und Schwerpunkttätigkeiten liegen auf den Gebieten LAN-Technologien, UNIX-Systeme, Leistungsanalyse und -bewertung von Netzen, Netzwerkmanagement.

Quecke, Gerhard ist seit 1974 wissenschaftlicher Mitarbeiter in verschiedenen Instituten der GMD tätig. Er hat Mathematik und Informatik an der Universität Bonn studiert. Seit 1990 arbeitet er im Labor für Parallele Systeme des Instituts für Methodische Grundlagen.

Rühle, Roland ist Professor für Anwendungen der Informatik im Maschinenbau an der Fakultät Energietechnik, seit 1986 wissenschaftlicher Direktor am Rechnezentrum der Universität Stuttgart, sowie seit 1991 Direktor des Instituts für Computeranwendungen II, Abt. Computersimulation und Visualisierung. Er promovierte 1973 zum Dr.-Ing. an der Universität Stuttgart.

Schmidt, Kai ist seit Gründung der für Europa zuständigen Tochtergesellschaft von Ultra Network 1988 als Network Application Specialist und im Marketing tätig. Seine wissenschaftliche Ausbildung als Diplom-Physiker erfolgte an der Universität Stuttgart.

Winkens, Ralf-Peter ist seit 1987 wissenschaftlicher Mitarbeiter am Rechenzentrum der Universität Mannheim. In der Abteilung 'Kommunikation' ist er für schnelle Datennetze zuständig. Er hat Elektrotechnik an der Universität Karlsruhe studiert und 1986 diplomiert.

Springer-Verlag und Umwelt

Als internationaler wissenschaftlicher Verlag sind wir uns unserer besonderen Verpflichtung der Umwelt gegenüber bewußt und beziehen umweltorientierte Grundsätze in Unternehmensentscheidungen mit ein.

Von unseren Geschäftspartnern (Druckereien, Papierfabriken, Verpackungsherstellern usw.) verlangen wir, daß sie sowohl beim Herstellungsprozeß selbst als auch beim Einsatz der zur Verwendung kommenden Materialien ökologische Gesichtspunkte berücksichtigen.

Das für dieses Buch verwendete Papier ist aus chlorfrei bzw. chlorarm hergestelltem Zellstoff gefertigt und im ph-Wert neutral.